한국 마을굿 연구

―전북지역 마을굿을 중심으로―

김 월 덕

지식산업사

김월덕

전북대학교 국어국문학과 및 동 대학원 졸업(문학박사).
현재 전북대학교 국문과 강사.
제13회 나손학술상 수상(2004).
주요 저술 : 〈전북지역 구비설화에 나타난 영웅인식〉(1997),
            〈마당극의 공연학적 특성과 문화적 의미〉(2000),
            〈위도 띠뱃굿의 변화과정과 축제적 재구성〉(2002),
            〈전북지역 마을굿의 공연학적 연구〉(2003),
            〈전북지역 마을굿의 구조와 의미〉(2003),
            〈한국 축제의 연구사와 연구사적 과제〉(2004),
            〈순창군 금과면 모정리 들노래의 지역적 특성과 문화적 전개〉(2004),
            〈호남지역 마을굿의 분포 양상과 지역적 특성〉(2005),
            《퍼포먼스 이론 I》(공역, 2001), 《퍼포먼스 이론 II》(공역, 2004)
            《세계의 축제와 공연문화》(공저, 2004)

한국 마을굿 연구

초판 제1쇄 인쇄   2006. 8. 20.
초판 제1쇄 발행   2006. 8. 25.

지은이   김월덕
펴낸이   김경희
펴낸곳   ㈜지식산업사
          서울시 종로구 통의동 35-18
          전화 (02)734-1978(대) 팩스 (02)720-7900
          인터넷한글문패   지식산업사
          인터넷영문문패   www.jisik.co.kr
          전자우편   jsp@jisik.co.kr
          등록번호   1-363
          등록날짜   1969. 5. 8.

책값은 뒤표지에 있습니다.

ⓒ 김월덕, 2006
ISBN 89-423-4827-0 93380

이 책을 읽고 문의하고자 하는 이는 지식산업사 전자우편으로 연락 바랍니다.

한국 마을굿 연구

—전북지역 마을굿을 중심으로—

책머리에

한국 민족문화의 형성과 발전 과정에서 '굿 문화'는 개인의 삶의 차원에서나 공동체 삶의 차원에서나 한국인의 '행위' 면에서 매우 중요한 구실을 해왔다. 그런 만큼 굿 문화에 대한 학술적인 연구도 종교·사상·민속·사회·예술 등 여러 측면에서 이루어졌다. 그러나 굿 문화의 총체성과 다양성, 그리고 그것이 지닌 의의와 가치에 견주어, 실제 굿 연구에서는 굿의 외연이 '무속적'인 굿에 한정되는 경우가 많았고, 공동체 굿으로서 마을굿, 특히 무당이 직접 관여하지 않는 마을굿은 상대적으로 덜 주목받음으로써 굿 문화 연구에서 상당한 편향성을 가져왔다.

이 책은 이러한 문제의식에서 출발하여, 기존의 마을굿 연구 성과들을 '공연학의 관점'에서 종합하면서, 마을굿의 새로운 문화-사회적 의미와 가치를 탐구하여 굿 문화 연구의 지평을 넓히고자 했다. 이 책에서는 마을굿을 우리 민족의 사회-문화적 삶 속에서 끊임없이 반복되고 변이되면서, 우리 민족 공동체의 문화적 행위의 근원적 양식으로 작용해온 '문화적 공연(cultural performance)' 양식으로 보고, 기존의 연구 업적들을 이제까지와는 다른 '공연학(Performance Studies)'의 관점과 방법에서 새롭게 접근했다.

이러한 관점에서 보면, 마을굿은 마을 공동체 또는 지역 공동체가 신

6

과 자연과 인간의 관계망 속에서 마을 공동체 안의 문제들을 집단적인 '공연' 행위로 규정하고 표출하고 해결함으로써, 조화로운 삶과 문화를 지속시키고자 하는 매우 중요한 문화적 공연 양식이다. 즉, 마을굿은 그 것을 주기적으로 수행해온 마을 공동체 또는 지역 공동체의 문제들이 반영되고 해결되는, 그 사회의 반성적 거울인 셈이다.

마을굿에 관한 이러한 관점은, 인간 존재를 '공연하는 인간(homo performans)'으로 보는 공연학의 기본 전제에서 비롯된다고 할 수 있다. 그것은 인류학자인 빅터 터너(Victor Turner)가 우리에게 새롭게 일깨 워준 인문-사회학적 진리다. 터너는 다음과 같이 말한다.

> 인간이 지혜로운 동물, 도구를 제작하는 동물, 자기를 창조하는 동물, 상징을 사용하는 동물이라면, 그에 못지않게 인간은 공연하는 인간, 즉 호모 퍼포먼스(homo performans)인데, 그것은 한 인간이 자아를 공연하는 동물 이라는 점에서 그러하다. 사람의 공연은 어떤 의미에서는 그 자신에게 자기 자신을 드러내는 공연이라는 점에서 '반성적'이다. 이것은 두 가지 방식으로 드러나는데, 첫째로는 배우가 연기나 상연을 통해 그 자신을 좀 더 잘 알 수 있게 된다는 점, 또는 일단의 사람들이 다른 부류의 사람들에 의해서 생성되었거나 제시된 공연들을 관찰하거나 거기에 참여함으로써 그 자신 을 더 잘 알 수 있게 된다는 점에서 그러하다(Victor Turner, *The Anthropology of Performance*, New York : PAJ Publications, 1987 : 81).

이처럼 '공연하는 인간'의 면모가 집단적 차원에서 발현된 우리 민족 고유의 현전하는 대표적인 전통 공연 양식이 바로 '마을굿'이다. 마을굿 은 우리 민족이 공동체를 이루면서 형성해온 역사 이래, 집단적 정체성 을 구현한 집단 공동체 행위의 가장 근원적이고 원형적인 행동 양식이 라 할 수 있다.

마을굿은 역사적으로는 원시 제천의식에까지 거슬러 올라가 그 연원을 찾을 수가 있고, 오늘날까지 마을 공동체나 크고 작은 지역의 집단적 제의 양식 형태로 전승되며 잔존해왔다. 오랜 역사에 걸쳐 마을굿은 우리 민족 공동체의 집단적인 삶의 행위를 지탱하고 보존하고 순환시켜온 중요한 문화적 원동력이었다.

한국의 마을굿에 대한 전국 규모의 조사 연구는 일제 강점기에 일본인 무라야마 지준(村山智順)에 의해 이루어졌고, 그 내용을 담은 책이 《부락제(部落祭)》(1937)였다. 이후 종교·역사·사회·민속·예술 등 여러 분야에서 학문적 접근이 이루어져 왔다. 앞에서 말했듯이, 이 책에서는 마을굿을 '집단적 행위'의 문화적 양식으로 보고 기존의 연구 성과들을 공연학의 관점에서 통합하면서, 한국 마을굿의 여러 양상과 특성들을 전북지역의 경우를 중심으로 다루었다. 이 연구를 통해 얻어진 결과들을 여기서 간략히 정리해 보면 다음과 같다.

첫째, 먼저 마을굿의 의미를, '의례적인 제사 행위'로 보았던 지금까지의 연구들과는 달리, 그 의미망을 좀 더 확장하고 심화하여, '한 마을 또는 몇 개의 마을을 단위로 하여, 그 마을 공동체의 주민들이 당면한 공동의 문제들을 함께 해결하여 평안한 삶을 누리고자, 제의적 행위를 바탕으로 하여 공동으로 일정한 시기와 장소에서 주기적으로 벌이는 일련의 제사적, 노동적, 놀이적, 회의적, 군사적인 행위'로 규정했다. 이러한 마을굿 개념의 확장은 마을굿의 의의와 가치를 새롭게 규명하는 바탕이 된다.

둘째, 마을 공동체의 '집단적 공연 행위'인 마을굿, 특히 전북지역 마을굿의 구조를 살펴보면, 마을굿은 의례적 제사 행위에 그치지 않고 더 나아가 좀 더 포괄적인 문화 행위의 구조로 이루어져 있음을 알게 된다. 마을굿은 마을 공동체의 제의적 행위를 필수 요소로 하되, 또한 일련의 제사적, 노동적, 놀이적, 회의적, 군사적인 과정들 전체로 이루어진 기본구조 또는 심층구조를 갖고 있다. 실제 삶에서는 구체적인 시기와 상황에 따라 기본구조의 어떤 행위 요소가 제의적 행위를 중심으로 강화되면

8

서 하나의 독립된 마을굿 양식으로 구현되는데, 이것을 마을굿의 변이형
이라 할 수 있다. 전자는 마을굿의 '기본구조'로서 실제 삶에서 완전히
구현되지 않는 '이념형'이라면, 후자는 '변이구조'로서 실제 삶의 구체적
콘텍스트 위에서 행해지고 구현되는 '실천형'이라 할 수 있다.

  셋째, 위와 같은 명제들을 기본 전제로 하여 구체적으로 마을굿 특히
전북지역의 마을굿이 실현되는 양상을 보면, 정초(正初)에는 제의적 요
소가 가장 크게 강화되어 '산신제', '당산제', '용왕제' 등과 같은 '제사굿'
이 되고, 농번기에는 '두레굿'과 같은 '노동굿'이 되며, 농번기가 끝난 칠
월 백중 무렵이나 겨울 휴한기가 되면 '술멕이굿'이나 '보름굿' 등의 '놀
이굿'이 된다. 그리고 한 해를 마무리하고 새해를 설계하는 섣달 그믐
무렵과 같이, 어떤 공동체의 중대사를 논의해야 하는 시기가 되면 그런
양식에 걸맞는 '회의굿' 양식으로 바뀐다. 그런가 하면, 마을 공동체를
외부의 침략으로부터 보호하기 위한 전략으로서 풍물굿의 '도둑잽이굿'
과 같은 일종의 모의 군사 행위 형태로 '군사굿'의 양식을 내포하고 실
현하기도 한다. 이렇게 마을굿은 근원적 형태로서 기본구조 곧 '이념형'
을 바탕으로 하면서, 그것이 구체적으로 현실 속에서 실현될 때에는 각
콘텍스트에 적합한 '실천형'으로 구현된다.

  넷째, 위에서 밝힌 다섯 가지 양식의 마을굿, 곧 제사굿·노동굿·놀
이굿·회의굿·군사굿 등이 오늘날 한 마을의 마을굿에서 구체적으로
아주 분명하게 모두 실현되는 경우는 드물지만, 각 마을 공동체는 특정
한 집단적 행위의 시기와 목적에 따라, 마을굿의 기본구조를 변용하는
문화적 창조 능력을 발현해왔다. 즉 마을굿은 고정된 하나의 구조로 폐
쇄된 '닫힌 구조'가 아니라, 총체적이고 포괄적이며 개방적인 '열린 구
조'로 되어 있다. 또한 마을굿은 정태적인 구조로 멈추어 있는 구조 양
식이 아니라, 유동적이고 순환적인 인생의 과정과 상응하여 늘 변화하
는 역동적인 구조 양식이다. 이런 면에서, 마을굿의 행위를 삶의 변화
와 더불어 변화하고 순환하는 과정적 행위로 이해함으로써, 마을굿 공

연 행위에 따라 작동되는 '과정'으로서 존재하는 사회를 새롭게 인식할 수 있다.

다섯째, 마을굿의 유형들을 구체적으로 조사·분류해본 결과, 전북지역 마을굿의 경우를 보면, 마을굿을 행할 때 신내림의 절차가 있는 '내림형'보다 신이 항상 제당에 임재(臨在)하는 '임재형' 마을굿이 지배적이다. 또 마을굿을 수행하는 범위에 따라 살펴보면, 하나의 마을에서 이루어지는 '단일형' 마을굿이 지배적이며, 비교적 평야가 넓은 일부 지역에서는 여러 마을의 연합 형태로 행해지는 '확장형' 마을굿을 볼 수 있다. 또한 제의를 수행하는 사제자나 마을굿 주도자의 성별에 따라 '여성형', '남성형', '양성형' 마을굿으로 분류되며, 지역적 특성에 따라 '산간형', '평야형', '도서형' 마을굿으로 분류된다.

여섯째, 이러한 마을굿의 공연적 특성을 리처드 셰크너(Richard Schechner)가 제시한 여섯 가지 공연학적 관점에 따라 논의한 결과, 다음과 같은 결과들을 얻을 수 있었다.

① 마을굿 참여자들의 존재와 의식의 변환은, 집단적 삶을 영위하는 데 필요한 모든 변환을 가장 다양하게 확장하고 심화해서 구축해 놓은 '총체적'이고 주기적인 변환이다.

② 참여자들 전체가 다양한 '역할 변환'에서 오는, 상호작용 관계의 중복성과 교체성을 보여주는 상호작용의 망을 형성하고 있다.

③ 마을굿은 매우 복합적, 복선적, 중첩적인 방법으로 공연 구조를 구축하며, 이러한 방법들을 통한 마을굿의 공연 과정은 곧 마을 공동체 행위의 전반적인 '흐름'과 '커뮤니타스(communitas)'를 형성하는 과정이다.

④ '마을굿' 자체의 공연은 마을 공동체의 일상적인 '삶'의 공연과 서로 긴밀하게 연결된 하나의 과정으로 일체화되어 있다.

⑤ 마을굿 공연 지식의 전승은 주로 구두전승과 행위전승 그리고 현장전승으로 이루어지며, 공연의 지식들은 마을 공동체 삶 자체를 실행하는 과정 속에서 전승된다.

⑥ 마을굿은 가치평가의 기준을 마을 공동체 '생활의 효용성'에 둠으로써 '생활미학'을 실현한다.

일곱째, 오늘날까지 현장에서 전승되고 있는 전북지역 마을굿을 중심으로 마을굿의 전반적인 변화 양상을 살펴보면, 제사굿이 아닌 마을굿들은 현장에서 거의 사라지고 있으며, 주로 제사굿 양식만이 마을굿의 명맥을 이어가고 있다. 이러한 현상은 전북지역뿐만 아니라 전국 마을굿의 실상이라고 할 수 있겠다. 이러한 상황에서, 마을굿 전승 현장에서는 형태상의 변화가 일어나, 현재 다음과 같은 세 가지 유형을 발견할 수 있다. 마을 공동체 내부 구성원들만을 위한 '제의적-사회적' 형태, 마을 공동체 내부 구성원들과 외지인이 참여하는 '사회적-놀이적' 형태, 그리고 마을 공동체 외부에서 오는 외지인들을 고려한 '놀이적-상업적' 형태가 그것이다. 그리고 이런 형태상의 변화에서 한걸음 더 나아가, 마을굿이 현대적인 공연 양식으로 '재창조'된 사례도 보이는데, 그러한 대표적인 사례로는 마을굿 구조를 원용한 '마당극'과, 마을굿에서 춤의 요소를 무대예술화한 이른바 '마을춤' 등이 있다.

이 책의 바탕이 되는 연구논문 〈전북지역 마을굿의 공연학적 연구〉로 필자는 2004년에 제13회 나손학술상을 수상하는 영예를 얻었다. 그러나, 이 연구는 완성된 것이 아니라 앞으로 이루어져야할 더 큰 과제를 향해 열려 있는 작업이라는 점을 덧붙이지 않을 수 없다. 이 책에서 수행된 연구는 본래 연구대상 지역인 전북을 표제로 내세웠으나, 앞으로 이 연구의 관점을 가지고 전국의 마을굿들을 좀 더 구체적으로 조사·분석·해석하고자 하는 의도에서 '한국 마을굿 연구'를 제목으로 삼았다. 더 나아가, 한국 마을굿을 이와 비슷한 세계 다른 지역 마을굿의 문화적 양식과 비교하는 연구로까지 심화하고 확대하고자 한다.

운이 좋게도 필자는 2003년 중반부터 2005년 초까지 한국학술진흥재단 기초학문육성 지원사업의 연구과제인 〈호남문화 자료조사와 문화정

보시스템 개발 연구〉 과제연구단에서 '전통축제' 분야의 전임연구원으로 2년 동안 참여하면서, 전북지역뿐만 아니라 전남지역의 마을굿 현황을 파악하고 답사할 기회가 있었다. 이 과제에 참여하는 동안, 주로 전북지역에 국한되었던 이전의 조사와 연구의 범위를 확대하여, 호남지역 마을굿의 전반적인 양상을 종합적으로 살필 수 있었다. 그리고 2005년에는 한국학술진흥재단의 박사후 연수과정 지원을 받아 호남지역 마을굿과 영남지역 마을굿을 비교 연구할 수 있는 기회를 얻었다.

오늘날 세계 문화가 자본주의 강대국들의 논리에 따른 새로운 제국주의 논리로 지배되고 획일화하는 상황에서, 우리나라 국학 분야 학자들의 소명은 우리 민족이 유구한 역사를 통해 이룩한 문화를 바탕으로 우리의 문화적 '자생논리'를 발견하고, 세계 문화에 대한 '대응논리'를 마련하여, 강대국들의 침략적 논리에 맞서는 것이라고 생각한다. 앞으로, 국학 분야의 신진연구자로서 우리 민족문화의 새로운 논리를 창출하는 일에 작은 힘이나마 보태고 싶다.

원고를 쓰고 그것을 책으로 출판하는 과정에서 많은 분들의 도움을 받았다. 한 사람의 전문 연구자로 성장할 수 있었던 것은 무엇보다도 모교에 계시는 여러 선생님들의 가르침과 보살핌 덕분이다. 특히, 투병 생활로 가장 어렵고 힘든 시기였음에도 온 힘을 기울여 학위논문을 지도해주시고, 미욱한 제자가 좌절하지 않도록 용기를 주신 지도교수 김익두 선생님께 감사의 말씀을 올린다. 건강을 회복하신 뒤, 연구에 더욱더 열정을 불태우시는 선생님께서 앞으로 건강을 잘 유지하시기를 바라는 마음 간절하다. 또 학문의 큰 방향을 제시하면서 어린 제자를 늘 격려해주시는 소석 이기우 선생님, 부족한 글에 격려의 힘을 실어주신 '나손학술상' 운영위원회의 여러 원로 교수님들, 전라문화연구소에서 연구할 기회를 베풀어주신 임명진 선생님, 힘들 때 든든한 동지가 되어주는 주위의 선후배 동학들에게도 감사의 말씀을 전하고 싶다. 항상 믿음과 사랑으로 지지해주시는 부모님과 가족들에게도 감사의 인사를 전한다. 또한 여기에 일일이 밝히지는 못하였으나, 연구에 크나큰 도움들을 주신 선학들과 답사의 현장에서 귀찮은 질문에도 친절히 대답해주신 농어촌의 여러 제보자들께도 감사의 말씀을 드리지 않을 수 없다. 끝으로, 이 책의 출판을 맡아주신 지식산업사 김경희 사장님과, 교정과 편집을 맡아 애써주신 직원 여러분들께도 깊은 감사를 드린다.

2006년 7월
전주에서 김월덕

차 례

책머리에 /5

1. 서 론 • 17

2. '마을굿'의 의미 확장 • 39
    2.1. '마을굿' 의미 확장의 근거들 _39
    2.2. '마을굿' 의미의 확장 _44
    2.3. 한국의 '굿' 범주 속에서 '마을굿'의 위상 _52

3. 마을굿의 전승 현황과 특징들 • 55
    3.1. 지역별 분포 _57
    3.2. 공연 시기 _62
    3.3. 공연 장소 _65
    3.4. 참여자들 _69
    3.5. 공연 방법 _74
    3.6. 공연 목적 _79
    3.7. 제사굿의 종류와 구성 _81

4. 마을굿의 구조 · 기능 · 유형 • 85
    4.1. 마을굿의 구조 _85
    4.1.1. 기본구조 _87
    4.1.2. 변이구조 _91
        4.1.2.1. 제의적 구조 : 제사굿 _95
        4.1.2.2. 노동적 구조 : 노동굿 _104
        4.1.2.3. 놀이적 구조 : 놀이굿 _109
        4.1.2.4. 회의적 구조 : 회의굿 _111
        4.1.2.5. 군사적 구조 : 군사굿 _113

4.2. 마을굿의 기능 _118
　4.2.1. 기본기능 _118
　4.2.2. 변이기능 _119
　　4.2.2.1. 제사굿 : 신-자연-인간 사이의 조화로운 관계 수립 _120
　　4.2.2.2. 노동굿 : 마을 공동체 삶의 경제적 토대 확보 _122
　　4.2.2.3. 놀이굿 : 일상 생활의 고통과 긴장의 해소 _123
　　4.2.2.4. 회의굿 : 마을 공동체 당면 문제들의 민주적 해결 _125
　　4.2.2.5. 군사굿 : 외침으로부터 마을 공동체 보호 _126

4.3. 마을굿의 유형 _128
　4.3.1. '임재형'과 '내림형' _128
　　4.3.1.1. 임재형 _129
　　4.3.1.2. 내림형 _130

　4.3.2. '단일형'과 '확장형' _131
　　4.3.2.1. 단일형 _132
　　4.3.2.2. 확장형 _132

　4.3.3. '여성형'과 '남성형' 및 '양성형' _143
　　4.3.3.1. 여성형 _144
　　4.3.3.2. 남성형 _144
　　4.3.3.3. 양성형 _145

　4.3.4. '산간형'과 '평야형' 및 '도서형' _147
　　4.3.4.1. 산간형 : 산신제형 _148
　　4.3.4.2. 평야형 : 당산제형 _151
　　4.3.4.3. 도서형 : 용왕제형 _154

　4.3.5. 기타 특수형 _156
　　4.3.5.1. 도깨비굿형 _157
　　4.3.5.2. 속곳춤형 _160
　　4.3.5.3. 허제비굿형 _162

5. 마을굿의 공연적 특성 ●165
　5.1. '존재'와 '의식'의 주기적 총체적 변환 _166
　5.2. '참여자들' 전체의 유기적 상호작용망 형성 _170

5.3. 공동체 생활 전체의 '흐름'과 '커뮤니타스' 형성 _173

5.4. '공연'과 '생활'의 일체화 실현 _180

5.5. 마을 공동체의 '생활 전승' _183

5.6. 공동체 '생활 효용성'의 미학 _186

6. 현대적 변화와 재창조 • 189

6.1. 마을굿의 전반적인 변화 _191

6.2. 마을굿 전승현장의 변화 _193

6.2.1. 제의적-사회적 형태 _194

6.2.2. 사회적-놀이적 형태 _196

6.2.3. 놀이적-상업적 형태 _197

6.3. 재창조 _199

7. 결 론 • 205

부록/전북지역 마을굿 현황 /211
참고문헌 /264
영문요약(Abstract) /279
찾아보기 /282

【표 차례】

〔표 3-1〕 지역별 제사굿의 시기 ·· 62
〔표 3-2〕 지역별 제사굿의 제당 형태 ·· 66
〔표 3-3〕 지역별 제사굿의 주공연자 ·· 73
〔표 3-4〕 제사굿의 종류와 제의의 구성 ·· 82
〔표 4-1〕 전북지역 마을굿의 기본구조와 그 구성요소들 ············ 90
〔표 4-2〕 전북지역 마을굿의 변이구조들과 그 구성요소들 ········ 92
〔표 4-3〕 마을굿의 내용구조 ··· 93
〔표 4-4〕 마을굿의 개방적 변이구조들과 그 대표적인 사례들 ········ 117
〔표 4-5〕 마을기의 지정된 자리 ··· 139
〔표 4-6〕 성별에 따른 마을굿 제의의 지역별 차이 ···················· 145

【그림 차례】

〔그림 2-1〕 확장된 마을굿 개념에서 본 마을굿의 기본 요소들 ···· 43
〔그림 2-2〕 마을굿의 다섯 가지 변이형 ··· 43
〔그림 2-3〕 계절별로 본 마을굿의 분포 양상 ······························· 51
〔그림 2-4〕 한국의 '굿' 범주 속에서 마을굿의 위상 ···················· 53
〔그림 3-1〕 전북지역 마을굿의 각 시·군별 전승현황 ··················· 58
〔그림 3-2〕 주요 제사굿과 줄다리기의 지역별 분포 현황 ············ 84
〔그림 4-1〕 마을굿의 기본구조와 변이구조 사이의 관계 ·············· 93
〔그림 4-2〕 전북지역 마을굿 변이형들의 계절별 배치와 주기적 순환 ········ 95
〔그림 4-3〕 마을굿에서 신·자연·마을 공동체의 관계 ····················· 121
〔그림 5-1〕 전북 평야지역 마을 제사굿의 공간구조와 공연 행위 ·············· 168
〔그림 5-2〕 마을 제사굿 참여자들 사이 상호작용 관계의 중복과 교체 ········ 171

【사진 차례】

〔사진 2-1〕 임실 필봉 마을굿 ··· 46
〔사진 3-1〕 남원 대강면 평촌리 샘굿 ·· 76
〔사진 4-1〕 무주 적상면 북창리 산제 ·· 95
〔사진 4-2〕 장수 계북면 파파실 산제 ·· 95
〔사진 4-3〕 원당에 오르는 제관, 풍물패, 선주들 ··························· 100
〔사진 4-4〕 군산개야도 용왕제-용왕밥 던지기 ······························· 101
〔사진 4-5〕 부안 위도 대리-제웅 만들기 ·· 102
〔사진 4-6〕 부안 위도 대리-띠배 끌고 띄워 보내기 ····················· 103
〔사진 4-7〕 정읍 칠보면 백암리 당산굿-마을 뒤편 할머니 당산 나무 ········ 121
〔사진 4-8〕 고창읍 오거리 당산제-줄다리기 ·································· 143
〔사진 4-9〕 정읍 칠보면 백암리 당산굿-마을 입구 할아버지 장승 ············· 154
〔사진 4-10〕 정읍 칠보면 백암리 당산굿-마을 입구 할머니 장승 ············· 154
〔사진 4-11〕 정읍 북면 오류리 마을굿-속곳춤 ································ 161
〔사진 5-1〕 정읍 산외면 정량리 당산굿-줄로 진 쌓기 ·················· 179

1. 서 론

1.1.

이 책은, 오늘날까지 전북지역에서 전승되거나 전승을 확인할 수 있는 '마을굿'을 연구 대상으로 하여, 그것을 하나의 '문화적 공연(cultural performance)'[1) 양식으로 보고, 그 개념적 전승적 구조적 공연적 특성들을 파악하고, 현대적 변화와 재창조 양상을 밝힘으로써, 공연사적 의의와 가치를 조망하는 데 목적이 있다.

'굿'은 고대사회부터 오늘날까지 개인과 공동체의 삶의 위기와 고비마다 당면 문제를 해결하기 위해 행해졌고, 한국 민족문화의 중핵을 차지해왔다. 그럼에도 학계에서는 아직도 '굿'의 어원조차 제대로 밝히지 못한 상황이며(이기문 1995 : 46), '굿'의 개념에 대해서도 '여러 사람들이

---

1) '문화적 공연'이란, 밀턴 싱어(Milton Singer)가 만든 용어로서, 한 민족의 사회적 삶에서 빈번하고 상당히 중요한 것으로 반복되는 공적인 공연들을 말한다(Driver 1998 : 82). 이것은 모든 민족이 그들 자신이나 다른 사람에게 가장 확실히 관찰할 수 있도록 내보일 만한 문화적 구조의 단위로, 놀이·연극·음악·춤과 종교적이거나 세속적인 제의 등이 포함된다. 모든 문화적 공연들은 제한된 기간, 시작과 끝, 행동의 조직화된 순서, 일련의 공연자들과 관중, 공연 장소와 계기라는 특정한 자질을 가진다는 점에서 현상적으로 유사성이 있다(Carlson 1996 : 16).

모여 떠들썩하거나 신명나는 구경거리' 또는 '무속의 종교 제의로, 무당이 음식을 차려 놓고 노래를 하고 춤을 추며 귀신에게 인간의 길흉화복을 조절하여 달라고 비는 의식'(국립국어연구원 1999 : 735)으로 규정해 놓은 정도이다. 제정일치의 원시 씨족공동체사회가 청동기시대의 제정 분리 부족국가로 변화된 뒤로(한우근 1987 : 10), '굿'을 담당해온 중심 집단인 '무당' 집단이 사회의 중심 세력에서 주변 세력으로 부단히 밀려 나온 과정에서, '굿'이란 말의 용례들이 전통 문헌자료들에서는 풍부하게 나타날 수 없는 지경에까지 이르렀다. 그러나 실제 전승 현장에서 '굿'은 구경거리나 무속적 제의 이상의 것으로 아직도 생생하게 살아 있으며, 그 의미의 폭과 깊이 또한 매우 넓고 크다.

민중층의 문화인 '굿' 연구의 출발점을 문헌자료에서 찾는다거나, '굿'을 무당굿과 같은 것으로만 보아서는 '굿' 연구의 새로운 길을 열 수 없다. 역사적, 사회적, 문화적, 정치적인 측면에서 볼 때, 구비전승과 행위 전승을 통해 한국 민족문화의 저층부로 가라앉아 오늘날까지 전승 현장에서 면면히 이어져오는 실제 공연 행위들에서부터 굿의 개념 규정과 연구의 출발점을 찾는 것이 더 타당할 것이다. 전승 현장의 공연 행위를 중심으로 살펴보면, '굿'은 '제의'보다 훨씬 큰 개념이다. 이 책에서는 '굿'의 개념을 무당굿이라는 좁은 개념을 넘어서, '인간이 자신들의 안정적인 삶을 저해하는 해악을 물리치고 평안한 삶을 누리고자 제의적인 요소를 바탕으로 행하는 일련의 공적인 행위'로 확장하여 규정하고자 한다.

'굿'의 범주는 분류 기준에 따라 여러 가지로 나눌 수 있다. 즉, 목적과 수행 범위에 따라 개인굿·집안굿·공동체굿으로, 중심 사제자와 공연 방식에 따라 무당굿·풍물패굿·탈광대굿·제관의 제사로, 동기와 주목적에 따라 제액초복굿·두레노동굿·풍농풍어기원굿·놀이굿·치병굿·망자천도굿·내림굿 등으로 굿의 범주를 분류할 수 있다. 이 가운데 공동체굿인 '마을굿'은 기존의 '굿' 연구에서 가장 주목받지 못한 부분 가운데 하나였다. 특히 무당 없이 행해지는 마을굿은 더욱 관심 밖의 대상이었다. 공동체의 문제나 갈등을 공연 행위를 통해 해결함으로써 마을 공동체의 삶과 문화를 지속하고 선별하고 변화시켜온 '마을굿'은 심도 있는 학문적 조명을 받아보지 못한 채, 일제 식민지와 산업화를 거치면서 전승 현장에서 급격히 사라지고 있다. 필자가 마을굿에 주목하는 이유가 여기에 있다.

'굿'의 확장된 개념을 바탕으로 마을굿을 보면, '마을굿'은 '한 마을 또는 몇 개의 마을을 단위로 하여, 그 마을 공동체의 주민들이 당면한 공동의 문제들을 함께 해결하여 평안한 삶을 누리고자, 제의적 행위를 바탕으로 하여 공동으로 일정한 시기와 장소에서 주기적으로 벌이는 일련의 제의적, 놀이적, 회의적(會議的), 노동적, 군사적 행위'를 말한다. 이러한 마을굿의 개념 규정은 이제까지 마을굿을 단지 제의적인[2] 행위에 초점을 맞추어 본 것과는 달리, 매우 포괄적으로 넓혀서 보는 것이다. 기존 마을굿의 개념은 한 마을 주민들이 그 마을의 평안과 행복을 기원하기 위하여 일정한 시기와 장소에서 공동으로 벌이는 일련의 '제의적' 행위만을 지칭해왔다. 그래서 이것을 주로 '동제(洞祭)', '부락제(部落祭)', '당제(堂祭)', '촌제(村祭)'라 부른 것이다.

필자가 마을굿의 개념을 위와 같이 확장하여 보는 이유는, 전북지역의 마을굿을 여러 해 동안 자세히 조사하고 관찰한 결과, 마을굿을 기왕의 견해들처럼 한 마을의 주민들이 공동으로 행하는 의례적인 제사 행위만을 가리키는 것으로 보아서는 마을굿을 제대로 이해할 수도 해석할 수도 없다는 결론에 이르렀기 때문이다. 마을굿은 마을 공동체의 제의적 행위를 바탕으로 하면서 마을 공동체의 제사·놀이·회의·노

---

2) 빅터 터너는 '제의(ritual)'를 '모든 결과들의 제일 원인과 최종 원인으로 간주되는 불가사의한 존재 또는 힘에 대한 신앙/믿음을 표현하는 여러 경우들을 위해 규정된 정규적인 행위'로 정의한다(Victor Turner 1996 : 131). 여기서는 터너의 정의를 따른다.

20

동·군사 행위 일체를 통합하는 집단적 행위의 틀이다. 이 마을굿의 행위 틀에 따라 마을 공동체는 정초(正初)가 되면 공동으로 제사하여 재액을 물리치고[제사굿], 여름 농번기가 되면 공동으로 일하여 먹을거리를 장만하고[노동굿], 농번기가 끝나면 공동으로 놀고[놀이굿], 또 한 해가 끝나고 시작되는 섣달 그믐에는 대동회의를 열어 한 해를 반성하면서 마을이 당면한 사회적인 문제들을 민주적으로 해결하며[회의굿], 마을 풍물패를 중심으로 마을을 외부의 침략으로부터 수호하는 군사적인 방어력을 일으켜왔다[군사굿]. 다시 말해, 마을 공동체는 이 '마을굿'이라는 집단적 행위의 틀에 따라 마을 공동체의 삶 전체를 구조적으로 틀지우고 작동시키고 지속하고 변화시켜온 것이다. 이처럼 마을굿의 개념을 확장하여 봄으로써 마을굿의 의의와 가치를 새롭게 규명할 수 있다.

또한, 마을굿은 전통적으로 만들어져온 내용과 형식의 틀을 유지하면서도, 다른 문화적 공연 양식들과 영향을 주고받는 관계 속에서 창조적으로 변화를 거듭해온 살아 있는 양식이다. 이처럼 마을굿은 지속적인 변화를 거치면서 지금 여기서의 삶과 연관되어 있기 때문에 더욱 연구할 가치가 있다. 과거의 마을굿이 어떻게 변화하고 재창조되어 지금 여기에 존재하는가를 살펴봄으로써 마을굿의 현대적 의미와 가치를 밝혀보는 것 또한 이 책의 중요한 과제다.

한편, 연구 대상의 범위를 '전북지역'이라 한 것은, '전라북도'라는 하나의 행정구역 단위를 가리키기보다는, 지역적 정체성을 형성하고 있는 하나의 문화 영역을 밝히기 위함이다. '전북지역'은 지리적으로 인접한 전남지역이나 충남지역과 문화적으로 서로 관련이 있으면서도 문화 생산지로서 지역적 독자성을 가지고 있다. 이런 점에서, 이 책은 한국문화의 지역적 다양성을 탐구하기 위해 특정 세부 지역의 문화적 정체성을 탐구하는 '지역연구(area studies)'의 성격을 지닌 것이기도 하다. 그러므로 '전북지역'의 '마을굿' 연구는 독자적인 지역문화를 일구어온 하나의 문화 영역인 전북지역 마을굿의 지역적 특성을 탐구하는 연구이자 전북지역 문화연구의 일부라 할 수 있다.

이와 아울러, 이 책은 마을굿의 다양한 면모 가운데 특히 '공연 행위'의 측면에 주안점을 두고자 한다. 여기서, '공연(公演)'이란 '인간이 어떤 목적을 수행하기 위해 의식적으로 어떤 공적인 시간과 장소에서 행하는, 문화적으로 약호화되고 관습화된 일련의 유의미한 행위들'이라 규정한다.3) 이러한 의미의 '공연'은 비교적 넓은 의미의 개념 규정이다. 여기에는 '공연예술'과 같은 협의의 '공연'뿐만 아니라, '제의·놀이·스포츠' 등과 같은 '문화적 공연'까지 포함된다는 점에서 그렇다. 그러나 개인의 '일상생활'까지 포함하는 가장 넓은 의미의 '공연' 개념(Schechner 2002 : 22-44)보다는 좁다.

그동안 마을굿 연구는 주로 종교적, 사회적인 기능에 초점이 맞추어져 왔다. 그러나, 마을굿은 그러한 기능만을 수행하는 수단적인 존재로서만 가치가 있는 것이 아니라, 하나의 '행위 양식' 또는 '공연 양식'으로서도 매우 중요하다. 왜냐하면, 인간은 '사고하는 인간(homo sapiens)' 또는 '정치적 인간(homo politicus)'이기도 하지만, 최근 들어 '공연학(Performance Studies)'이라는 학문을 통해서 점차 드러나고 강조되는 바와 같이 무엇인가를 몸으로 실행하는 인간, 즉 '공연하는 인간(homo performans)'(Stern & Henderson 1993 : 10)이기도 하기 때문이다. '공연적 인간'으로서 인간의 삶을 탐구하는 방향은 최근에 '공연학'이라는 학제적인 학문을 통해서 점차 체계화하고 있다. 공연학적 관점은 하나의

---

3) 서양에서 사용하는 이 '공연'이라는 말에 상응하는 용어는 'performance'인데, 이것의 사전적 의미는 ① 어떤 행동의 실행 또는 어떤 행동이 실행되고 있는 상태, ② 청관중 앞에서 어떤 일이나 역할을 수행하는 행동 양식, ③ 어떤 사람이나 물건이 구실을 수행하는 방식, ④ 상연, 특히 청관중 앞에서 하는 연극적 상연, ⑤ 수행된 것, 어떤 성과나 업적 등이다(Houghton Mifflin Co. 1992 : 1345). 이런 의미들로 볼 때 'performance'란 용어는 그 쓰임새에 따라 '공연', '연행', '상연', '수행' 등으로 옮길 수 있을 것이다. '공연'의 가장 중요한 두 가지 개념은 주체가 어떤 것을 행한다는 것과 주체가 누군가(사람 또는 신)에게 무언가를 보여준다는 것이다.

공연 양식으로서 마을굿의 특성을 밝혀나가는 데 유용한 방향을 일러
줄 것이다.

1.2.

이 책에서는 편의상 한국 마을굿 전반에 관련된 대표적인 선행 연구
들을 먼저 살펴본 다음, 범위를 좁혀서 전북지역 마을굿에 대한 선행
연구들을 좀 더 자세하게 검토하겠다.

먼저, 지금까지 이루어진 한국 마을굿과 관련된 주요 연구들을 종합
해 보면, ① 조사보고서, ② 구조-기능주의적 연구, ③ 신화-종교적 연
구, ④ 사회-역사적 연구, ⑤ 예술-미학적 연구 등이 있다. 이것들을 시
간 순서로 검토하면 다음과 같다.

최초의 한국 마을굿 조사연구 보고서는 일제 강점기인 1937년에 조
선총독부 촉탁(囑託)이었던 일본인 무라야마 지준(村山智順)의 《부락제
(部落祭)》(1937)다. 이 보고서에는 제신(祭神), 제사(祭祀), 제비(祭費), 동
회(洞會) 등의 항목에 걸쳐서 처음으로 전국의 마을굿 전승과 분포 현
황이 파악되어 있다. 비록 일본인의 지시에 따른 것이지만, 전북지역 마
을굿 전승의 전체적인 양상이 처음으로 파악되었기에, 필자의 연구에서
이 보고서가 갖는 연구사적 가치는 매우 크다. 전북지역 마을굿의 비중
이 아주 소략해서 자세한 전승 상황이 드러나지는 않았지만, 다른 지역
과 견주어 전북지역의 마을굿이 가지는 주요한 특징을 파악한 점은 이
보고서의 중요한 성과다. 여기서 무라야마는 '마을굿'에서 신을 제사하
는 무악(舞樂)을 '신악(神樂)'이라 하고, 지역에 따라 '부락제'를 무악(巫
樂)으로 행하는 지역과 농악(農樂)으로 행하는 지역이 있음을 밝혔으며,
전북지역의 부락제는 주로 풍물패의 농악을 신악으로 삼는다는 점을
처음으로 지적했다(村山智順 1937 : 401-404).

그러나 이 보고서는, 선행 연구에서 이미 지적한 바와 같이(김태곤 1971 : 269-283, 남근우 1998 : 65-73), 조사 목적과 자료의 처리 방법에서 일제의 식민지주의적 시각을 지니고 있다는 점, 조사연구를 연구자가 직접 한 것이 아니라 당시의 행정기관이 간접적으로 보고한 것이라는 점 등에서 여러 가지 문제를 안고 있다.

마을굿의 유형에 관한 논의로는 일본인 학자 아키바 다카시(秋葉隆)의 연구가 있다([1954]1993 : 184-193).[4] 여기서 그는 마을굿을 '촌제(村祭)'라 부르고 정기제(定期祭)와 임시대제(臨時大祭)의 두 유형으로 구분했다. 정기제는 주로 남성 중심의 '유교형(儒敎型)' 제의이며, 임시대제는 여성 중심의 '무속형(巫俗型)' 제의라는 특징이 있다고 보았다. 마을굿의 이중구조가 한국 사회의 이원적 구조를 반영한다고 보는 그의 견해는 한국의 일부 학자들에게 수용되기도 했다(최길성 1978 : 287-290, 1989 : 135-152). 그러나, 이러한 이원적 구조로는 한국 마을굿의 전반적인 양상을 설명할 수 없다.

이 책의 부록에서 보는 바와 같이, 전북지역 마을굿의 전반적 전승 현황을 검토해 보더라도, 그의 주장과 같이 남성 중심의 '유교형' 제의와 여성 중심의 '무속형' 제의로 이루어지는 경우는 드물다. 오히려 그가 전혀 지적하지 못한, 마을굿 제의 전체를 주도하는 '풍물굿형' 제의가 지배적인 현상으로 나타남을 볼 수 있다. 이런 면에서 볼 때, 아키바의 마을 제의 유형 분류는 한국 마을굿의 일부 특징을 지적한 점에서는 의의가 있겠으나, 전체적으로는 맞지 않는다.

해방 전에 이루어진 한국 학자의 마을굿 관련 연구로는 역사민속학자인 손진태의 연구를 들 수 있다(1948a : 159-181, 1948b : 182-223, 1948c : 224-246, 1981d). 그의 연구들은 문헌적 검토를 통해 마을굿의 신앙 대상물인 '솟대', '장승', '입석(立石)', '적석단(積石壇)' 등의 종교적 역

---

4) 괄호 안의 [ ] 표시는 책이 처음 출판된 연도를 말함(이하 같음).

24

사적 연원을 탐구한 것으로, 전북지역의 마을굿과 관련해서 볼 때, 이 지역 마을굿 제당의 가장 오래된 역사적 근원인 '소도(蘇塗)'와, 오늘날 전북 동부 산간지역에 주로 분포하는 '적석단', 그리고 전북지역 전역에 두루 분포해 있는 제당이자 신앙 대상물인 '입석'에 대한 역사적인 이해에 도움을 준다는 점에서, 연구사적인 의의를 지닌다.5) 그러나, 이 연구들은 마을굿의 신앙 대상물에 따르는 행위 양식으로서 마을굿이 가진 면모는 다루고 있지 않다.

이 밖에도 조지훈(1963 : 170-186)은 마을 수호신의 기원에 주목했는데, 그는 산신(山神)을 모시는 마을 제사가 고대의 천신(天神) 숭배에서 발생한 것이라 했다. 따라서 마을굿을 고대 제천의식에서 기원한 것으로 보았는데, 이러한 견해는 이후 다른 많은 학자들에게 영향을 주었다.

1960년대 후반부터는 비로소 한국 학자들이 마을굿에 관한 전국적인 조사연구를 시작했다. 가장 대표적인 사례가 문화재관리국에서 펴낸 《한국민속종합조사보고서》6)에 포함되어 있는 마을굿 관련 조사보고다. 이 보고서의 '민간신앙' 항목에 마을굿과 관련된 내용이 들어 있다. 이것은 앞서 말한 무라야마의 《부락제》를 보완해주는 자료라는 의의는 있으나, 마을굿만을 다룬 조사연구가 아니어서 마을굿과 관련된 내용이 빈약하다는 한계가 있다.

이 조사보고서들 가운데 전북지역 마을굿과 관련된 것은 《한국민속

---

5) 손진태의 이러한 연구들 이후에 이루어진 '제당'에 관한 조사·연구로는 장주근을 비롯한 몇몇 한국 학자들이 1967년에 전국의 마을제당을 대상으로 설문조사한 자료가 있는데, 이것은 문화재관리국에서 간행한 《한국민속종합조사보고서》(1969~1981)의 기초 자료가 되었다. 최근 국립민속박물관에서는 이 기초자료를 정리·보완하여 《한국의 마을제당》을 발간하고 있는데, 2001년에 제5권 전라북도 편이 발간되었다. 그러나, 이 조사자료도 조사대상이 마을굿의 '제당'에 한정되었고, 조사자의 직접 조사가 아니라 '설문조사' 방식을 취한 간접 조사라는 자료상의 한계를 가지고 있다.
6) 이 《한국민속종합조사보고서》는 제1책 전라남도 편(1969)을 시작으로 제12책 함경남북도 편(1981)까지 13년 동안에 총 12권이 발간되었다.

종합조사보고서》(제2책 전라북도 편)(1971)인데, 여기에 전북지역 마을 굿에 관한 내용이 부분적으로 조사되고 기록되어 있다. 이와 아울러 후속 작업으로 나온 《한국민속종합조사보고서》(제13책 농악·풍어제·민요 편)(1982)에도 전북지역 마을굿과 관련된 자료들이 일부 조사되어 있다. 그러나 보고된 내용이 아주 일부 지역의 몇몇 마을굿에 국한되어 있어서 전북지역 마을굿 전체를 살펴보기는 어렵다.

한국 마을굿의 본격적인 연구는 구조-기능주의적인 관점에서 마을굿의 사회적 기능을 밝히는 데서 시작되었다. 대표적인 것들로는 장주근·박계홍·임재해의 연구가 있다. 장주근(1975, 1986 : 40-53)은 마을 굿을 '동제'라 부르고, 그 사회적 기능으로 신성기간의 설정을 통한 심신의 정화, 지연적 화목과 단합, 마을 일을 의논하여 해결하는 정치적 기능, 농악이나 가면극의 기원이 되는 축제의 기능 등을 지적했다. 박계홍은 '당제'(1983 : 73-93) 또는 종교적 제의 부분만을 가리켜 '마을 굿'(1990 : 63-72)이라 부르며, 이것의 기능을 마을 주민들의 집단적 결합의 계기를 마련하는 사회적 기능, 마을 주민들의 신앙 욕구를 충족시키는 종교적 기능, 전통문화 창조의 원동력 구실을 하는 예술적 기능으로 나누어 논의했다. 임재해(1986 : 67-112)는 마을굿의 주요 기능으로 지역적 통합성, 종교적 주술성, 정치적 자치성, 민주적 평등성, 경제적 생산성, 민중적 예술성, 문화적 전통성, 사회적 규범성, 오락적 축제성 등을 들어 가장 종합적으로 논의했다. 이러한 선행 연구들은 마을굿의 '기능'을 다루었다는 점에서 내용이 대동소이하며, 시기상으로 뒤에 이루어진 논의가 그보다 앞선 논의를 보완하는 식으로 이루어졌다.

다음으로는, 종교적 관점에서 '제의'로서 마을굿의 위상과 구조를 밝힌 연구들이 있다. 대표적인 연구로는 유동식·김태곤·최길성·이필영 등을 들 수 있다. 유동식(1975 : 238-257)은 한국 '무교(巫敎)'의 역사를 체계화하는 과정에서, 마을굿을 부락제라 하여 종교학적 관점에서 접근하며, 그것을 '무속신앙'의 일부로 보고, 원시 '제천의식'에서부터

26

오늘날의 마을굿까지 이어지는 민간 공동체 종교의식으로서 마을굿의 위상을 언급했다. 이는 매우 탁월한 연구이기는 하나, 마을굿을 '무교'의 일부로 봄으로써 또 다른 가치들을 소홀히 했다는 데 한계가 있다. 김태곤(1983 : 78-211)은 마을굿을 동신신앙(洞神信仰)의 관점에서 '동제'라 부르고, 종교적 제의로서 가지는 내용과 기능을 논의했다. 최길성(1989 : 189-211)은 부락신앙의 관점에서 정치적, 경제적, 사회적인 통합 기능을 수행하는 신앙적 행위로서 마을굿의 의미를 부여했다. 이 밖에 이필영(1994)도 마을굿의 제의 준비와 절차 및 방법 그리고 신앙 대상물 등에 관해서 종합 검토했다. 이러한 일련의 종교학적인 연구들은 마을굿을 '민속신앙'의 일부로만 고찰함으로써 마을굿이 가지고 있는 다른 다양한 특징들과 성격들을 밝히지 못한 한계를 드러내고 있다.

다음으로는 사회-역사적인 관점에서 고찰한 마을굿 연구가 있다. 대표적인 것은 주강현(1987 : 37-101, 1992, 1995, 1997)의 연구다. 그는 좀더 포괄적이고 거시적인 관점에서 마을굿을 고찰하여, 마을굿의 전반적인 틀을 '대동제의·대동회의·대동놀이'로 보고, 마을굿의 특징을 다양하게 논의했다. 그의 이러한 일련의 연구들은 구조-기능주의적 연구나 신화-종교적인 연구에 머물러 있던 마을굿 연구의 폭을 사회-역사적 연구 쪽으로도 확장해주었다는 점과, 마을굿의 양식적인 틀을 종래의 '대동제의'에서 '대동제의·대동회의·대동놀이'라는 복합적인 틀로 파악하고, '두레굿'을 마을굿의 연구 영역으로 끌어들여 파악했다는 점에서 중요한 의의가 있다. 그러나, 이 일련의 연구들은 구조-기능주의 사회학의 한계를 크게 벗어나지 못하고, 아직 미완의 상태에 머물러 있다.

끝으로, 마을굿을 예술-미학적인 관점에서 다룬 연구들이 있다. 대표적인 것으로는 이두현·조동일·황루시·박진태·김익두 등의 연구를 들 수 있다. 이두현(1996 : 248-277)은 '굿'이 '연극'으로 진화했다는 전제를 바탕으로 하여, 경기도 '도당굿'과 영광농악의 '잡색놀이' 등과 같은 사례에서 민속학과 연극학의 접점을 모색했으며, 조동일(1988 : 45-108)

은 민간 탈춤의 기원을 토착 마을굿 농악대의 '풍농굿'에서 찾았다. 황루시(1986, 1988)는 무당굿이 중심으로 공연되는 마을굿을 대상으로 하여, 무당굿과 무당굿놀이의 제의성과 연희성을 탐색했다. 박진태(1990, 1998 : 194-221)는 굿의 분화와 탈놀이의 형성과정을 연관지어 논의하면서, 종래의 민속극 논의에서 소홀했던 풍물굿형 마을굿의 '잡색놀음'을 민속극의 범주에 포함시켜 잡색놀음의 제의성과 연희성에 주목했다. 김익두(1997a : 205-226)는 공연인류학적 관점에서 풍물굿형 마을굿의 '잡색놀음'이 갖는 문화적, 공연 양식적 특성을 밝히고 있어서 필자의 연구와 같은 방향을 취하고 있다. 그러나 이상의 논의들은 모두 마을굿 자체의 의의와 가치를 밝히기 위한 것이 아니라, '탈춤', '잡색놀이', '무당굿놀이'와 같은 한국 연극의 전통적 연원을 밝혀내기 위한 방편으로서 마을굿을 연구대상으로 삼고 있다.

이상으로, 마을굿에 관한 전국적인 범위의 조사보고서와 연구, 그리고 전반적인 논의들의 연구사를 간략히 검토했다. 그러면, 범위를 좁혀서, 연구의 대상 지역인 전북지역의 마을굿에 관한 연구사를 좀 더 자세히 검토해보자. 전북지역 마을굿에 관한 조사보고서는 1960년대 후반부터 나오기 시작했는데, 이들과 관련 자료들을 종합해서 연대순으로 정리하면 다음과 같다.

① 이두현, 〈고창 오거리 당산〉, 《민속자료조사보고서》 10호, 문화재관리국, 1968.
② 문화공보부 문화재관리국, 《한국민속종합조사보고서》(제2책 전라북도 편), 1971.
③ 문화공보부 문화재관리국, 《한국민속종합조사보고서》(제13책 농악·풍어제·민요 편), 1982.
④ 국립민속박물관, 《위도의 민속》(대리 원당제 편), 1984.
⑤ 원광대학교 박물관, 《부안지방문화재 지표조사보고서》, 1984.

⑥ 전북대학교박물관, 《고창지방문화재 지표조사보고서》, 1984.

⑦ 전북대학교박물관, 《김제지방문화재 지표조사보고서》, 1985.

⑧ 국립민속박물관, 《위도의 민속》(당제・가신신앙・세시풍속・통과의례 편), 1987.

⑨ 전북대학교박물관, 《남원지방문화재 지표조사보고서》, 1987.

⑩ 전라북도・장수군・사단법인 전북향토문화연구회, 《장수군문화유적 지표조사보고서》, 1988.

⑪ 전북대학교 전라문화연구소・전라북도・진안군, 《진안지방문화재 지표조사보고서》, 1989.

⑫ 전북향토문화연구회, 《순창군문화유적 지표조사보고서》, 1989.

⑬ 무주군, 《무주군지》, 1990.

⑭ 전북대학교 전라문화연구소・전라북도・임실군, 《임실지방문화재 지표조사보고서》(전라문화연구총서2집), 1990.

⑮ 군산시, 《군산시사》, 1991.

⑯ 부안군, 《부안군지》, 1991.

⑰ 고창군, 《고창군지》, 1992.

⑱ 전북대학교박물관, 《정읍지역 민속예능》, 1992.

⑲ 남원시, 《남원지》, 1992.

⑳ 진안군, 《진안군사》, 1992.

㉑ 국립민속박물관・전라북도, 《전북지방 장승・솟대신앙》, 1994.

㉒ 전북대학교박물관, 《호남좌도풍물굿》, 1994.

㉓ 전북대학교 전라문화연구소, 《호남우도풍물굿》, 1994.

㉔ 김제시, 《김제시사》, 1995.

㉕ 정읍시, 《정읍시사》, 1995.

㉖ 송화섭・이상훈, 《진안의 마을신앙》(上, 수몰지역 편), 진안문화원, 1996.

㉗ 완주군, 《완주군지》, 1996.

㉘ 오종근, 《남원지방 민간신앙 연구》, 남원시, 1997.

㉙ 임실군, 《임실군지》, 1997.

㉚ 장수군, 《장수군지》, 1997.

㉛ 전라북도, 《전라북도의 민속예술》, 1997.

㉜ 문화관광부·한국향토사연구전국협의회, 《우반동, 우반동 사람들》, 1998.

㉝ 오종근, 《장수지방 민속문화》, 장수문화원, 1998.

㉞ 완주문화원·우석대박물관, 《완주의 문화유산》 Ⅰ, 1998.

㉟ 이상훈, 《진안의 마을신앙》(下), 진안문화원, 1998.

㊱ 전북대학교박물관, 《전북해안지역 마을 공동체 신앙 : 고창·부안을 중심으로》, 1998.

㊲ 전북전통문화연구소 편, 《완주의 문화유산》 Ⅱ, 완주문화원, 1999.

㊳ 전북전통문화연구소 편, 《순창 문화유산 탐구》 Ⅰ, 순창문화원, 1999.

㊴ 전북전통문화연구소 편, 《전주의 역사와 문화》, 전주 : 신아출판사, 2000.

㊵ 국립문화재연구소, 《산간신앙》 Ⅲ(전북·전남·제주 편), 2000.

㊶ 국립문화재연구소, 《고군산군도(古群山群島)》(한국민속종합조사보고서 29), 2000.

㊷ 전북대학교박물관, 《전북산간지역 마을 공동체 신앙 : 무주·진안·장수를 중심으로》, 2002.

전북지역 마을굿에 관한 구체적인 연구는 김익두·김형주·하효길·박현국·김월덕·박순호·표인주·서해숙 등이 했다.

김익두(1987 : 71-96, 1991 : 197-221)는 전북지역 마을굿의 전반적 특성에 관해서 처음으로 논의했다. 그의 연구는 전북지역 마을굿이 자연·인문지리적 조건과 특성에 따라 동북 산간지역, 서부 평야지역, 서해 도서지역 마을굿으로 구분되며, 각각은 서로 다른 지역적 특성과 구조를 보인다는 점을 구체적인 사례를 통해서 지적했다. 김형주(1994 : 337-372)는 마을굿을 일종의 '마을신앙'으로 보고, 그러한 관점에서 전

30

북지역의 마을굿을 산간지역·평야지역·해안도서지역으로 구분한 다음, 마을굿 신앙물의 형태·기능·제의와 그에 따르는 놀이의 차이점들을 논의했다.

이상의 두 선행 연구는 전북지역 마을굿을 구체적인 자료들을 통해 전반적으로 살펴보면서, 지역적 특징과 유형들을 포착해냈다는 점에서 의의가 크다. 그러나, 전북지역 마을굿 전승 자료들이 좀 더 자세하고 다양하게 검토되지 못한 데서 오는 한계를 드러내고 있으며, 또한 이 연구에서 다루고자 하는 하나의 '문화적인 공연' 양식으로서 마을굿이 갖는 여러 특징들이 구체적으로 논의되지 않았다.

하효길(1991 : 331-348)은 부안군 위도면 대리의 마을굿인 '띠뱃굿'을 조사하여 그 절차와 방법을 사실적으로 정리하고 '띠뱃굿'의 민속적 특징을 논의했다. 그는 이 밖에도 지속적으로 위도 '띠뱃굿'에 관심을 기울여, '띠뱃굿'의 변화 문제에 관해서도 논의했다(1996 : 229-36). 김월덕(1996)은 민족연극학(Ethnodramatics)의 관점[7]에서 '띠뱃굿' 전체 공연 과정을 자세하게 기술한 '공연민족지'를 작성했으며, 이 '띠뱃굿'이 전승되고 있는 대리 마을 안팎의 사회 맥락 변화에 따른 '띠뱃굿'의 변모 과정을 공연학적 관점에서 살펴보았다(2002 : 243-262). 띠뱃굿에 관한 이 일련의 연구들은 하나의 마을굿 사례를 집중적으로 지속하여 탐구하는 '사례연구'라는 의의와 가치를 갖는다.

박현국(1995 : 161-201)은 정읍 지역 일부 마을의 마을굿을 조사 정리하면서 '유교식 제의'와 '무교식 제의'의 습합 현상을 보고 이 지역 마을굿의 그러한 제의적 현상을 논의했고, 박순호(2000 : 687-716)는 위도 띠뱃놀이, 남원 삼동굿놀이, 익산 금마 기세배, 김제 벽골제 쌍용놀이, 정읍 산외면 정량리 마을굿의 사례들을 들어 마을굿의 '집단적 오락성'을 논의했다. 이 두 연구는 전북지역 마을굿을 대상으로 삼았지만, 그 논의

---

7) '민족연극학'에 관해서는 Victor Turner(1996 : 166-167) 참조.

에서 보여주는 주장의 요지는 앞에서 검토한 기존의 구조-기능주의적인 연구들이나 신화-종교적인 연구들과 크게 다르지 않다.

표인주(2000 : 139-161)는 전북 완주군 일대의 '당산제'와 '산신제', 장수군 일대의 '팥죽제', 순창군 일대의 '탑제', 해안지역의 '갯제' 등의 절차와 주요 사제 그리고 제의 내용을 소개하면서, 그것들이 여성 제의로서 지닌 특징을 살폈다. 이 연구는 여성이 중심이 되는 전북지역 마을굿의 신앙 행위 특성을 이해하는 데 참조가 된다.

서해숙(2001 : 109-133)은, 전북 부안·고창 해안지역의 동제 사례들을 조사하여 '축제형, 제사형, 복합형'으로 유형 구분을 하고, 그것들의 현대적 축제화 방안을 제시하고자 했다. 이 논의는 전북 해안지역 마을굿의 전승 현황을 파악하는 데 유용하지만, 유형 구분의 기준이 애매하다는 문제가 있다. 축제형과 제사형의 구별이 마을 풍물패의 놀이굿 유무에 따른 것인지, 유교식 제의 절차를 취하고 취하지 않는 것에 따른 것인지, 구분의 기준이 명확하지 않다.

이제까지, 전북지역 마을굿에 관련된 기존의 연구들을 자세히 검토했다. 한편 이 밖에도, 전북 인접지역의 마을굿에 관한 연구로서, 나경수·표인주·강성복의 연구를 검토해볼 필요가 있다.

나경수(1998 : 315-358, 537-551)는 광주와 전남지역 마을굿의 사례들을 조사하여 그 형태와 종교적 기능을 고찰하였고, 표인주(1994, 1996)는 전남지역에 전승되는 '당신화(堂神話)'[8]를 마을굿에서 숭배되는 신들의 신격화 양상에 따라 분류하고, 그 마을굿 제의의 구술적 상관물인 당신화의 서사적 구조를 분석하여, 전남지역 '당신화' 전승 집단의 의식·기능·특성 등을 살폈다. 강성복(1999)은 전북지역과 가깝고 최근까지도 행정적으로 전북지역에 속해 있던 충남 금산지역[9]의 마을굿을 민간신앙의 관점에서 비교적 자세히 조사, 정리해 놓아서 참고가 된다.

---

8) '당신화'란 마을굿 제의와 관련된 일련의 전승 신화나 설화들을 말한다.
9) 금산은 1963년 행정구역 개편에 따라 전라북도에서 충청남도로 바뀌었다.

앞에서 살펴본 것처럼, 지금까지 이루어진 전북지역의 마을굿에 관한 주요 연구는, 크게 ① 조사보고서, ② 전반적 특징에 관한 논의, 그리고 ③ 몇몇 구체적인 지역 마을굿의 사례연구 등으로 나누어 정리할 수 있다. 위에서 검토한 선행 연구들의 특징과 한계들을 종합하면 다음과 같다.

첫째, 자료의 조사·정리 면에서 보면, 최근 들어 구체적인 마을굿 사례들에 관한 조사보고서가 상당히 활발하게 나오고 있으나, 전북의 모든 지역에 걸친 마을굿의 종합 조사보고서는 나오지 않았다.

둘째, 전북 마을굿의 전반적인 특징에 관한 논의가 이루어진 바 있으나, 전북지역 전역에 걸친 자세한 조사기록을 토대로 한 본격적인 전북지역 마을굿 연구는 아직 이루어지지 않았다.

셋째, 마을굿의 조사 연구가 주로 '공동체 신앙' 또는 '민간신앙'의 관점에서 이루어지고 있어서, 제의적 측면 이외의 다른 중요한 특성들이 간과되어 왔다.

넷째, 각 마을굿의 구체적인 전승에 관한 사례연구를 몇몇 연구자들이 하고 있는데, 대표적인 것은 부안군 위도면 대리마을의 '띠뱃굿' 연구다.

다섯째, 기존의 조사보고서와 연구 논문들에서는 조사보고서나 '민족지(ethnography)'를 작성하는 데 반드시 따르는 많은 제약 조건들에 관한 학문적인 배려10)가 거의 없어서, 그런 조사·연구가 갖는 애매한 문

---

10) '민족지(ethnography)' 작성에 관한 최근의 논의들은 이런 문제점들을 다음과 같이 심각하게 제시하고 있다. "민족지는 변화하는 것, 일종의 창조되는 것이다. 문화를 기술한 어떤 글쓰기에도 반드시 문학적 수사법 곧 은유·비유·이야기와 같은 것들이 들어가게 된다. 문화적 진실이나 역사적 진실의 부분성, 즉 진실이라는 것은 사실은 매우 고의적으로 정리되어 있고 또 배타적이다. 즉, 모든 진실은 배제와 수사학이라는 강력한 '거짓말'에 따라 비로소 구축된다. 문화를 파악하기 위해 문화들을 정지시키려고 하는 기도는 언제나 단순화와 배제, 당면한 초점의 선택, 특별한 자기-타자 관계의 구축, 역학 관계의 강요나 홍정이라는 문제를 일으킨다. 현재의 지식은 언제나 변화하는 일시적인 것이다. 문

제점들을 어쩔 수 없이 드러낸다.

여섯째, 몇몇 연구들은 아직도 기본 용어들이 혼란스럽고 애매한 자료들을 열거하며 논의한 수준으로 연구 방법론의 한계들을 드러내고 있다.

1.3.

이 책의 대상은 현재까지 전승되거나 지금도 그 전승 내용을 어느 정도 파악할 수 있는 전북지역의 마을굿이다. 이 책에서는, 연구 대상 자료들을 확보하기 위해서 우선 기존의 출간 자료들을 모두 종합하여 각 마을굿별로 다시 정리했다. 그리고 이런 자료들의 한계를 극복하기 위해 여러 해 동안 이 지역 마을굿을 직접 현지조사하여, 이를 통해 기존의 자료들을 좀 더 보완하면서, 기존의 조사 자료들이 빠뜨린 마을굿들에 관한 자료들을 새로 보충했다. 현장 조사작업은 1992년 8월부터 2002년 8월까지 약 10년에 걸쳐서 이루어졌다. 선행 조사연구들을 선별하고 정리한 뒤, 거기에 필자의 조사자료를 보충하여 얻은 기본 정보들은 관련 연구자들을 위해 도표로 정리하여 이 책 뒷부분에 〈부록〉으로 붙여두었다.

이 연구가 뜻한 목적을 좀 더 효과적이고 충분하게 달성하기 위해서

화학이란 갖가지 목소리들의 상호작용, 즉 갖가지 관점에서 나오는 발화 행위들 사이에서 성립하는 상호작용이다. 이런 견지에서 보면 '문화'는 언제나 관계성의 그것이요, 권력의 여러 관계들 속에서 주체와 주체 사이에 역사적으로 존재해온 커뮤니케이션 과정의 각인이다. …… 민족지를 만드는 일은 또한 언제나 그 주체의 '자아 형성' 작업을 수반한다. 그러므로, 이제 (민족지를) 쓰는 작업을 할 때는 언어·수사학·권력·역사와 같은 부수 사항들에 정면으로 맞서야만 한다. 그러므로 민족지는 다종교배된 텍스트 행위다. 민족지는 복수의 장르와 학문 분야를 횡단한다"(James Clifford and George E. Marcus 2000 : 17-57).

34

는, 전북지역뿐만 아니라 전북지역과 인접한 다른 지역의 마을굿 전승 자료들의 조사 연구도 병행하여, 이것들과 전북지역의 마을굿 전승 자료들과의 비교연구도 아울러 이루어져야 한다. 그러나 이 책에서는 우선 전북지역에 전승되는 마을굿 전승 자료들만 자세히 조사 정리하여, 거기에서 드러나는 하나의 공연 양식으로서 마을굿의 여러 가지 특성들을 공연학의 관점에서 '귀납적'으로 분석하고 해석하는 것으로 논의의 범위를 한정하고, 다른 지역 마을굿과 '비교연구'하는 것은 다음 단계의 연구 과제로 미루고자 한다.

이 책의 연구방법은 대체로 문화인류학 또는 민속학의 현지조사 방법, 구조-형식주의적인 형식과 내용의 분석 방법, 빅터 터너가 주창한 공연인류학과 상징인류학의 문화 해석 방법, 그리고 리처드 세크너가 주도적으로 개척하고 이론화하고 있는 공연학(Performance Studies)의 방법 등을 각 논의의 경우에 적절히 활용하면서, 전체적으로는 공연학의 관점과 방법과 방향을 지향하고자 한다.11) 이러한 방법들은 각 학문 사이의 상충되는 점들을 극복하고 상호 보완하면서, 좀 더 '학제적'인 방향과 지평을 지향한다. 이러한 연구방법과 시각이 오늘날 세계 인문사회학의 주요 근간을 이루고 있다는 점에서, 앞서 제시한 방법들의 타당성을 인정받을 수 있다.

여기서 이 책이 지향하는 전반적인 연구 관점과 방향인 '공연학'에 관해서 여기서 간단히 말해두고자 한다. '공연학'이란 '공연하는 인간(*homo performans*)'(Stern and Henderson 1993 : 10)에 대한 연구 분야다. 공연학의 목표는 '공연하는 인간'의 본질과 의의 및 가치를 탐구하는 학문으로서, 20세기 후반부터 구체적으로 논의가 시작되어, 뉴욕대학 대

---

11) 이 책에서 참고로 한 공연학 관련 주요 참고문헌과 논문들은 다음과 같다. Schechner and Schuman(eds., 1976), Benamou & Caramello(eds., 1977), Victor Turner([1982]1996), Schechner([1985]1993), Schechner([1993]2001), Stern & Henderson(1993), Diamond(ed., 1996), Carlson(1996), Schechner(2002), 김익두(1999), 김방옥(1999) 등이다.

학원 공연학과의 리처드 셰크너를 중심으로, 인류학·민속학·문학·연극학 분야의 학자들에 의해 하나의 독립된 학문으로 자리잡아가고 있는, 매우 학제적인 학문이다(Schechner 2002 : 22-44, 김익두 1999 : 409-440).

이 책에서 '공연(公演)'이란, 앞서 규정한 바와 같이, "인간이 어떤 목적을 수행하기 위해 의식적으로 어떤 공적인 시간과 장소에서 행하는, 문화적으로 약호화되고 관습화된 일련의 유의미한 행위"다. '공연학'은 바로 인간이 행하는 이러한 '공연'을 연구하는 분야다.

공연을 구성하는 가장 중요한 기본 요소들은 공연자(performer), 공연 텍스트(performance text), 청관중(audience), 콘텍스트(context)다. 공연의 범위는 개인적인 것으로부터 집단적인 것에 이르기까지, 그리고 나날의 일상적 체험으로부터 비일상적인 체험에 이르기까지, 하나의 연속체로 범주화할 수 있다(Stern and Henderson 1993 : 33-178). 공연학의 목표는 공연하는 인간, 즉 '호모 퍼포먼스'[12]의 본질과 특성, 그리고 가치와 가능성들을 탐구하여, 그러한 관점과 측면에서 인간 삶의 가능성과 가치를 증진시키는 것이다(김익두 1999 : 426).

'공연학'은 아직도 형성 과정에 있으며, 전통적인 학문 분야와 달리 주제와 방법을 하나의 체계로 조직하거나 어떤 독자적 학문 방법론의 순수함을 추구하지 않는다는 데 중요한 특징이 있다. 방법론으로 볼 때 공연학은 인류학·사회학·역사학·기호학·지역연구·문화연구·제의연구·연극학 등의 폭넓은 학문 분야들을 통합하고, 다양한 학문 영역들로부터 이끌어낸 관점과 방법들을 유기적으로 연결하면서, 여러 학문 분야들이 스스로 변화하는 가운데 서로 만나게 되는 '접점들'에서 그 가능성을 모색하는 개방적인 학문이다.

이 책에서 주로 활용하게 될 '공연학'의 방법은 리처드 셰크너가 세워

---

12) 이와 관련하여 김용옥은 인간을 '몸을 가진 존재' 곧 '호모 모미엔스(homo momiens)'라 한 바 있다(김용옥 1989 : 62-63).

놓은 여섯 가지 관점과 방법(Schechner 1993 : 17-63)으로, 다음과 같이 요약할 수 있다.

첫째, 어떤 공연에 참가하는 사람들, 즉 '참여자'들이 그 공연을 통해서 자기의 '존재'와 '의식' 면에서 어떤 변화를 겪게 되는가를 고찰한다. 결혼식이나 성인식이 대상의 내면 '의식(意識)'과 사회적 '존재' 자체까지를 모두 변화시키는 공연 양식이라면, 극장에서 상연하는 연극은 청관중의 내면 '의식'만을 변화시키는 공연 양식이다. 마을굿에서도 여기에 '참여'하는 사람들의 '존재'와 '의식'이 마을굿 공연을 통해서 어떻게 변화하는가 하는 측면이 매우 중요하다.

둘째, 공연의 전체 과정 속에서 그 공연에 참가한 '참여자'들이 어떠한 사회적 관계를 맺으며, 어떻게 상호작용 관계를 형성하는가를 고찰한다. 공연들 속에는 다양한 '문화'와 공연의 '관습'에 따라, 공연 참여자들을 공연에 끌어들이거나 공연에서 배척하는 다양한 정도와 방법이 있다. 서구 리얼리즘 연극과 같이 훔쳐보기식 '닫힌 구조'의 '상호작용'에서부터 한국의 '판소리'와 같이 '열린 구조'의 '상호작용'에 이르기까지, 참여자들 사이에는 매우 다양한 '상호작용'의 정도와 방법이 존재한다. 판소리와 같은 공연에서는 청관중들이 공연 '밖에' 존재하는 방관자가 아니라 의미 생성의 주체가 된다.13)

셋째, 어떤 공연의 '긴장성(intensity)'이나 '공연구조'가 어떻게 구축되고 여러 구성 요소들이 어떻게 활용되는가를 고찰한다. 공연에서는, '시간'과 '리듬'이 구체적이고 물질적이며 유연한 사물들처럼 에너지를 모으고, 그래서 '시간'과 '리듬'이 텍스트·소품·의상·공연자 및 청관중의 육체와 같은 방법으로 사용되어 하나의 패턴 속으로 짜여 들어간다.

---

13) 1980년대의 공연이론에서는 '작가의 죽음'을 선언한 후기구조주의자들의 주장에 따라, '퍼포먼스'의 관심사가 '권위'에서 '영향'으로, '텍스트'에서 '신체(身體)'로, 그리고 의미를 만들고 형성하는 '관객'의 자유로 점차 이동해갔다. 이것은 청관중이 공연 '밖에' 존재하는 '타자'가 아니라, 공연 '안에서' 공연의 의미를 생성하는 중요한 '주체'로 떠올랐음을 의미한다(Diamond 1996 : 3).

이 '긴장성' 구축의 방법은 반복·순환·축적의 패턴 또는 비반복·계기·종결의 패턴으로 이루어지기도 한다. 여기서 요건은 그 공연이 구축하고 있는 독자적인 '긴장성'의 틀, 즉 공연의 과정적 구조를 찾는 것이다.

넷째, 공연의 전 과정에서 어떻게 특징이 드러나는가를 고찰한다. 공연의 전체 과정은 준비 과정·공연 과정·공연 이후 과정의 '세 단계'로 나눌 수 있다. 셰크너는 공연의 전체 과정을 준비 과정(proto-performance), 공연과정(performance), 영향과정(aftermath)의 세 단계로 이루어지는 시공간의 연속체로 보았다. 이 세 단계 연속체는 다시 열 개 부분들로 더 나눌 수 있다.14) 공연의 과정은 문화적 전통이나 공연의 관습에 따라 열 개의 부분들이 모두 순차적인 과정으로 연결될 수도 있고, 이 가운데 몇 개의 부분들이 선별적으로 재배치될 수도 있다.

다섯째, 공연지식이 어떻게 전승되고 전파되는가를 고찰한다. 공연지식은 주로 문자전승·구두전승·행위전승의 방법으로 전승되는데, 이 가운데 몇 가지 또는 세 가지 모두 다 활용되기도 한다. 마을굿은 주로 구두전승과 행위전승에 의존하며, 마을굿의 공연 과정 자체가 곧 전승의 과정이다. 이러한 특징은 우리의 전통 전승 연희들에서 공통적으로 나타나는 점이다.

여섯째, 공연이 어떻게 생성되고 평가되는가를 관찰한다. 여기에는 가치평가의 문제, 가치평가의 기준과 주체, 객관적 평가와 주관적 평가, 미학, 가치체계의 문제 등이 관련된다.

이제까지 요약한 것처럼, 리처드 셰크너가 제시한 공연학의 관점과

---

14) 리처드 셰크너는 공연의 세 단계를 다음과 같이 세부적으로 나누었다. (1) 준비 과정 : ① 트레이닝 ② 워크숍 ③ 리허설, (2) 공연과정 : ④ 사전연습(워밍업) ⑤ 공적인 공연 ⑥ 공적인 공연을 지탱하는 이벤트/콘텍스트들 ⑦ 가라앉히기, (3) 영향과정 : ⑧ 비평적 반응 ⑨ 아카이브 ⑩ 기억(Schechner 2002 : 191). 이 과정은 공연예술·스포츠·대중오락·제의 및 일상적 공연들을 포함한 모든 종류의 공연들에 두루 적용할 수 있다.

방법은 매우 포괄적이어서, 각 연구의 경우에 맞게 적절히 변형되어 활용될 수 있다. 이 책에서도 이러한 관점과 방법을 그대로 세세히 전북 지역 마을굿 연구에 직접적으로 적용하기보다는, 이 책의 전반적인 방향과 과정을 이끌어가는, 논의의 암시적인 준거로 삼고자 한다.

2. '마을굿'의 의미 확장

2.1. '마을굿' 의미 확장의 근거들

앞(1.1.)에서 이 책은 '굿'의 개념을 확장하여, 종래에 일반화한 '무당 굿'이라는 좁은 뜻의 '굿' 개념에 머무르지 않고,[1] '인간이 자신들의 안 정적인 삶을 저해하는 해악을 물리치고 평안하고 행복한 삶을 누리고 자 제의적인 요소를 바탕으로 행하는 일련의 공적인 행위'로 폭넓게 규 정했다. 아울러, '마을굿'도 종래의 관례대로 '마을 단위로 이루어지는 공동의 제의적인 행위'로만 보지 않고, '한 마을 또는 몇 개의 마을을 단 위로 하여, 그 마을 공동체의 주민들이 당면한 공동의 문제들을 공동으 로 해결하여 안정되고 행복한 삶을 누리고자 공동으로 일정한 시기와 장소에서 주기적으로 행하는, 일련의 제의적, 놀이적, 회의적(會議的), 노동적, 군사적 행위'라고 넓혀서 정의했다.

이러한 마을굿의 개념 규정은, 종래에 마을굿을 단지 제의적인 행위 만으로 규정하던 것과는 달리, 그런 제의적인 행위를 '기본 요소'로 하 면서 그것과 함께 행해지는, 마을 공동체들의 일련의 제사·놀이·노

---

1) 무당굿을 넘어서 좀 더 폭넓은 시각에서 '굿'을 보는 관점은 임재해(1997)와 주 강현(1987, 1992, 1995) 등의 연구에서도 암시된 바 있다.

40

동·회의·군사 행위들을 통틀어 가리키는 것으로 그 의미를 넓혀서 보려는 것이다. 이는 제의로부터 확대된 과정까지를 마을굿의 과정으로 확장시켜 보는 포괄적인 시각을 제시한다. 이러한 시각을 견지하려면, 이 '마을굿'이라는 용어의 적절성과 개념 확장의 필요성 및 타당성, 그리고 마을굿에 대한 좀 더 구체적인 의미 규정 작업이 먼저 이루어져야 한다. 이 장에서는 이러한 문제들을 분명히 논증해두고자 한다.

먼저, 필자가 '동제'나 '부락제' 또는 '동신신앙'이나 '공동체신앙'과 같은 기존의 다른 용어들을 버리고 '마을굿'이라는 용어를 사용하는 이유는, 기존 용어들의 실제 쓰임새가 제의적 측면에 기울어져 다른 중요한 측면들을 간과하고 있기 때문이다. '마을굿'은 기존 용어들의 내포를 포함하면서 확장된 개념도 아우를 수 있는 적합한 용어로 보인다.

이 책에서 다루고자 하는 연구 대상을, 선행연구에서는 부락제(部落祭), 동제(洞祭), 마을제, 동신제(洞神祭), 촌제(村祭), 당산제(堂山祭), 산신제(山神祭), 용왕제(龍王祭), 서낭제, 서낭굿, 당굿, 도당굿, 별신굿, 별신제(別神祭), 장승제(長丞祭), 탑제(塔祭), 짐대제, 부군당제, 골매기굿 등의 용어로써 살펴놓았다. 이 용어들을 보면, 제의의 규모와 범위에 따라 붙어진 이름들(부락제·동제·마을제)도 있고, 숭배되는 마을신의 신격(神格)에 따라 붙어진 이름들(동신제·산신제·용왕제·서낭제·골매기굿)도 있으며, 성소(聖所)가 있는 장소 즉 제당(祭堂)의 양태에 따른 이름들(당산제·장승제·탑제·짐대제·부군당제)도 있는 한편, 또 지역에 따라 이름이 다르게 나타나기도 한다.[2]

이처럼 그 용어가 경우에 따라서 제각기 붙어지고 사용되기 때문에, 이것들을 통틀어서 가리키는 이름을 찾아 학문적으로 규정하는 작업이 절실하다. 기존 명칭들의 한계를 극복할 수 있는 이름이 바로 이 책에

---

2) 대표적인 예로, 호남지방의 '당산제', 영남지방의 '골맥이 동신제', 강원도의 '서낭제', 제주도의 '본향당굿'과 '포제', 서울의 '부군당제' 등이 지역 특유의 명칭들이다(이두현·장주근·이광규 1991 : 185-195).

서 사용하려는 '마을굿'이라는 용어다. 이 용어는 일차적으로 '마을 단위로 행해지는 굿'이라는 뜻을 담고 있다. '굿'의 개념을 앞서 규정한 것처럼 확대해서 보면, '마을굿'은 기존에 혼란스럽게 쓰이던 여러 명칭들의 의미 내용들을 모두 포괄하면서도 한국적인 학술 용어로서 적합하다.

다음으로, '마을굿'이라는 용어의 개념을 확장해야만 할 필요성에 대해 논의하고자 한다. 이를 위해서 전북지역 전통 마을의 한 해 동안 공동체 생활을 공동체의 주요한 '집단적 행위'에 초점을 맞추어 자세히 고찰해보면, 다음과 같은 사실들을 확인할 수 있다. 우선 음력 정초가 되면, 마을 주민들은 마을 성소에 모여 공동으로 마을 수호신에게 마을의 안녕과 행복을 비는 제사를 행한다. 음력 6~7월 농번기가 되면, 마을 주민들은 '두레'를 조직하여 다시 마을 성소로 가서 마을 수호신에게 간단한 제사를 행한 다음, 일터로 나가서 일을 하고 돌아온다. 한여름 농번기가 끝나가는 7월 15일 백중 무렵이나, 이듬해 농사일을 시작하기 전 농한기인 정월 보름이 되면, 마을 주민들은 다시 마을 성소로 가서 간단한 제사를 행한 다음, 마을 광장으로 가서 흥겹게 논다. 한 해를 마무리 짓고 새해를 맞이하는 섣달 그믐 무렵이 되면, 마을 주민들은 다시 마을 성소로 가서 간단한 제사를 행한 다음, 마을 회의소에서 마을 대동회의를 열어 마을의 여러 공동 문제들을 민주적으로 논의하고 해결한다. 한겨울 농한기가 되면 다시 마을 성소로 가서 간단한 제사를 행한 다음, 마을의 공동 기금을 마련하고, 외부의 침략으로부터 마을을 보호하는 훈련을 하기 위한 마을 대동굿판을 벌이는데, 여기서 풍물굿을 중심으로 각종 모의 군사훈련을 실시한다.

이와 같은 마을 단위의 주기적인 공동체 생활 행위를 '굿'의 관점에서 한 해의 시작부터 순서대로 정리해 보면, 맨 먼저 마을 공동의 '제사 행위'가 있고, 그 다음으로 마을 공동의 '노동 행위'가 있으며, 그 뒤에는 마을 공동의 '놀이 행위'와 '회의 행위'가, 그리고 마지막에는 마을 공동의 '군사 행위'가 이어짐을 확인할 수 있다. 이것들은 모두 마을 성소에서 벌어지는 마을 수호신에 대한 제의 행위를 공통 부분으로 가지고 있다. 이 각각의 과정들이 모두 제의 행위를 공통 요소로 담고 있다는 것은, 우리가 앞에서 규정한 '굿'의 개념에 비추어 볼 때, 이 일련의 과정들이 모두 하나의 독립성을 가진 '굿'임을 의미한다.

이렇게 볼 때, 정초에 하는 마을 공동의 제의 행위는 '제사굿'3)이고, 한여름 농번기에 하는 제사 행위를 동반한 공동의 노동 행위는 '노동굿/두레굿'이며, 그 다음에 이어지는 늦여름 농한기의 제사 행위를 동반한 놀이 행위는 '놀이굿'이고, 섣달 그믐 무렵의 제사 행위를 동반한 회의 행위는 '회의굿'이며, 겨울철 농한기에 제사 행위를 동반하면서 마을 방호를 위해 벌이는 판굿은 '군사굿'이다.

그러므로, '마을굿'은 단순히 제의적 행위만이 아니라, 그 제의적 행위를 기본으로 하는 일련의 제사적, 노동적, 놀이적, 회의적, 군사적인 과정들 전체를 두루 포괄한다. 종래의 '마을굿' 개념처럼 마을굿을 마을 공동체의 신앙 행위로만 봐서는 마을굿의 전모를 총체적으로 볼 수가 없다. 신앙 의례인 제의가 마을굿의 필수적이고 핵심적 요소인 것은 사실이지만, 그렇다고 그 제의적 행위 자체만 마을굿인 것은 아니다. 이와 같이 마을굿의 의미와 개념을 확장해서 보면, 시기와 상황에 따른 각각의 과정은 하나의 독립된 마을굿, 곧 마을굿의 '변이형들'이라 할 수 있다. 이 변이형들은 본질적으로는 하나이면서 공동체 삶의 과정에서 여럿이 된다.

이상의 검토에서 볼 때, '마을굿'은 마을 공동체의 제의적인 기능을 맡아 수행하는 제사굿일 뿐만 아니라, 제의적인 공통 요소를 근간으로 하면서도 놀이적, 회의적, 노동적, 군사적인 요소들을 두루 포함하는,

---

3) '굿'의 의미 가운데 '제의'라는 보편적 의미와 중첩되지 않도록 마을굿의 변이구조 양식을 가리킬 때는 '제사굿'이라 쓴다. 제의가 종교적 의례의 일반적 총칭이라 한다면, 정월달의 "마을 제사" 또는 정월에 "제만 모신다"는 표현에서 보듯이, 마을굿에서 제사는 특정한 상황과 문맥에서 이루어지는 제의적 행위를 구체적으로 가리킨다.

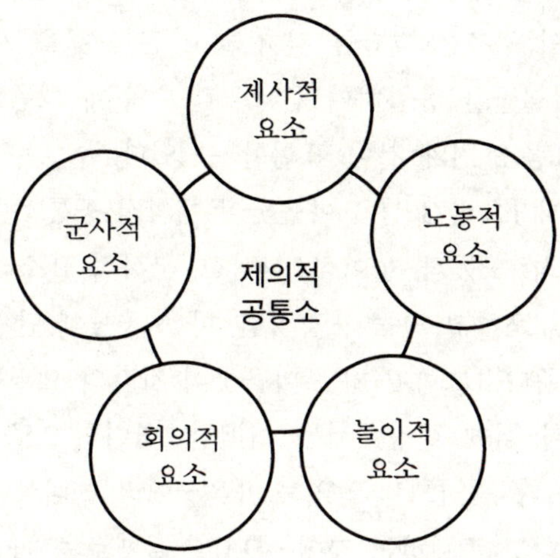

〔그림 2-1〕 확장된 마을굿 개념에서 본 마을굿의 기본 요소들

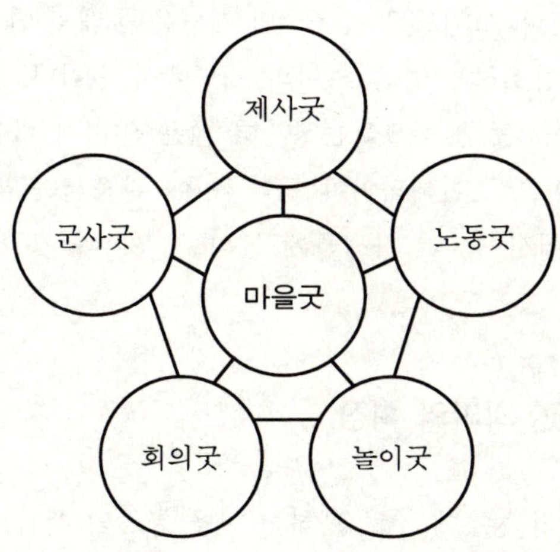

〔그림 2-2〕 마을굿의 다섯 가지 변이형

포괄적이고 유연한 마을 공동체의 근원적인 행위의 틀이라는 점이 드러난다. 마을굿의 구조는 그만큼 깊고 넓고 큰 근원을 가진 것으로 보인다. 이러한 사실들을 종합하여 좀 더 알기 쉽게 그림으로 나타내면 [그림 2-1]·[그림 2-2]와 같이 표현할 수 있다.

두 그림 가운데 [그림 2-1]은 마을굿이 제의적 공통소를 기본으로 해서 일련의 제사적, 노동적, 놀이적, 회의적, 군사적 요소라는 다섯 가지 요소들을 함께 내포하고 있는 포괄적인, 마을 공동체 단위의 공동 행위의 틀임을 보여준다. [그림 2-2]는 마을굿이 각각의 요소들을 중심으로, 어떻게 분화되어 실제 현장에서는 어떠한 '변이형'으로 존재하는가를 보여주는 그림이다. 즉, [그림 2-2]는 마을굿이라는 대상이 단일한 형태로 현장에 나타나고 존재하는 것이 아니라, 실제로는 '제사굿', '놀이굿', '회의굿', '노동굿', '군사굿' 등의 구체적이고 독자적인 '변이형'들로 나타나고 존재한다는 것을 보여준다.

이처럼 '마을굿' 속에는 제의·놀이·회의·노동·군사의 다층적 스펙트럼이 존재한다. 그러므로 마을굿의 개념은 종래의 연구처럼 제의적 측면만을 주로 강조하는 좁은 의미의 개념에서 벗어나, 마을굿의 이러한 여러 층위들을 두루 포괄하는 좀 더 넓은 의미의 마을굿 개념으로 확장하여 개방적으로 이해되어야 한다. 이에 관해서는 뒤의 '구조·기능·유형'의 장에서 좀 더 자세하게 논의할 것이다.

2.2. '마을굿' 의미의 확장

'마을굿'을 단지 정초에 주로 행하는 마을 공동의 제사 행위만으로 보고, 그것만을 연구 대상으로 삼는다면, 그 밖에 그것을 기본으로 하여 유기적으로 연결되어 있는 일련의 놀이적, 회의적, 노동적, 군사적인 측면들은 모두 우리의 고찰 시야에서 사라져버린다. 이러한 측면들을 연구 대상에서 제외하고서 마을굿의 제의적 측면만을 따로 떼어내 연구하는 것은, 다섯 가지 요소들이 유기적으로 통합되어 존재해 온 우리 마을 전통의 이해를 위해서나 우리 문화의 이해와 해석을 위해서 바람직하다고 볼 수 없다. 왜냐하면 마을 공동의 행위들은 '거기서' '그렇게' '통합적'으로 존재해왔기 때문이다.

그동안 마을굿을 이렇게 좁게 보아온 것은 서구 중심의 근대적인 패러다임으로, 우리의 전통을 '해체'해서 이해하려 한 인문사회학의 잘못된 경향에서 비롯된 점도 없지 않다고 본다. 예컨대, 우리나라 여러 지역의 탈놀이들도 그 전승 현장의 문화-사회적 맥락을 검토해 보면, 사실은 그 지역의 마을굿 또는 고을굿의 일부 레퍼토리로 존재해온 것들이었다. 그런 것들을 그 존재 맥락(context)을 무시하고 따로 떼어내어, 마치 그것들이 독자적으로 있는 '근대적인' 문화 양식인 것처럼 다루는 것도, 바로 우리 인문사회학의 그릇된 근대적 쏠림 현상 가운데 하나다.[4]

그러나 전통은 '외부자적'인 관점에서 나누어서 이해되기에 앞서, 먼저 '내부자적'인 관점에서 모아서 이해되고 해석될 때 비로소 살아 움직일 수 있는 가능성이 열릴 것이다. 마을굿의 이러한 통합적인 양상들을 두루 고려한 관점을 견지하려면, 결국 기존의 제의 중심의 마을굿 개념을 확장할 필요성이 대두된다. '마을굿'이란 용어가 앞에서 논의한 바와 같이 기존의 '동제', '동신제', '부락제' 등의 용어보다 더 포괄적인 용어라야만 한다면, 당연히 마을굿의 의미도 마을 공동의 제사 행위만을 가리키는 것이 아니라, '한 마을 또는 몇 개의 마을을 단위로 하여, 그 마

---

4) 예컨대, '하회별신굿 탈놀이'와 같은 탈놀이는 경상북도 안동시 풍천면 하회마을의 '마을굿' 레퍼토리의 일부이며, 강원도의 '강릉 관노 가면극'은 강릉 지역 '고을굿' 레퍼토리의 일부이고, 이른바 '산대도감극'이란 탈놀이는 '나라굿' 레퍼토리의 일부였다. 이런 시각에서 보면, 결국 탈놀이도 마을굿·고을굿·나라굿 레퍼토리의 일부분으로 존재해온 것이다. 이와 관련하여 정상박은 탈놀이를 ① 마을굿 탈놀이, ② 고을굿 탈놀이, ③ 나라굿 탈놀이로 구분한 바 있는데(정상박 1993 : 135), 이러한 구분은 이 책의 관점과 궤를 같이하는 것이다. 개인굿·마을굿·고을굿·나라굿의 구분과 특징에 대해서는 이 장의 다음 절(2.3.)을 참조.

〔사진 2-1〕 임실 필봉 마을굿

을의 주민들이 안정된 삶을 위해 주기적으로 일정한 시기에 일정한 장소에서 공동으로 벌이는 일련의 제의적, 노동적, 놀이적, 회의적, 군사적 행위’ 전체를 아우르는 개념으로 의미가 확장되어야 한다.

전북지역의 마을굿을 자세히 고찰해 보면, 정초에는 제의적 요소가 가장 강화되어 ‘산신제’, ‘당산제’, ‘용왕제’ 등과 같은 ‘제사굿’이 되고, 한창 바쁜 농번기에는 ‘두레굿’ 등과 같은 ‘노동굿’이 된다.5) 그리고 농번기가 끝난 음력 칠월 백중 무렵에는 ‘장원질놀이’, ‘술멕이굿’, 겨울 휴한

---

5) 이보형은 ‘마을굿’과 ‘두레굿’을 나누어 보았지만, 이 둘의 의식(儀式) 구성이 동일함을 밝혔다(이보형 1981 : 9-20). 주강현도 마을굿과 두레굿의 깊은 연관성을 논의하면서, 넓은 의미에서 두레굿도 마을굿이라고 했다(주강현 1987 : 37-101).

기에는 '보름굿'과 같은 '놀이굿'이 되고, 한 해를 마무리하고 새해를 설계하는 섣달 그믐 무렵에는 그 해의 마을 중대사를 처리하는 '회의굿'이 되며, 겨울철 농한기가 되면 마을을 외부의 침략으로부터 보호하기 위한 '도둑잽이굿'과 같은 '군사굿'이 된다. 이러한 '굿'들은 모두 서로 다른 계통의 '굿'이 아니라, 바로 '마을굿'의 '기본구조'가 현실의 맥락에 맞게 적절히 '변이'되어 드러난 '변이구조'들이다.

이렇게 '마을굿'을 유연하고 포괄적인 문화적 공연 양식으로 볼 때, 마을굿에 대한 연구의 새로운 지평이 열릴 수 있다. 마을굿 양식은 단지 마을굿에 머무르지 않고, 위로는 부족국가시대의 '제천의식'과 연결되며, 아래로는 현대의 '마당극' 또는 '마당놀이' 양식과도 긴밀한 연관을 가지는 근원적인 양식이기 때문이다. 마을굿의 이러한 포괄적이고 유연한 구조적 특성을 확대하고 심화하여 탐구해 나가면, 한국 민족 고유의 근원적인 집단적 행위 양식 또는 공연 양식의 원리를 밝히는 데까지 이르게 될 것이다.

여기서 마을굿의 규정 조건들을 부연함으로써 확장된 개념의 '마을굿'이 이상의 의미들을 좀 더 분명하게 드러내고자 한다. 앞에서 '마을굿'을 (1) 마을 또는 몇 개 마을 주민들이, (2) 그들이 직면한 위기와 문제를 공동으로 해결함으로써 안정된 삶을 영위하기 위해, (3) 그 마을 공동체 구성원들이 직접 '참여'하여, (4) 일정한 시간에 일정한 장소에서 주기적으로 벌이는, (5) 일련의 제사적, 노동적, 놀이적, 회의적, 군사적인 공연 행위로 규정했다. 이렇게 본다면, (1)은 주체적 조건, (2)는 기능적 조건, (3)은 과정적 조건이며, (4)는 시공적 조건, (5)는 양식적 조건이 될 것이다. 그러면 이것들을 항목별로 구체적으로 부연해서 논의해 보기로 한다.

(1) 주체적 조건 : 마을굿을 수행하는 주체는 그것을 전승하고 지속하는 마을 주민들이다. 마을굿은 대체로 거의 대부분이 하나의 자연마을을 단위로 해서 그 공동체 구성원들이 주체가 되어 벌어진다. 마을굿

48

주체로서 마을 사람들은 제사조직·노동조직·놀이조직·회의조직·군사조직 속에 들어가 있으면서, 시기와 상황에 따라 드러나는 마을굿 양식의 '참여자'가 된다. 대개 마을굿은 한 개 마을 단위로 벌어지지만, 경우에 따라서는 몇 개의 마을이 연합하여 벌이는 경우도 있다.

전북지역의 경우, 대개 하나의 마을을 단위로 마을굿이 벌어지지만, 몇 개의 마을들이 연합하여 마을굿을 벌이는 사례들도 익산시·군산시·전주시·남원시와 고창군의 일부 지역 등 전북지역 전반에 걸쳐서 두루 발견된다.6) 이것은 역사적으로 부족국가시대 마한 지역의 '나라굿', '고을굿', '마을굿' 모습을 함께 보여주는 대동굿, 즉 오늘날의 나라에 견줄 수 있는 마한의 54개 고을 또는 마을의 주민들이 5월 파종기와 10월 추수 후에 '소도(蘇塗)'를 중심으로 하여 주기적이고 집단적으로 행한 '오월제', '시월제'7)의 전통과도 관련된다고 하겠다.

(2) 기능적 조건 : 마을굿의 사회적 기능은 여러 가지가 있지만, 근본적인 공통 기능은 마을 공동체가 부닥친 위기와 문제를 공동으로 해결함으로써, 마을 공동체를 조화와 합일의 '이상적 공동체'로 결속시켜주는 기능이다.8) 이러한 기능이 제대로 수행되었을 때 마을 공동체는 안정된 삶을 보장받을 수 있다. 이런 관점에서 마을굿은, 마을 단위의 공동체적 삶을 안전하게 보호하고 지속하며 발전시키기 위한 마을 공동체 단위의 집단적 행위 양식이라 할 수 있다. 마을 공동체의 평화로운

---

6) 익산시 함라면 함열리 수동마을 외 세 개 마을의 '기싸움', 익산시 금마면 상대·옥동 등 열두 개 마을의 '기세배', 익산시 웅포면 웅포리 인근 아홉 개 마을의 연합 마을굿, 전주시 삼천동과 평화동 일대 네 개 마을의 '기접놀이' 합굿, 군산시 선유도 진리·새터·밭너머 마을의 마을굿, 남원시 보절면 양촌·음촌·괴양리 세 마을의 합굿과 '삼동굿놀이', 고창군 고창읍 읍내리 천북동·중앙동·안거리·하거리·교촌리의 '오거리 당산제' 등이 그 예다.

7) 국사편찬위원회 편(1986), 《국역 중국정사 조선전》(《後漢書》, 《三國志》 魏書東夷傳, 《晋書》 東夷列傳), 26, 50, 57-58쪽.

8) 이러한 기능은 빅터 터너의 이른바 '커뮤니타스(communitas)' 즉 '이상적 공동체성'의 구현과 관련이 있다(Victor Turner 1969 : 131-165, 1996 : 79-85).

삶을 위협하는 위기와 문제는 자연과 인간의 갈등, 신과 인간의 갈등, 인간과 인간의 갈등 층위에서 나타난다. 마을굿은 이것을 제사적, 노동적, 놀이적, 회의적, 군사적인 행위로 해결하여 마을 공동체의 삶을 유지한다.

마을 공동 생활의 공동체적 유대를 형성하는 가장 중요한 문화적 행위 양식으로 마을굿만한 것을 달리 찾아볼 수 없다. 예컨대, 마을에는 마을 공동체의 유대를 형성하는 각종 혈연적 지연적 조직 양식들, 곧 동족관계·계층관계·관혼상제·행정조직·계조직 등이 존재하지만, 이런 문화적 양식들은 마을굿처럼 마을 또는 지역 공동체 구성원들을 전체적으로 그리고 집단무의식적으로 통합하는 행위 양식이 아니라, 모두 부분적이거나 의식적(意識的)인 양식들이다.

(3) 과정적 조건 : 마을굿은 전체 과정이 그와 관련된 마을 공동체 주민들의 직접적이거나 간접적인 '참여'로 이루어진다는 점, 곧 그것을 수행하는 사람들이 '참여자'9)가 된다는 점이 공연 과정의 요건이다. 오늘날 거의 모든 문화적 공연들은 준비해서 보여주는 사람들과 관람하는 사람들이 분명하게 나누어진다. 그러나 마을굿에서는 준비하는 사람들, 보여주는 사람들, 보는 사람들이 분명하게 따로 나누어지지 않고, 서로 긴밀한 연관을 가지는 '참여자들'로 연결된다. 마을굿 참여자들은 마을굿의 전체 공연 '과정' 속에서 때로는 '준비자'로, '공연자'로, '청관중'으로, 또 경우에 따라서는 '공연자'이자 '청관중'으로, 다중적인 기능을 공연 안에서 중첩적으로 수행해간다.

마을굿의 과정적 조건은 마을굿의 과정을 거쳐서 참여자들이 무엇을 '경험'하는가와 관련된다. 마을굿의 참여자들은 자신들에게 부여된 다층적 몫을 중첩적으로 수행하는 '과정'을 통해 마을굿에 '참여'함으로써, 개

---

9) 여기서 '참여자(partaker)'는 '공연자'나 '청관중'이란 용어와 달리 '공연자'의 몫과 '청관중'의 몫을 동시에 수행하는 다중적인 기능의 수행자를 가리키는 용어로 사용한다.

50

별적 자아가 아닌 공동체 일원으로서 '집단적' 자아가 되는 체험을 한다.

(4) 시공적 조건 : 마을굿은 그것을 수행하는 공동체 구성원들이 같이 정한 일정한 시기에, 마을 공동체 구성원들의 공동체적 생활이 영위되는 생활 영역 내의 일정한 '공간들' 안에서, 대체로 1년 단위로 '주기적'으로 이루어진다.10) 이러한 시공적 조건들을 벗어난 것은 엄밀한 의미에서 마을굿이라 할 수 없다.

예컨대, '제사굿'으로서 마을굿은 1년이 시작되는 음력 정초의 정해진 날짜에, 마을 뒷산의 산신당이나 마을 동구의 당산, 마을 앞 바닷가와 같이 마을 주민들이 정해 놓은 '성소'에서 해마다 되풀이해서 벌어지며, '노동굿'으로서 마을굿은 농번기인 여름 김매기철에 노동 현장을 중심으로 주기적으로 행해지고, '놀이굿'으로서 마을굿은 정초의 제사굿에 이어 음력 정월 보름날 및 농번기가 일차적으로 마무리되는 음력 칠월 칠석이나 백중(7월 15일) 무렵11)에 마을 광장을 중심으로 집중적으로 행해진다. 한편, '회의굿'으로서 마을굿은 일년을 마무리하고 새해를 준비하는 섣달 그믐 무렵의 마을 공동회의와, 본격적인 공동노동조직인 두레를 구성하기 전에 소집하는 마을 공동 회의인 '호미모둠' 때 집중적으로 나타나며, '군사굿'으로서 마을굿은 한겨울 농한기의 마을 풍물굿 또는 걸립 풍물굿에서 집중적으로 나타난다. 이러한 양상을 계절과 관련시켜 나타내보면 [그림 2-3]과 같다.

---

10) 공연학적 관점에서 마을굿을 일종의 '문화적 공연'으로 볼 때, 이러한 반복성은 마을굿이 공연으로서 갖는 특성들 가운데 하나다. 리처드 셰크너는 '공연'의 본질을 '반복성'으로 보며, 그러한 공연 행위의 본질을 '복원되는 행위(restored behavior)' 또는 '거듭 행위되는 행위(twice-behaved behavior)'라고 했다 (Schechner 1993 : 65-181).

11) 이 무렵에 벌어지는 놀이굿은 전북 전 지역에 걸쳐 나타나며, 특히 '두레굿'이 번성한 전북지역 서부 평야지역에서 성행했다. 각 지역에 따라, '술멕이굿', '머슴굿', '장월리굿', '장원질굿', '백중굿', '호미씻이' 등으로 불려진다.

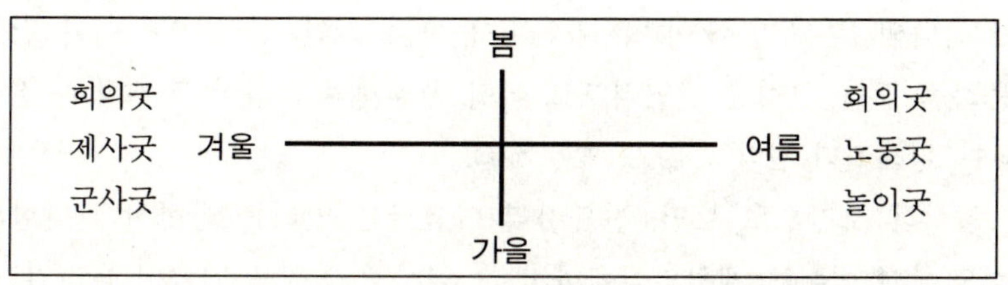

〔그림 2-3〕 계절별로 본 마을굿의 분포 양상

[그림 2-3]은 마을굿이 사계절 가운데 주로 겨울과 여름에 집중되어 있음을 보여준다. 이러한 사실은 무엇을 말하는 것일까? 앞에서 밝힌 폭넓은 의미의 '굿'으로 볼 때, 자연히 마을굿은 평안한 삶을 저해하는 해악들이 발생할 가능성이 높은 계절인 여름과 겨울에 집중될 수밖에 없다. 전통 농어촌 사회에서 농어촌 공동체 주민들의 삶을 저해하는 해악들은 기후로 보면 겨울과 여름에 집중되어 있다. 그래서 겨울과 여름에는 자연과 인간의 관계가 조화보다 갈등의 관계일 가능성이 높고, 그 갈등을 해결하고자 하는 마을굿도 잦다.

계절과 문화적 공연 사이의 상관성은 마을굿뿐만 아니라 민요에서도 확인할 수 있다. 전북지역 전통 토착 집단의 민요들을 검토해보아도 겨울에는 '제의요'와 '놀이요'가, 여름에는 '노동요'와 '놀이요'가 집중되어 있다. 풍물굿의 '제의요'인 액맥이타령·성주풀이·고사풀이 등이 모두 겨울철에 불리는 것이고, '노동요'인 모심는 소리, 논매는 소리와 대표적인 '놀이요'인 장원질소리 등이 모두 여름철에 집중되어 있다.

(5) 양식적 조건 : 전북지역의 마을굿은 양식 면에서 보면 이 지역의 가장 근원적이고 원형적인 전통적 '공연' 양식의 하나다. 앞의 연구사 검토에서 살펴본 바와 같이, 기존 연구에서는 마을굿을 주로 일종의 공동체 신앙에 따른 제의로 보는 시각이 지배적이었다. 그러나, 마을굿은 제의적 양식만은 아니다. 그것은 제의적 양식의 기능 외에도 다른 여러 기능들, 예컨대 노동적, 놀이적, 회의적, 군사적인 기능을 함께 수행하

는 하나의 '행위 양식'이며, 일종의 '문화적 공연' 양식이다. 이와 같은 '문화적 공연' 양식은 필연적으로 어떤 공동체의 문화적 '정체성'과 결부되어 행해진다(김익두 1999 : 426-427).

양식적 조건으로 보면, 전북지역 마을굿은 멀리는 삼한시대 마한의 '소도'에서 벌이는 제천의식에까지 그 역사적 연원을 거슬러 올라갈 수 있고, 오늘날에는 지역적 정체성을 탐구하려는 실험적인 연극 양식에까지 연결될 수 있는, 가장 근원적이고 원형적인 전통적 집단적 '공연 양식'이다. 마을굿을 제외하면, 이보다 더 오래되고 원형적인 공연 양식을 이 지역에서는 달리 찾아볼 수가 없다.

2.3. 한국의 '굿' 범주 속에서 '마을굿'의 위상

한국의 굿 전통 속에서 마을굿이 차지하는 전체적인 위상은 어떻게 좌표화될 수 있을까? 이 좌표를 파악하는 데는 한국의 전통 굿을 공연 목적과 실행 범위에 따라 개인굿·집안굿·마을굿·고을굿·나라굿으로 구분하는 것이 매우 중요하다고 본다.[12]

'개인굿'이란 어떤 개인의 안녕과 행복을 위해서 수행하는 굿을 말하고, '집안굿'이란 한 집안 구성원들의 안녕과 행복을 위해서 수행하는 굿을 말한다. '마을굿'은 한 마을 또는 몇 개의 마을 공동체 전체 주민들의 안녕과 행복을 위해서 수행되는 굿이며, '고을굿'은 옛 관아가 있는 고을 단위로 고을 주민 전체의 안녕과 행복을 위해 수행되는 굿이고,

---

12) 임재해(1997 : 247)는 '집안굿'을 '가족굿'이라 하였는데, 다른 명칭들과의 조화를 생각할 때 '가족굿'보다 '집안굿'이라는 용어가 더 합당할 것으로 생각된다. '공간적 범주'와 관련하여 굿을 생각할 때는 더욱 그렇다. '가족'은 공간적인 범주라기보다는 혈연적인 조건에 따른 범주이기 때문이다. 실제로 집안굿에서는 그 집의 가족뿐만 아니라 집에서 기르는 짐승들도 굿의 중요한 대상이 되는 사례를 목격할 수 있다.

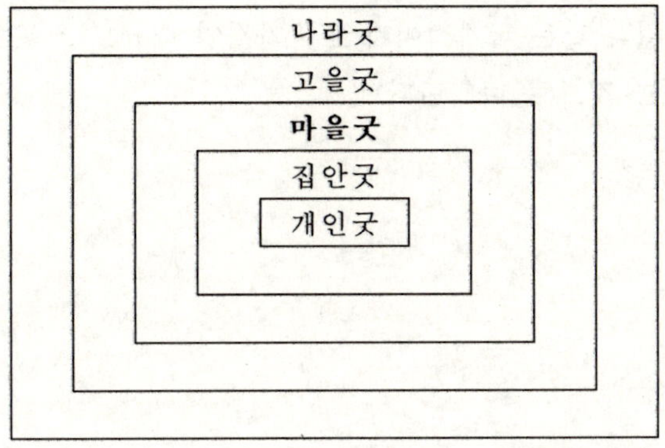

〔그림 2-4〕 한국의 '굿' 범주 속에서 마을굿의 위상

'나라굿'은 한 나라 전체 국민들의 안녕과 행복을 위해서 행해지는 굿을 말한다. 한국의 굿 범주 속에서 마을굿의 위상은 [그림 2-4]와 같이 나타낼 수 있다.

'개인굿'으로는 개인이 앓고 있는 병을 굿으로 물리치고자 하는 '주당맥이'를 비롯하여 점쟁이의 각종 '비손'과 무당의 각종 '병굿' 등이 있고, '집안굿'으로는 한 집안의 안녕과 행복을 비는 각종 재수굿·조상굿·마당밟이굿 등이 있으며, '마을굿'으로는 호남지방의 '풍물굿형' 마을굿, 경기지방의 '도당굿형' 마을굿, 영남지방의 '골맥이굿형' 마을굿, 영동지방의 '서낭굿형' 마을굿 등 각 지역의 특성을 반영하는 굿들이 있다. 그런가 하면, '고을굿'으로는 널리 알려진 남원의 '춘향굿', 고성의 '풍운당굿', 강릉의 '단오굿' 등이 대표적이다. '나라굿'으로는 왕실에서 나라무당[國巫]에게 궁중 안팎에서 굿을 하게 함으로써 왕실의 번영과 국태민안을 기원하는 소극적인 나라굿뿐만 아니라, 국가적인 차원에서 벌이는 각종 제천 행사와 같은 적극적인 나라굿도 있었다.13) 고을굿의 전통은 오늘날 각

---

13) '나라굿'의 각종 사례들에 관해서는 임재해(1997 : 250-254) 참조.

시도의 지역 축제 이벤트에서 의례화하고 있으며, 나라굿의 전통은 올림픽이나 월드컵과 같은 국가적이자 초국가적인 대규모 스포츠 이벤트에서 의례화하는 것으로 나타난다.

3. 마을굿의 전승 현황과 특징들

　2002년 8월까지 전북지역 마을굿의 전승 현황을 조사하고 정리한 결과, 총 528개 마을에서 마을굿 전승 현황 자료를 확인했다. 여기에는 현재 벌어지는 마을굿뿐만 아니라, 지금 전승은 되지 않더라도 생존 제보자들의 증언을 바탕으로 전승 내용을 파악할 수 있는 것까지 포함되었다.[1] 현지 조사와 기존에 조사된 마을굿 자료를 검토하는 과정을 거쳐 정리한 전북지역 마을굿 자료들을 간략히 도표로 만든 것이 이 책의 〈부록〉에 실어놓은 '전북지역 마을굿 현황표'다.

　1997년 기준으로 볼 때, 전라북도는 총 6개 시, 2개 구, 8개 군, 14개 읍, 145개 면, 113개 동, 6,978개의 마을로 이루어져 있다(전라북도 1997b : 53). 이 가운데 현재 마을굿 전승을 확인할 수 있는 마을 수는 528개이고, 이 숫자는 전북지역 전체 마을의 약 7.6퍼센트에 해당한다. 이 가

---

[1] 마을에 살아 있는 제보자들이 마을굿 공연에 관한 내용을 기억할 정도인 전승들은 모두 마을굿이 단절된 지 그리 오래되지 않은 것들이며, 이들의 기억을 통해 민족지(ethnography) 자료로서 가치가 있는 내용들을 재구성할 수 있다. 현재 마을굿의 제보자들 가운데서 많은 사람들은 마을굿 전승이 단절된 시기를 '일제' 때, '한국전쟁' 전후, 또는 1970년대 '새마을운동' 때라고 말한다. 한국 현대사에서 이 세 사건은 그만큼 한국문화에 큰 충격과 영향을 미쳤음을 알 수 있다.

56

운데서, 2002년 현재까지도 마을굿 전승이 지속되는 마을은 전체 마을의 4퍼센트에 해당하는 296개 마을이다.

이러한 통계 수치는, 1930년대 후반에 전국 마을의 58퍼센트에 해당하는 마을에서 마을굿 전승이 조사보고된 것(村山智順 1937 : 103)을 감안하면, 그동안 이 지역 마을굿이 얼마나 많이 사라졌는가를 보여주는 동시에, 다른 한편으로는 그 전승력이 또 얼마나 강하고 끈질긴가를 말해주는 것이기도 하다. 이 가운데는 마을굿 전승이 끊어졌다가 다시 복원된 마을들도 있다.[2]

전북지역 마을굿의 전승 현황을 좀 더 구체적으로 살펴보기 위해, 여기서는 마을굿 전승현황 자료들을 먼저 각 마을별로 도표로 나타낸 다음(〈부록〉 참조), 이것들을 공연학적인 관점에서 (1) 지역별 분포, (2) 공연 시기, (3) 공연 장소, (4) 공연 참여자, (5) 공연 방법, (6) 공연 목적, (7) 제사굿의 종류와 구성으로 나누어 논의하되, 그 논의의 초점은 마을굿의 핵심 요소인 제의적인 측면에 맞추고자 한다.

마을굿은 물론 앞에서 강조한 바와 같이 제의적 측면뿐만 아니라, 그 제의적인 측면을 공통 기반으로 한 일련의 제사적, 노동적, 놀이적, 회의적, 군사적인 측면들이 있다. 그러나 이것들은 모두 마을굿의 제의적 측면을 공통 기반 또는 공통 요소로 하고 있기 때문에 마을굿이라 할 수 있다. 따라서 마을굿의 전승 현황을 고찰하는 데 마을굿의 제의적 측면을 논의의 출발점과 기초로 삼는 것은 자연스러운 논의의 과정이다.

---

2) 조사자료들 가운데 1980년대부터 1990년대 사이에 마을굿을 다시 시작한 주요 마을들은 다음과 같다. 부안군 변산면 도청리 모항마을, 부안군 상서면 통정리 성암마을, 부안군 하서면 신지리 원섬못, 고창군 고수면 상평리 신평마을, 고창군 심원면 용기리, 고창군 심원면 만돌리 난호마을, 고창군 심원면 하전리 서전마을, 고창군 심원면 월산리 사등(모랫등), 남원시 대강면 강석리, 남원시 보절면 신파리 신동(섭골), 남원시 동면 성산리 성산마을, 남원시 산동면 대상리 한재마을, 장수군 번암면 대론리 수척(수작골), 남원시 천천면 춘송리 장항(노루목), 무주군 설천면 심곡리 대평마을, 무주군 부남면 굴암리 하굴암, 무주군 무풍면 삼거리 상오전, 진안군 백운면 백암리 중백마을 등.

3.1. 지역별 분포

먼저 마을굿 전승이 구체적으로 어느 지역에 어느 정도로 전승 분포하는가를 살펴볼 필요가 있다. 이것은 특정 지역의 마을굿을 현장론적인 방법으로 연구하는 데 가장 기본 바탕이 된다. 전북지역은 행정구역상 6개 시와 8개 군 등 총 14개 시·군으로 이루어져 있는바, 먼저 각 시·군별로 마을굿의 전승 분포 현황을 정리해보면, 〈부록〉에서 확인할 수 있는 바와 같이 무주군이 총 267개 마을 가운데 47개 마을(17.6%), 진안군이 397개 마을 가운데 121개 마을(30.5%), 장수군이 283개 마을 가운데 74개 마을(26.1%), 임실군이 417개 마을 가운데 11개 마을(2.6%), 남원시가 521개 마을 가운데 92개 마을(17.7%), 순창군이 335개 마을 가운데 21개 마을(6.2%), 그리고 완주군이 533개 마을 가운데 39개 마을(7.3%), 정읍시가 827개 마을 가운데 12개 마을(1.5%), 익산시가 718개 마을 가운데 13개 마을(1.8%), 김제시가 669개 마을 가운데 12개 마을(1.8%), 군산시가 599개 마을 가운데 16개 마을(2.7%), 부안군이 501개 마을 가운데 26개 마을(5.1%), 고창군이 911개 마을 가운데 43개 마을(4.7%)에서 각각 마을굿 전승이 확인된다.[3] 이러한 분포 현황을 각 시·군별로 지도에 표시해보면 [그림 3-1]와 같다.

다음으로, 이상의 시·군별 전승 현황을 그 전승 비율로 보면 진안군이 30.5퍼센트로 가장 높고, 그 다음이 장수군·남원시·무주군·완주군·순창군·부안군·고창군·군산시·임실군·김제시·익산시·정읍시 순으로 나타난다. 전체적으로 볼 때, 전북지역은 자연-인문 지리적 환경 조건에 따라, 동부 산간지역(무주군, 장수군, 진안군, 완주군 동부 산간, 임실군, 순창군, 남원시), 서부 평야지역(전주시, 완주군 서부 평야, 익산시, 군산시, 김제시, 정읍시, 부안군, 고창군), 서해 도서지역(위도, 고군

---

3) 전북 각 지역 시군별 자연마을 통계는 각 시군의 최근 《통계연보》를 참조함.

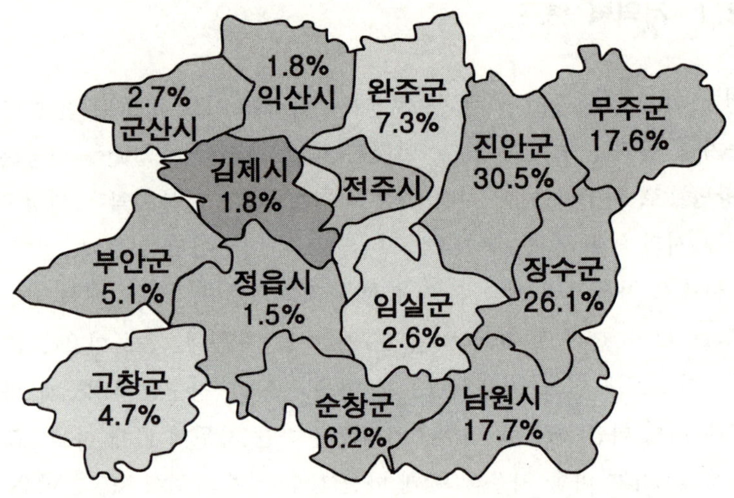

〔그림 3-1〕 전북지역 마을굿의 각 시·군별 전승현황

산열도)으로 구분할 수 있는데, 평야지역이나 서해 도서지역에 견주어 동부 산간지역의 마을굿 전승 비율이 높다.

그 까닭은 두 가지 각도에서 찾을 수 있다. 하나는 이 지역의 자연적인 조건에 따르는 원인이고, 다른 하나는 인문적 조건에 따르는 원인이다. 우선 자연적인 조건으로 보면, 동부 산간지역은 평야가 적고 산이 많아 예부터 서부 평야지역에 견주어 외부에 '고립적'인 성격이 더 강했다는 점이 중요한 원인이다. 이런 조건은 다른 서부 평야지역에 견주어 외부에서 들어오는 근현대적 문명과 접촉이 더디고 덜 빈번하며, 그만큼 자연에 대한 의존도가 더 강한 환경을 형성했다.

또한 자연지리적 조건 때문에 경작지가 서부 평야지역만큼 넓지 않아, 이 지역 주민들의 집단적인 공동 '노동굿'도 그만큼 서부 평야지역 주민들만큼 잦지 않았다는 점도 그러한 현황을 가져온 원인으로 보인다. 즉, 전북 동부 산간지역은 서부 평야지역보다 각 농토 단일 경작지 크기가 작기 때문에 그만큼 서부 평야지역보다 집단적인 공동노작 노동을 덜 필요로 했다. 이 점은 공동노작 노동결사체인 '두레패'가 서부 평야지역에 주로 분포했음을 보여주는 전승 현황 자료에서도 잘 확인된다.

한편, 서해 도서지역은 자연적인 고립성이 동부 산간지역보다 더하며, 도서지역과 해안지역 주민들의 경제생활은 생업활동의 불안정성이 훨씬 심한 바다에 직결되어 있기 때문에, 자연과 인간의 조화로운 관계를 추구하는 집단적 공연 행위 양식인 마을굿의 전승도 그만큼 다양하고 뿌리깊게 이루어져 왔다고 볼 수 있다. 그 증거로서 서부 평야지역의 마을굿 전승 비율이 전반적으로 산간지역보다 낮지만, 서해와 인접한 해안지역과 도서지역의 마을굿 전승 현황만을 따로 떼어보면 그 전승 비율이 동부 산간지역과 비슷하거나 더 높다는 점을 들 수가 있다.[4]

그러한 자연지리적 제약 조건들은 인문지리적 조건들에도 영향을 끼쳤다. 우선, 교통·통신의 발달 면에서 보면 서해 도서지역이 가장 뒤지고, 서부 평야지역은 일찍부터 발달했다. 이것도 마을굿의 전승 분포 현황과 직결된다. 거주인구 수를 보아도 서해 도서지역에 가장 적은 인구가 분포하며, 동부 산간지역이 그 다음이고, 서부 평야지역에 가장 많은 거주인구가 분포해왔는데, 각 지역의 단위면적당 인구 분포율을 보아도 이 점은 분명하게 드러난다.[5]

또한 지역별 경제생산력을 비교해 보아도 기계화 이전의 전통 농어촌 사회에서는 서해 도서지역이 가장 빈약했으며, 동부 산간지역이 도

---

4) 고창·부안의 해안지역 전승 현황을 보면, 고창지역에서 조사된 42개 마을 가운데 10개 마을의 마을굿과, 부안지역에서 조사된 26개 마을 가운데 15개 마을의 마을굿이 해안지역에 분포하고, 군산지역에서 조사된 16개 마을 가운데 11개 마을의 마을굿이 도서지역에 분포하고 있어서 해안·도서지역의 마을굿이 전승비율로 보면 산간지역과 비슷하거나 더 높다.

5) 평야지역은 전북지역 전체 면적의 50.6%, 산간지역은 48.9%, 도서지역은 0.5%를 차지한다. 인구수로 볼 때 전북 전체 인구의 86.1%가 평야지역에, 13.6%가 산간지역에, 0.3%가 도서지역에 분포하고 있다(전라북도 1989 : 51-58, 전라북도 2001).

서지역보다는 높았고, 서부 평야지역에서 거의 대부분의 경제생산이 이루어졌다.6) 경제생산의 자연에 대한 의존도가 높으면 높을수록 마을굿과 같은 전통적 공연 양식의 전승력은 그만큼 높다. 왜냐하면, 마을굿 특히 제사굿은 자연과 그것을 조절한다고 믿어지는 신과 인간이 서로 조화로운 관계를 유지하는 가운데 인간의 풍요로운 삶을 실현하기 위한 마을 단위의 공동체적 공연 양식이기 때문이다.

마을굿 전승 비율이 특히 높은 곳은 동부 산간지역인 장수·남원·무주의 산악지대이며, 현저히 낮은 지역은 군산·익산·김제 등의 평야지역인데, 이 평야지역이 일제강점기와 근대화 과정을 거치면서 도시화가 일찍부터 이루어진 점도 이 지역 마을굿을 더 빨리 사라지게 한 요인이다.

한편, 자연적인 고립성이 강한 마을과 인문적으로 어떤 토착적 전통이 강한 마을에서는 마을굿의 전승력이 비교적 강함을 볼 수 있다. 이런 점에서는 대체로 서해 도서지역과 동부 산간지역에서는 자연지리적 조건이, 그리고 서부 평야지역에서는 인문적 조건이 그 전승에 더 크게 작용하고 있는 것으로 보인다.

이와 관련하여, 자연지리적 조건이 강하게 지배하는 서해 도서지역과 동부 산간지역에서는 여성이 주도하는 마을굿의 비율이 상대적으로 높으며, 인문지리적 조건들이 강하게 지배하는 서부 평야지역에서는 남성이 주도하는 마을굿의 비율이 높은 편이다. 예컨대, 서해 도서지역의 가장 대표적인 마을 제사굿인 부안군 위도면 대리마을의 경우, 여성 참여자와 남성 참여자의 비율이 대등하고, 남성이 주도하는 부분과 여성이 주도하는 부분이 거의 대등하게 나타난다. 동부 산간지역의 제사굿 가운데는 여성이 주도하는 제사굿도 상당수 발견되어 주목된다.7)

---

6) 전북지역의 자연조건을 보면, 총 경지면적의 약 70%가 논으로 우리나라의 대표적인 논농사지역이며, 농업생산력의 대부분이 평야지역에 밀집되어 있다.

7) 장수군 천천면 삼고리 운곡(금실)마을을 비롯하여 장수, 무주, 진안, 순창, 남원 지역에는 여성이 주도하여 마을굿을 행하는 경우가 32개 마을에서 발견되며, 평야지역으로 올수록 여성이 주도하는 경우가 7개 마을로 크게 줄어든다.

앨런 로맥스(Alan Lomax)에 따르면, 식량 조달에서 여성의 기여도가 높은 사회에서는 여성과 남성의 이중창 또는 다중창이 불리고, 여성 독창자가 담당하는 고음 파트가 있지만, 여성의 경제적 기여도가 낮은 사회에서는 남성이 노래를 일방적으로 지배한다(Lomax 1968 : 168-169). 이런 주장과 관련하여 볼 때, 전북 동부 산간지역에서는 식량 생산 노동에서 남성과 여성이 거의 대등한 비중으로 참여하는 것과는 달리, 서부 평야지역에서는 식량 생산 노동의 많은 비중이 남성들에 따라 이루어진다는 사실(김익두 1997b : 217)도, 이러한 특징과 관련이 있을 것으로 보인다.

끝으로, 자연적 제약 조건이 큰 지역일수록 '제사굿'으로서 마을굿이 발달해 있고, 그런 제약이 비교적 적은 지역일수록 '노동굿'으로서 마을굿과 '놀이굿'으로서 마을굿이 더 발달해 있음이 확인된다. 즉, 자연적인 제약이 가장 큰 서해 도서지역의 마을굿에서는 제사굿이 가장 발달해 있고, 그보다는 좀 덜하나 서부 평야지역보다는 자연적인 제약이 큰 동부 산간지역이 그 다음으로 제사굿이 발달했으며, 자연적 제약이 가장 적은 서부 평야지역에서는 제사굿보다 노동굿과 놀이굿이 발달했다.

제사굿의 약화에 가장 큰 영향을 미친 것은 서부 평야지역의 편리한 자연적 조건으로, 이 지역의 도시화와 '기독교화'를 가속화하였다. 또, 전국 제일의 논농사지역인 서부 호남평야의 경작지는 집단적인 협동노동을 다른 지역들보다 훨씬 더 필요로 하였으므로[8], 노동굿으로서 마을굿이 그만큼 더 활발할 수밖에 없었다. 이러한 자연조건과 논농사 노동의 특수성 때문에 발달했던 평야지역의 노동굿은 제초제의 출현과 영농의 기계화 등 여러 이유로 전승이 단절된 상황이다.

---

8) 동부 산간지역은 밭농사와 논농사의 비율이 4.4 : 5.6의 비율을 보이는데, 서부 평야지역의 밭농사와 논농사의 비율은 2.5 : 7.5의 비율을 보인다(전라북도 1989 : 54-55).

3.2. 공연 시기

전북지역 마을굿을 조사해보면, '제사굿'으로서 마을굿 공연 시기와 '놀이굿'으로서 마을굿 공연 시기, '노동굿'으로서 마을굿 공연 시기, 그리고 '군사굿', '회의굿'으로서 마을굿 공연 시기가 각각 다르게 나타난다.

'제사굿'으로서 마을굿은 한 해가 새로 시작되는 음력 정초에 집중되어 있어서, 일종의 '신년제(新年祭)' 성격을 띤다. 거의 모든 '제사굿'은 이처럼 정초에 집중되어 있다. [표 3-1]은 이 점을 잘 보여준다.

〔표 3-1〕 지역별 제사굿의 시기

	산간지역	평야지역	도서지역
정월 초	115	42	7
정월 보름 무렵	98	66	3
섣달 그믐	19	7	2
2월 1일 또는 2월 초	12	8	
1월 중 기타 날짜	11	3	
3월 또는 4월 중	9		2
9월 또는 10월 중	8	2	
칠월 칠석이나 백중날	6		

제사굿의 날짜는 [표 3-1]에 나타난 바와 같이 음력 정월 초, 정월 보름 무렵(14, 15, 16일), 섣달 그믐날, 2월 1일('하드렛날', '영등날')이나 2월 초 등이며, 이 날짜에 마을에 부정한 일이 생기면 마을 대동회의에서 다시 택일한다. [표 3-1]에서 제사굿의 날짜는 대체로 섣달그믐에서 2월 초 사이에 정월 대보름날을 전후한 시기에 집중되어 있음을 알 수 있다.

이처럼 음력 정월에 날짜가 집중 분포하는 것은, 전통적인 농어촌 생활 패턴과 밀접한 관련이 있다. 농촌사회에서 정월은 실제로 농사일을 시작할 준비를 하는 달이며, 한 주기의 '시작'을 의미하는 달로서, 신성에 의존하여 과거의 낡은 시간이 새로운 시간으로 '재생'되는 달이다(김태곤 1983 : 40-49). 어촌사회의 정월도 육지부의 농촌사회와 공동으로 1년 단위의 주기적 생활을 공유하면서 서로의 생활이 연결되어 있고, 하나의 주기적 삶의 패턴을 새로 시작한다는 의미에서, 같은 시기에 같은 의미의 '제사굿'을 행한다고 볼 수 있다.

'노동굿'으로서 마을굿은 평야지역에서는 여름철 농번기인 음력 5~6월에 집중되어 있다. 주로 5월의 '호미모둠'으로 시작하여, '두레노동'으로 이어지고, 7월의 '호미씻이'로 끝이 난다. 어촌에서는 노동의 형태가 평야와 다르므로, 노동굿의 시기와 양상도 다르다. 어로작업의 성격상, 평야지역처럼 대규모의 집약적 협동노동이 동원되는 것이 아니라, 어선 단위로 소규모의 선원들이 주도한 '노동굿'이 이루어진다. 서해 도서지역인 위도의 '노동굿'은 출어 때 행하는 '뱃고사'[9]로부터 시작해서 약 9일에서 10일 동안의 '고기잡이' 노동으로 이어지다가, 고기를 잡아 가득 실은 만선(滿船)들이 포구에 도착하는 날에 고기를 팔고 마을에서 굿치며 논 뒤에 끝이 난다.

'놀이굿'으로서 벌이는 마을굿은 '제사굿'이 끝나는 음력 정월 대보름 무렵과, 여름철 농번기가 일차적으로 끝나는 음력 7월 15일인 '백중날' 무렵에 집중되어 있다(〈부록〉 참조). 오늘날 전승되는 마을굿을 보면, 정초에 행하는 마을굿의 '제사굿'과 '놀이굿'을 거의 하나로 통합하는 경우가 많지만, 좀 더 굵은 형태의 마을굿, 예컨대 부안군 위도면 대리 마을의 마을굿을 보면 정초의 마을굿이라 하더라도 분명히 '제사굿'과 '놀이굿'이 시기를 달리하여 행해졌음을 알 수 있다.[10]

---

9) 위도 대리마을의 경우, 1년 내내 배에 모실 배서낭을 정월 초사흗날 원당굿에서 내림받아('깃손받기'), '뱃고사' 때 이 서낭에 고사를 지낸다. 뱃고사는 섣달 그믐, 정초, 추석 등 세시와 출어시에, 선주(船主) 또는 선원이 제관이 되고 다른 선원들이 참여하여 지내는데, 출어 때 지내는 뱃고사가 '노동굿'의 제의에 해당한다고 볼 수 있다. 뱃고사 후 모두 같이 음복을 하고 풍물을 울리며 마을 앞 바다를 돈 다음 모두 같이 어울려 놀고 마친다(하효길 1994 : 50).

　음력 정월 대보름 무렵에 행하는 '놀이굿'인 마을굿은 평야지역에 집중 분포하고, 대개 줄다리기와 풍물굿으로 이루어진다. 여름철 농번기가 끝나는 음력 칠월 보름 무렵에 집중되어 있는 '놀이굿'인 마을굿은 마을에서 여름 농사를 가장 잘 지은 '상일꾼'이나 '상머슴'을 축하하는 '장원질굿', '머슴굿', '술멕이굿'으로 행해지는 경우가 가장 전형적이다.

　'회의굿'은 한 해를 마무리하는 음력 섣달 그믐, 그리고 한 해의 농사와 뱃일을 본격적으로 시작하는 오월에 가장 분명하게 나타난다. 예컨대, 섣달 그믐 무렵 한 해를 마무리짓고 새해를 설계하기 위해 마을 '대동회의'를 여는데, 마을의 중요한 대소사들을 논의하고 결정할 때도 마을의 풍물패가 풍물을 어울러 마을 '당산'과 같은 마을 '성소'로 가서 마을 공동의 제사의식을 행한 다음, 마을회관에 모여 마을 '대동회의'를 가지며, 회의가 끝나면 다시 한바탕 풍물을 울리며 어울려 술을 마시고 논다. 이와 같은 것은 오월에 '두레'를 모으는 '호미모듬' 대동회의를 행할 때도 마찬가지로 비슷한 과정을 거친다. 이것은 마을굿이 하나의 '회의굿' 양식으로 변용되는 '변이구조'라 할 수 있다.

　'군사굿'으로서 마을굿은 사회 상황의 변화로 말미암아 지금은 분명하게 따로 독립시켜 벌이지는 않으나, 풍물패의 구성편제·복색·명칭·공연내용 등에서 군사굿의 특징과 근거들이 확인된다. 이 군사굿은 현재 한겨울에 마을 단위로 행하는 '지신밟기', '걸립 풍물굿', 음력 정월 대보름 무렵에 벌이는 제의적인 '놀이굿'인 풍물굿 등에서 그 유풍을 확인할 수가 있다. 특히 풍물굿의 '잡색놀음' 일종인 '도둑잽이굿' 속에서 그 잔영을 분명하게 찾아볼 수 있다.

---

10) '제사굿'은 음력 정월 초사흗날에 시작되어 그날에 끝난다. 이 과정이 좁은 의미의 '띠뱃굿'이다. 그 다음날부터 마을의 풍물패가 집집을 돌며 벌이는 '마당밟이'라는 중간 단계를 거친 다음, 음력 정월 대보름날에 이르러서야 비로소 본격적인 '놀이굿'이 행해진다. 이 놀이굿은 구체적으로 '주산돌기', '줄놀이', '줄다리기', '풍물 판굿', '탈놀이', '송장놀이' 등으로 이루어진다. 넓은 의미의 '띠뱃굿'은 이 과정 전체를 하나로 묶어서 일컫는 것이다.

3.3. 공연 장소

전북지역 마을굿의 공연 장소는 각 마을굿의 경우에 따라 달리 나타난다. '제사굿'은 제당(祭堂)을 중심으로,11) '노동굿'은 노동 현장을 중심으로, '놀이굿'은 마을 광장과 같은 '놀이판'을 중심으로, '군사굿'은 풍물굿이 행해지는 장소를 중심으로, 그리고 '회의굿'은 마을 대동회의가 이루어지는 회장을 중심으로 해서 각각 행해진다. 그러면서, 이 각각의 마을굿들은 모두 마을의 성소인 마을굿 '제당'이라는 장소를 공유하고 있다는 점이, 공연 장소의 공통적 특징이다. 즉, 모든 마을굿은 먼저 마을 성소에서 '제의 행위'를 수행한 다음에 각각의 굿 절차를 밟는다.

'제사굿'의 공연 장소는 항상 일정하게 '성소'로 지정되어 있는 장소와, 굿이 벌어질 때만 '성소'로 전환되는 일상적인 공간의 두 가지 종류가 있다. 어쨌든 공연 장소는 마을 주민들의 삶이 이루어지는 생활 공간에 존재한다. 마을의 제사굿이 벌어지는 시기가 되면, 마을 생활의 '전체 공간'이 제의의 특별한 장소로 '재배치' 또는 '재구조화'하고, 거기에 일정한 '금기'가 따른다.

'제사굿'이 벌어지는 마을의 가장 중요한 공연 장소는 마을 안의 특정한 위치에 있는 '제당'이다. 여기서 '제당'이란 마을굿 제의가 벌어지는 구체적인 장소를 말한다. 이 제사굿 제당의 형태를 산간지역·평야지역·도서지역에 따라 나누어 종류별로 종합하면 [표 3-2]와 같다.

제당의 형태는 자연지리적 환경조건에 크게 좌우된다. '산신제'가 가장 지배적인 제사굿을 이루는 동부 산간지역 마을굿 제당은 마을 뒷산의 바위 또는 마을 앞 수목이나 돌탑이 가장 많고, '당산제'가 지배적인

---

11) '제당'이란 신이 머무는 곳이나 신이 내리는 곳으로, 공동체 제의가 벌어지는 장소다. 항상 일정한 곳으로 정해진 '고정제당'과 제의를 할 때마다 임시로 이루어지는 '임시제당'이 있다. 대부분의 제당은 고정제당이고, 고목·바위·당집·솟대로 형태도 다양하다.

〔표 3-2〕 지역별 제사굿의 제당 형태

	산간지역	평야지역	도서지역
당산나무	248	66	2
입석/바위	33	45	1
당집/신당	39	28	13
돌탑/누석단/조탑	62		
솟대/짐대/장승	11	17	2
샘터/샘/우물	8	6	
숲	12	1	
바닷가나 냇가	2		5
기타(개울, 동굴 등)	10	4	

제의로 자리잡고 있는 서부 평야지역 마을굿 제당은 동구의 당산나무와 입석이 우세하다. 그리고 '산신제', '당산제', '용왕제'가 복합되어 있는 서해 도서지역의 마을굿 제당은 마을 뒤의 주산 봉우리나 주산의 산신당('산신제'), 마을 동구 당산나무('당산제')나 동산의 당집('당제'), 마을 앞 바닷가('용왕제') 등으로 복합적이다. 즉, 제사굿의 공연 장소는 자연 조건과 깊이 연관되어, 동부 산간지역 마을굿은 산과 연결된 영역에, 서부 평야지역 마을굿은 들과 연결된 영역에, 그리고 서해 도서지역 마을굿은 바다와 연결된 영역에, 각각 그 공연 장소가 특성 있게 배치되어 있었다.

그러나 '제사굿'의 공연 장소는 직접적인 제사 행위가 벌어지는 '제당'만으로 한정되지는 않는다. 넓은 의미에서 제사굿의 장소는 일정한 제당뿐만 아니라 마을 전체 영역이라고도 볼 수 있다. 제사굿은 마을 공동체의 삶이 구체적으로 이루어지는 마을 내부 전체를 그 공연 장소로 삼는다. 제사굿은 마을 주민들의 속화된 행위들로 더럽혀진 마을 공간 전체를 성스러운 제사굿 행위를 통해 '성화된 공간'으로 변화시키는 굿이기 때문이다.

'노동굿'의 공연 장소는 마을굿의 '성소'와 노동 현장이다. 즉 '노동굿'은 풍물패가 마을 광장에서 '어우름굿'[12]을 쳐서 굿패를 이룬 다음, '길굿'을 치면서 마을 공동 신앙의 성소인 제당으로 가서, 거기에서 간단한 제사 행위를 한 다음, 다시 마을 '두레패'를 거느리고 '마을기'[13]를 앞세우고 마을 인근의 공동노동 현장으로 가서 마을기를 일터에 세우고 간단한 고사를 지낸 뒤 공동노동을 한 다음, 다시 길굿을 치면서 마을로 돌아와 간단한 '뒤풀이'를 하고서 굿을 마친다.

'놀이굿'의 공연 장소는 마을 성소와 마을 공동 '마당'이나 집안 마당이 되는 경우가 많다. '놀이굿'은 마을의 풍물패가 마을 제당으로 가서 간단한 제의 행위를 마친 다음, 집집을 돌면서 '마당밟이/지신밟기'를 하고, 마을 주민들이 모여 함께 놀 수 있는 마을 마당에서 마을 '대동판굿'[14]을 벌인 뒤, 여기에 참여한 마을 주민들이 함께 먹고 마시는 '뒤풀이'를 가진 다음에 끝마친다.

'군사굿'의 공연 장소는 마을 성소와 마을 그리고 일터다. 오늘날에는 군사굿의 온전한 형태가 전승되지 않고, 마을 풍물패의 풍물굿에서 그 전승의 잔재를 볼 수 있기 때문에, 풍물패의 공연이 이루어지는 장소가

---

12) 마을의 '풍물굿패'가 굿패 또는 공연자들을 마을 광장에 모이게 하여 하나의 공연 집단으로 통합하는 굿이다. 풍물패의 구성원 각자가 담당하는 악기를 서로 불협화음이 되게 연주함으로써, 마을 전체에 굿이 시작됨을 알리고, 풍물굿패의 연주를 조율하기도 하는, 일종의 '다스름굿'이다.

13) 마을 또는 마을의 집단적 정체성을 상징하는 커다란 깃발을 단 기로서, 전북지역에서는 대개 커다란 깃발에 '용'을 그리고 가장자리에 지네발 모양의 검은 천 조각을 돌려 붙이며, 깃대는 대나무로 만들고, 깃대 끝에는 꿩 깃털로 만든 '꿩장목'을 붙이며, 그 바로 아래 '방울'을 달았다. 그래서 이것을 농신이 내리는, 일종의 '신(神)대' 또는 '신기(神旗)'로 본다(이보형 1976 : 59-66).

14) 마을 '대동판굿'이란 한 마을 주민들이 공동으로 마을 공동의 장소에 모여서 벌이는 '판놀음' 형태의 놀이를 말한다. '판굿'은 본래 전북지역에서는 풍물패가 마을의 광장에서 구경꾼들을 상대로 하여 그 굿패의 온갖 공연 기량들을 두루 펼쳐보이는 가장 큰 놀이굿을 말하는 용어다.

곧 군사굿의 공연 장소가 된다. 그것은 온 마을의 생활 공간 전체에 걸쳐 형성된다. 장소는 크게 마을과 일터로 구분할 수 있다. 겨울 농한기가 되면 풍물패는 마을을 지키기 위해 마을 안의 전체 생활 공간을 누비면서 '마당밟이'를 하고, 다른 마을로 '걸궁'을 가기도 하며, 여름 농번기가 되면 마을 '두레패'를 이끌고 일터로 나가 두레풍장을 치면서 두레패의 노동을 촉진하고 '두레기'를 꽂아 노동 영역을 표시해 놓고 그 영역을 수호한다.

'회의굿'으로서 하는 마을굿 공연 장소는 마을 성소인 제당과 마을회관이 된다. 즉, 마을의 '회의굿'은 먼저 풍물패가 마을 광장에서 '어우름굿'을 쳐서 굿패를 이루고, '길굿'을 치면서 마을의 공동 성소인 제당으로 가는 것으로 시작한다. 제당에 도착하면 간단한 제의를 올린 다음, 다시 '길굿'을 치면서 마을회관으로 와서 굿을 맺고, 마을 대동회의 모임을 가진 뒤, 다시 풍물을 치면서 한바탕 놀고 마시는 '뒤풀이'를 하고 굿을 마친다.

마을굿의 공연 장소를 공연학의 관점으로 보면, 마을굿의 공연 장소는 특정한 예술적 목적을 위해 일상적 삶의 장소와 분리된 다른 특별한 장소/무대를 설정해서 공연하는 오늘날의 '예술극'과는 대조적인 특징을 보인다. 마을굿의 공연 장소는 일상적 삶에서 분리된 특정한 장소/무대가 아니라, 삶이 이루어지는 생활의 모든 영역에 걸쳐 형성된다. 마을굿에서 이루어지는 공간 활용은, 참여자들의 융합과 합일을 위한 공연 행위를 하면서 일상적인 공간을 비일상적으로 재구조하고 재배치한다는 점에서, 이른바 '환경연극'이 추구하는 이념15)과 맞닿아 있다.

---

15) '환경연극(environmental theatre)'은 1960년대 후반 리처드 셰크너의 실험적 연극 작품을 나타내는 용어로, 환경연극이 추구하는 이념은 배우와 관객의 융합을 위해 연극 공간을 독창적으로 사용하는 것이다(Hodgson 1998 : 624).

3.4. 참여자들

마을굿의 공연자와 관련된 가장 큰 특징은, 마을 주민들 모두가 마을굿의 '참여자'라는 점이다. 여기서 '참여자(partaker)'란 어떤 목적을 가진 공연 행위와 관련하여 그 공연 행위에 직간접으로 관여하며, 공연 행위의 결과가 그들의 실제 삶에 직접적인 영향을 미치는 것으로 관습화되어 있는 사람들을 가리키는 말이다. 그렇다면 마을굿의 '참여자'는, 마을굿을 뒤에서 준비하는 사람, 마을굿을 몸소 앞장서서 주도적으로 공연하는 사람, 주도적인 공연자는 아니지만 일종의 공연자로 공연에 참여하는 사람, 그리고 공연을 구경하는 사람 등, 관여하는 정도의 차이는 있지만, 공연 결과가 그들의 삶에 직접적인 영향을 미치게 되어 있는 사람들, 곧 마을 주민들을 말한다.

공연학적으로 보면, 전북지역 마을굿의 '참여자'는 매우 다양하게 구분할 수 있으며, 층위도 다층적으로 이루어져 있다. 대본가 · 준비자 · 연출자 · 주공연자 · 부공연자와 일차적 청관중 및 이차적 청관중 등을 마을굿의 대표적인 참여자들로 구분할 수 있다. 마을 주민들은 일차적 청관중을 제외한 다른 역 가운데 어느 하나는 반드시 맡아서 마을굿에 관여한다. 마을굿의 과정은 이런 참여자들의 역할이 여러 겹으로 중복되어 가는 과정이라고 볼 수 있다.

우선, 전북지역 마을굿의 '대본가(scripter)'16)는 어떤 기록 문헌이나 '문서기록(archive)'을 만드는 특정한 한 사람이 아니라, 넓게는 마을 주민 전체, 좁게는 마을 공동체 생활에 주도적인 영향력을 행사하는 마을의 대표자 집단이 '대본가' 구실을 한다. 그러나, 이들은 어느 특정 시기

---

16) 여기서, '대본가(scripter)'는 일종의 '문화적 공연'으로서 '마을굿'의 '공연텍스트(performance text)'를 만드는 사람, 즉 마을굿 공연을 가능하게 하는 일련의 문화적 관습 · 기호 · 체계 · 상징 · 코드를 만드는 사람을 말한다. '공연텍스트'란 공연 자체를 가능하게 하는 일련의 모든 정보들의 집합이다.

의 한 사람이 아니라, 마을이 생긴 뒤로 죽 그 마을에 살아온 수많은 사람들이다. 이 마을굿의 공연텍스트를 결정적으로 주도하는 모임이 바로 마을의 '대동회의'다.

'연출자'란 마을굿 공연을 전체적으로 지시·조정하는 위치에 있는 사람들로, 마을굿의 전체적인 방향과 구체적인 세부를 결정하는 마을 대동회의의 의사 결정권자들, 노동굿인 두레굿의 '좌상', 놀이굿인 '풍물 굿'의 상쇠 등과 같은 인물들이 이 층위에 속한다. 마을굿 공연의 구체적인 최종 공연텍스트가 마을 대동회의에서 결정되므로, 마을 대동회의를 이끄는 사람들은 일종의 연출가 자격을 갖는다. 노동굿인 '두레굿'의 '좌상'은 두레굿 또는 두레 노동 전체를 조정하는 사람이므로, 역시 연출가 자리에 있는 존재라 할 만하다.

'준비자'란 마을굿 공연이 이루어질 수 있도록 뒤에서 공연을 준비하는 사람들을 말한다. 여기에는 마을 대동회의 임원들, 마을굿에 필요한 의상·분장·대소도구·음식 등을 맡아 준비하는 사람들, 제물 음식을 장만하거나 그 일을 돕는 부녀자들이 다 속한다. 예컨대, 위도 대리 마을굿의 경우 '원화장'은 섣달부터 제물을 준비하여 장만하고, 음력 정월 초사흗날 아침에 원당굿을 시작할 때는 제의에 필요한 물건들을 챙기는 '준비자'이며, 마을에서 띠[茅]로 띠배를 제작하는 사람들도 이 마을 굿의 중요한 준비자들이다. 마을굿에서는 시종일관 어떤 한 가지 구실만 하는 경우는 거의 없으므로, 이 준비자들은 다른 절차에서는 또 다른 몫을 맡게 된다.

'주공연자'란 마을굿을 주도적으로 몸소 실행하는 사람들이다. 전북 지역 마을굿의 경우, 여기에 속하는 사람들로는 제사굿의 제관들인 유교적 사제, 무당, 풍물패 상쇠와 노동굿인 두레굿을 앞에서 주도하는 '총각대방'과 '공원(公員)', 그리고 놀이굿패로서 풍물굿패의 모든 구성원들과 정월달의 놀이굿에서 줄다리기의 줄패들, 백중 놀이굿에서 '상일꾼', '상머슴' 등을 들 수 있다. '부공연자'란 마을굿을 앞장서서 수행하지는 않지만 몸소 공연을 실행하는 사람들을 말한다. '주공연자'와 '부공연자'의 구분이 애매한 경우도 있지만, 이들은 모두 청관중으로 상정된 어떤 존재들에게 어떤 행위를 보여주는 사람들이라는 점에서 둘 다 '공연자'라 할 수 있다.

'일차적 청관중'이란 그 마을굿 공연이 바쳐지는 대상인 '이상적 청관중(ideal audience)'(Driver 1998 : 81), 곧 마을굿 제의에서 신앙의 대상인 마을 수호신을 말한다. 전북지역의 모든 마을굿은 제의적인 요소를 공통으로 가지고 있고, 모든 마을굿은 일차적으로 제사굿으로서 신앙의 대상에게 바쳐지는 것이기에, 마을굿의 일차적 청관중은 분명 이 마을굿 제의의 대상인 마을 수호신이다. 제사굿으로서 마을굿은 물론이고 노동굿으로서 마을굿을 행할 때도 처음 굿패를 이룬 다음 반드시 먼저 마을굿 성소인 '당산'으로 가서 간단한 제의 행위를 한 다음에 노동 현장으로 가서 일하며, 놀이굿으로서 마을굿을 할 때도 반드시 마을의 굿패가 마을 성소로 가서 마을 수호신에 대한 제의 행위를 한 다음에 논다. 군사굿이나 회의굿도 마찬가지다. 그러므로 마을굿의 일차적인 청관중은 바로 마을 수호신이다.

'이차적 청관중'이란 '일차적 청관중'이 아닌 모든 청관중을 말한다. 따라서 이 부류의 청관중은 신이 아니라 사람들이다. 마을굿의 청관중은 예술극이나 공연예술의 청관중과는 달리, 그들이 청관중으로 참여하는 공연의 성패가 그들의 '생존' 문제와 직결되어 있다. 이 점은 마을굿과 예술극, 또는 마을굿과 공연예술 사이의 중요한 차이점이다. 그러므로, 마을굿의 모든 참여자는 근본적으로 '방관자'의 처지에서 지켜보기만 하는 청관중일 수는 없는 청관중이다.

전북지역의 마을굿은 이상의 참여자들 말고도 다른 수많은 참여자들의 층위와 위치를 설정할 수 있다. 그만큼 마을굿은 복잡하고 다양한 참여자들의 층위와 위상을 다층적으로 융합하고 있는 복합적인 공연 양식이다. 참여자 면에서 본 전북지역 마을굿의 이러한 성격이 다른 지역 마을굿의 성격과 구체적으로 어떻게 다른가를 비교해보면, 이러한 면에서 좀 더 다양한 한국 마을굿의 지평이 열릴 수 있다. 어쨌든, 어떤 마을굿이 벌어질 때 그 마을굿을 행하는 주민들은 모두 그 마을굿의 '참여자'이며, 이 참여자들의 안정되고 행복한 삶을 위해서 마을굿이 벌어진다.

제사굿의 주공연자인 '제관들'에는 마을 대동회의에서 선출되는 유교식 남성 제관, 전문적인 무속 사제, 풍물패의 상쇠, 그리고 마을 부녀회의에서 선출된 여성 등이 있다. 이 가운데 유교식 남성 제관이나 부녀회의에서 선출된 여성 제관은 각 마을굿 제의의 성격에 맞도록 마을 대동회의에서 선출되어, 그 제의 기간에만 사제 구실을 담당하고 다시 일상으로 돌아가는 '일시적' 사제이며, 전문적인 무속 사제는 '세습무'이거나 점복을 업으로 하는 점쟁이 무당으로서 '영구적' 사제다. 전북지역 마을굿에서는 풍물패의 상쇠가 직접 제사굿의 사제 구실까지 하는 경우가 많아, 전북지역 마을굿을 '풍물굿형' 마을굿으로 규정하기도 한다(문화재관리국 1971 : 100, 유동식 1975 : 243, 정병호 1986 : 23-24). 전북지역을 볼 때, 무당이 처음부터 끝까지 주공연자가 되어 마을굿을 주관하며 공연하는 마을굿은 현재 조사된 바로는 하나도 없으며, 무당이 굿을 하는 경우에도 반드시 마을 풍물패와 유교식 남성 제관이 함께한다.

마을 대동회의에서 선출되는 사제인 '제관'은 거의 다 성인 남성이고, 간혹 부부가 같이 선출되는 경우도 있다.[17) 비의적(祕儀的)인 성격이 강한 '산신제'나 유교적 성격이 강한 '당산제'를 행하는 제관은 남성이고, 장수군 천천면 일대를 비롯해 무주·진안·순창·남원 등 동부 산간지역에서는 여성들이 주도하는 제사굿이 상당수 나타나기도 한다(〈부록〉

---

17) 완주군 운주면 원구리 원구제마을, 고창군 해리면 광승리 상부마을, 남원시 운봉면 용산리 용산마을, 남원시 산내면 대정리 매동마을과 소년대마을, 무주군 설천면 심곡리 관동마을, 진안군 안천면 노성리 장등(진등말)마을, 진안군 동향면 신송리 고부마을 등에서는 부부가 제사굿을 주관한다.

참조). 하나의 마을굿에서 남성이 주도하는 부분과 여성이 주도하는 부분으로 이분된 경우도 있으며,[18] 남녀가 평등하게 준비하고 마치는 경우도 있다.[19] 그리고 최근에 나타난 경향 가운데 하나로서, 중단되었던 마을굿을 다시 시작한 경우가 상당수 발견되는데, 이런 경우 주로 여성들이 주체가 되어 이루어지고 있다는 사실도 흥미롭다.[20]

　제사굿의 주요 공연자들을 각 소지역별로 나누어 정리하면 [표 3-3]과 같다.

〔표 3-3〕 지역별 제사굿의 주공연자

		산간지역	평야지역	도서지역
유교식 제관	남	336	92	14
	여	31	12	
	남녀(부부)	13	3	
풍물패		126	40	1
무속 사제		5	3	2
불교 종사자			2	

　[표 3-3]에서 드러나는 바와 같이, 전북지역 마을굿의 제관은 유교식 제관과 풍물패가 압도적으로 많고, 따라서 제사굿은 유교식 제관과 풍물패의 상쇠가 주도하고 있음을 알 수 있다. 이때 유교식 제관과 풍물패는 종속관계라기보다 상호 보완적 관계다. 전북 동부 산간지역의 경우 풍물패 없이 유교적 제관의 제사만으로 마을굿을 하는 사례가 많은

---

18) 예컨대, 진안군 상전면 주평리 원가막마을을 보면 '산신제'는 남성들이 주도하고 '고목제'는 여성들이 주도하며, 진안군 상전면 수동리 내송 마을도 역시 '산제'는 남성이 주도하고 '팥죽제'는 여성이 주관한다.
19) 김제시 금구면 선암리 축령(싸리재)마을, 임실군 관촌면 운수리 구암마을 등의 제사굿에서는 마을굿의 시작부터 끝까지 남녀가 함께 개방적으로 참여한다.
20) 부안군 상서면 통정리 성암마을, 고창군 고수면 상평리 신평마을의 마을굿은 부녀자들이 주축이 되어 중단되었던 마을굿을 다시 시작한 사례다.

데, 지금은 마을에 굿 칠 젊은이들이 없다는 제보자들의 증언에 따르면 이것이 본래부터 그랬던 것이 아니라, 농어촌 인구의 감소에 따라 풍물패를 구성하기 어렵기 때문에 그러한 형태가 된 것이다.

한편, 각 마을굿의 특성에 따라 각기 독특한 공연자가 추가되는 경우도 있다. 예컨대, 정읍시 북면 오류리 원오류 마을의 제사굿의 경우를 보면, 여성들이 주도하여 제의를 행할 뿐만 아니라, 제의 뒤에 그 공연자들이 단속곳을 입고 마을을 돌며 추는 '단속곳춤'이 중요한 공연 행위다. 한편, 매우 특수한 경우로서 [표 3-3]에 나타난 것처럼, 불교의식이 마을굿에 습합된 사례도 있는데, 이러한 경우에는 마을 인근 절의 주지가 마을 사람들과 함께 마을굿을 주관하기도 한다.[21]

3.5. 공연 방법

공연 방법 면에서, 즉 마을굿을 공연하는 구체적인 수행과정 면에서 보면, 전북지역 마을굿은 모두 풍물패의 풍물굿(농악)을 공연의 기본적인 공통 요소로 한다는 점이 가장 두드러진 특징이다.[22] 무당굿이 두드

---

21) 완주군 소양면 화심리 원화심마을에서는 '단암사'라는 절의 스님과 화주를 맡은 마을 이장이 제의를 주관하며, 정읍시 고부면 남복리 남령마을에서는 마을 뒤 '미륵암'의 스님이 '수륫재[水陸齋]'를 겸한 불교의식으로 마을굿을 주관하여, 마을 주민들의 당산제가 불교의식인 '수륙재'에 부속되는 양상을 보여준다.

22) 이러한 특성은 무라야마 지준(村山智順 1937 : 403)이 지적한 이후, 유동식과 정병호도 같은 견해를 피력했다. 무라야마는 조선의 부락제를 '유례풍형(儒禮風型)'과 '굿놀이형'으로 나누고, '굿놀이형'의 구성요소를 다시 '무악(巫樂)'과 '농악(農樂)'으로 구분했다. 이 가운데 '무악'으로 이루어지는 제사굿에는 경기도 '도당굿', 경상도 '도신굿'과 '별신굿', 강원도 '단오굿', 평안북도 '당굿'을 포함시키고, '농악'(풍물굿)으로 이루어지는 제사굿은 충청도 '별신굿'과 '농악', 전라도 '농악', 경상도 '지신밟기'라고 분류하여, 전라도 마을굿이 풍물굿형 마을굿임을 처음으로 제시했다. 그러나 이러한 지적은 제사굿으로서 마을굿에 한정된 지적일 뿐이며, 노동굿으로서 마을굿, 놀이굿으로서 마을굿 등에 관해서는 언급된 바가 없다.

러지게 나타나는 지역은 도서지역이다. 평야지역이나 산간지역에도 무당이 마을굿을 주재하는 경우가 아주 희미하게 보이기도 하지만 지역적 특성으로 나눌 만큼 많은 분포를 보이지는 않으며, 산간지역에서는 점복을 업으로 하는 점쟁이 무당이 고사를 지내거나 비손을 하는 정도에 그친다.

전북지역의 마을굿이 '제사굿', '노동굿', '놀이굿', '회의굿', '군사굿' 등으로 변이되어 나타난다는 점은 앞에서 이미 강조했다. 전북지역의 마을굿은 종래의 주장들처럼 '제사굿' 형태의 마을굿만 있는 것이 아니라, 노동굿·놀이굿·군사굿·회의굿 형태의 마을굿도 있으며, 이러한 형태들은 동일한 마을굿의 '기본구조'를 각각의 시기와 경우에 맞게 변용하는 '변이구조'라고 본다. 그런데, 마을굿의 그러한 변이형들은 모두 공통적인 행위로 풍물굿을 수행한다. 변이형 마을굿들의 구조적 포괄성을 하나의 '기본구조'로 확정해주는 공연 요소가 바로 풍물굿이다.

먼저, 정초에 '제사굿'으로서 마을굿을 할 때도 마을 풍물패가 마을 광장에 모여 '어우름굿'을 쳐서 굿패를 이루고, '길굿'을 치면서 제관들과 함께 마을 제당으로 가서 공동의 제사 행위를 한다.23) 그리고 다시

유동식(1975 : 243)은 이러한 구분을 좀 더 수정하여, '부락제' 곧 '제사굿'으로서 마을굿의 원형을 고대의 무교적 공동체 제의에서 찾고, 현행 부락제를 마을에서 선출된 제관이 주도하는 '유례풍형'과, 농악·강신무·세습무가 주도하는 '굿놀이형'으로 나누었으며, 이 '굿놀이형'을 다시 호남의 '당산제형'(유례풍 제사와 농악 주도 굿놀이의 혼합), 영남·충청지방의 '별신굿형'(유례풍 제사와 세습무 굿놀이의 혼합), 중부지방의 강신무가 주도하는 '도당굿형'으로 나누었다. 그러나, 이 모든 구분은 제사굿으로서 마을굿에만 초점이 맞추어져 있으며, 제사굿 외에 노동굿·놀이굿·군사굿·회의굿으로서 마을굿의 측면들은 주목하지 못했다.

23) 전북지역 마을굿의 경우, 제사 행위의 주재자로 가능한 것은 다음 가운데 어느 하나다. ① 풍물패의 상쇠, ② 마을 대동회의에서 선출된 유교식 성인남성 제관, ③ 무당, ④ 마을 부녀회의에서 선출된 성인여성 제관, ⑤ 풍물패 상쇠＋성인남성 제관, ⑥ 풍물패 상쇠＋무당, ⑦ 풍물패 상쇠＋성인여성, ⑧ 성인남성 제관＋무당, ⑨ 유교식 성인남성 제관＋성인여성 제관, ⑩ 풍물패 상쇠＋유교식 성인남성 제관＋무당, ⑪ 풍물패 상쇠＋유교식 성인남성 제관＋무당＋성인여성 제관. 그런데, 전북지역에서 ③의 경우는 발견되지 않으며, [표 3-3]에서 보는 바와 같이, 성인남성 유교식 제관과 풍물패의 비율이 가장 높게 나타난다.

〔사진 3-1〕 남원 대강면 평촌리 샘굿

‘길굿’을 치면서 마을의 공동우물로 가서 ‘우물굿’ 또는 ‘샘굿’을 친 뒤, 마을의 집집을 돌며 각 집마다 똑같은 절차로 마당밟이굿을 친 다음 일단 제사굿을 마친다. 또는 이 절차에 이어서 풍물패가 마을 광장에 모여 ‘판굿’을 중심으로 마을 사람들 공동의 대동 ‘놀이굿’을 공연하기도 하나, 이런 대동놀이굿은 정월 대보름과 칠월 백중 무렵에 따로 독립되어 벌어지는 경우가 많다.

‘노동굿’으로서 마을굿을 할 때도 마을 풍물패가 마을 광장에 모여 ‘어우름굿’을 쳐서 굿패를 이룬 다음, ‘길굿’을 치며 노동굿패 즉 마을 두레패를 이끌고 마을 제당으로 가서 간단한 제사 행위를 한다. 이 제사 행위는, 풍물패의 상쇠가 제관이 되어 간단히 고사를 지내거나 아니면 ‘인사굿’으로 대치된다. 그리고 풍물패는 다시 ‘길굿’을 치면서 두레패를

실제 마을굿에서는 이 둘의 결합인 ⑤의 유형이 전북의 모든 지역에 걸쳐 나타나는 보편적인 형태다.

이끌고 마을 공동노동 현장으로 가서 마을기를 논둑에 꽂아놓고서 간단한 술고사를 지낸 다음, 풍물패의 '두레풍물' 가락 주도로 노동요를 부르며 노동을 행하고, 노동이 끝나면 다시 풍물패가 '길굿'을 치며 두레패를 이끌고 마을로 돌아와 '뒤풀이'를 하고 굿을 맺는다.

'놀이굿'으로서 마을굿을 할 때도 마을 풍물패가 마을 광장에 모여 '어우름굿'을 쳐서 굿패를 이루고, 마을 사람들이 모이면 풍물굿패가 마을 사람들을 이끌고 '길굿'을 치면서 마을 제당으로 간다. 여기서 상쇠가 주도하는 간단한 '인사굿'을 하고, 다시 풍물패는 '길굿'을 치면서 마을 사람들을 이끌고 마을 광장이나 '놀이판'으로 가서 대동 '판놀음'을 벌여 풍물을 울리며 마을 사람들을 놀게 하고, 마을 사람들은 먹고 마시며 논 다음 끝을 맺는다.

'회의굿'으로서 마을굿을 할 때도 먼저 마을의 풍물패가 마을 광장에 모여 마을회관 앞의 '기확'에 마을기를 내다 세우고, '어우름굿'을 쳐서 마을 대동회의가 있음을 알린다. 그런 다음 '길굿'을 치면서 마을 수호신을 모신 마을 제당으로 가서 상쇠가 주도하는 '인사굿'으로 간단히 제의 행위를 한 다음, 다시 '길굿'을 잡고 마을회관으로 가서 마을 대동회의를 열고, 회의가 끝나면 또다시 한바탕 풍물을 울리며 뒤풀이를 한 뒤 굿을 맺는다.

'군사굿'으로서 마을굿을 할 때도 풍물패가 '길굿'을 울리며 마을 제당으로 가서 간단한 제사 의식을 올린 다음, 다시 '길굿'을 치면서 마을 전체 공간을 두루 돌며 마을의 방비를 하고, 마을 광장으로 가서 온 마을 주민들이 모인 가운데 마을을 외침으로부터 수호하는 각종 모의 군사굿으로서 '판굿'을 벌인다. 오늘날 군사굿의 과정은 마을 대동 풍물굿의 '지신밟기'와 '판굿'의 형태로 남아 있으나, 그러한 풍물굿의 전승 자료들을 통해서 군사굿의 양상을 충분히 추론 입증할 수 있다.

여기서는 진안군 성수면 도통리 중평마을의 '판굿'을 예로 들어 군사굿의 양상을 살펴보기로 하겠다. 먼저, 구경꾼들이 모이고 굿을 시작할 때가 되면, 굿패가 '어우름굿'으로 굿을 어루어 질굿을 치며 굿판 안으로 들어간다. 원진(圓陣)을 만들어 굿패 전원이 판에 모인 관중에게 인사를 하고, 여러 진법(陣法)을 행하고 춤을 추며 풍물패의 갖은 기량을 선보인다. 굿의 절차는 '갖은열두마치굿', '세마치굿', '품앗이굿', '호호굿', '각정굿', '노래굿', '영산굿', '춤굿', '반잔지래기굿', '왼잔지래기굿', '돌굿', '일광놀이', '도둑잽이', '파장굿'의 순서로 이루어진다(전북대학교 박물관 1994 : 48-112쪽). 이 전체 과정 가운데서 '호호굿'과 '도둑잽이굿', '일광놀이' 부분이 특히 '군사굿'과 직접적으로 관련된 부분이다. 이러한 '군사굿'으로서 벌이는 마을굿은 삼국이 대치하던 때부터 전해온다고 하며, 이러한 측면은 마을굿으로서 풍물굿의 군악기원설에 대한 근거가 된다(홍현식 외 1967 : 111-114). 이처럼 '군사굿'으로서 하는 마을굿의 잔영은 전북지역 마을굿의 풍물굿 속에 남아 전해지고 있다. 특히 삼국시대 백제와 신라의 경계지역인 동부 산간지역의 '좌도 풍물굿'에서 이러한 군사굿의 잔영이 더 선명함을 볼 수 있다.

간략하게나마 전북지역 마을굿의 공연 과정을 살펴보면 전반적으로 풍물굿이 주도하거나 깊이 관여하는 '풍물굿형' 마을굿이라는 점이 더욱 분명해진다. 마을의 풍물패가 풍물을 울리면서 제관을 앞세우고 정해져 있는 마을 제당으로 가서 제의적 행위를 한 다음, 다시 풍물을 울리며 마을로 돌아와 노동적, 놀이적, 회의적, 군사적인 행위를 하는 공연 형태가 전북지역 전역에 걸쳐서 공통으로 나타난다.

풍물패가 풍물굿으로 행하는 제의 행위가 전북지역 마을굿 공연 방법상의 공통적 특성으로 나타난다면, 각 지역에 따라 차별화된 제의 행위도 나타난다. 동부 산간지역에서는 비손형 '산신제'와 유교식 '당산제' 또는 무속적 '탑제'의 이중구조가 지배적이고, 서부 평야지역에서는 유교식 '당산제' 단일구조의 마을굿이 지배적이며, 서해 도서지역에서는 비의적 '산신제', 유교식 '당산제', 무속적 '용왕제'가 결합된 복합적인 '삼중구조'의 마을굿이 나타난다.

한편, 동부 산간지역의 제사굿에서는 '비손—소지(燒紙)'를 제의의 주요 절차로 하면서 여성들이 주도하는 '여성형 제의'가 다른 지역에 견주어 많은 분포를 보이는 것과는 달리, 서부 평야지역의 제사굿은 거의 모두 남성들이 유교식으로 주도하면서 '진설—강신—초헌/아헌/종헌—독축—소지—철상' 절차로 이루어지는 '남성형 제의'가 그 중심에 자리 잡고 있다. 이와 다르게 서해 도서지역의 제사굿은 여성들 중심의 무교식 제의와 남성들 중심의 유교식 제의, 그리고 남녀 양성 중심의 풍물굿이 결합된 '양성형 제의'라는 특징이 발견된다. 이 밖에 완주군 소양면 화심리 원화심마을이나 정읍시 고부면 남복리 남령마을의 경우처럼 '수릿재[水陸齋]'와 같은 불교의식과 마을굿이 융합된 양상도 나타난다.

3.6. 공연 목적

마을굿을 공연하는 목적은 시기와 상황에 따라 어느 정도 차이는 있지만, 마을 공동체의 안녕·건강·제액(除厄)·초복(超福)·풍농/풍어·다산 등을 목적으로 한다는 점은 공통된다. 또, 기능주의적 관점을 가진 학자들이 지적한 것처럼, 마을 공동체의 '정체성(正體性)'을 확인함으로써 마을 구성원들의 공동체 의식을 함양하고 단합을 도모하는 것도 마을굿의 공통 목적들 가운데 하나다. 마을 공동체의 평안한 삶을 위협하는 재액이나 문제가 생겼을 때 그것을 제거하거나 치유하기 위해서, 즉 사회적인 문제들을 해결하기 위한, 일종의 '사회극(social drama)'이 가지는 '교정 기구(redressive machinery)'[24] 구실을 하기 위해

---

24) 빅터 터너의 용어인 '사회극'이란, 어떤 사회 공동체의 전체적인 운명에 영향을 미치는 사회적인 문제와 갈등이 드러나는 국면을 드라마적 비유로 표현한 것이다. 이것은 사회 공동체의 규칙이나 규범을 깨뜨리는 '위반(breach)', 그것으로 말미암아 발생하는 '위기(crisis)', 위기를 해결하는 '교정(redress)', 교정을 통해 문제가 해결되고 사회 공동체가 다시 정상화되는 '재통합(reintegration)' 또는

서도 마을굿이 벌어진다.

이 기능들은 마을굿이 쇠락하여 대동굿의 기능과 함께 약해졌다. 마을
굿의 종교적 기능은 근대적인 외래 종교들로, 의사결정적 기능은 마을
행정조직으로 옮겨가고, 풍농과 풍어를 가져오던 공동노동의 기능은 화
학약품과 기계들이 담당하게 되었다. 마을 주민 스스로 놀이판을 만들어
그 판 안에서 스스로 놀이꾼이 되어 놀던 놀이는 라디오와 텔레비전 그리
고 인터넷이 담당하게 되고, 마을을 스스로 지키던 마을 방호굿의 구실은
국가가 통제하는 군대가 담당하면서, 이제 마을굿은 다양하고 유연했던
구실들이 크게 줄어 겨우 제사굿으로만 명맥을 일부 유지하는 셈이다.

그러나, 마을굿이 자발적으로 전승되는 마을에서는 아직도 마을굿의
유연하고 다양한 기능들이 완전히 사라지지 않았다. 현재 마을굿은 현
장 전승자들의 표현대로 '예전 같지 않은 굿'이 되었고, 마을굿의 공연
이유를 '선조들이 이어서 해온 것이라서, 그 전통을 무시할 수가 없어
서' 한다는 의견도 있지만, 그런 말이나 생각 자체가 그만큼의 사회적
기능을 지금도 하고 있다는 말이 되기도 한다. 이러한 말은 아직도, 한
마을 단위의 공동체 생활을 그 공동체의 행위 수행 차원에서 작동시켜
왔던 '행위 틀', 곧 마을 공동체 행위의 '통합적 기능'을 수행했던 마을굿
전통을 보존해야 한다는 인식을 어느 정도 반영하고 있다고 본다.

만일 앞으로 이 마을굿이 한국 문화의 표면에서 다 사라진다고 할지
라도, 마을굿은 한국 민족 또는 그것을 수행하던 지역 사람들의 내면에
일종의 '집단무의식'의 형태로나마 각인되어 전승되고 변이되고 재창조
될 것이다. 이러한 근거들을 1980년대에 본격화된 '마당극운동'과 '지역
문화운동' 등에서 찾을 수 있다. 마을굿은 근대 이후 근대적 패러다임이

문제가 해결되지 못하면 이르게 되는 '분열(schism)' 등의 4단계로 이루어진다
(Victor Turner 1996 : 13-17). 4단계 가운데 마을굿은 3단계, 즉 '교정'의 단계
에서 '교정기구'의 기능을 한다. 마을 공동체의 삶에서 굿을 하게 만드는 갈등
의 층위는 신과 자연과 인간 사이의 문제와 갈등이다.

우리 문화를 해체하고 재형성하게 된 뒤로 급격한 소멸의 길을 걷고 있지만, 그것이 담당하던 마을 또는 지역 및 민족 단위 공동체의 공동체 의식은 지금도 살아 있으며, 그러한 작고 크고 다양한 지역적 공동체 의식은, 작은 영토에 살아온 한국인들의 다양한 문화 창조력의 바탕이 되어 왔고, 앞으로도 그러할 것이기 때문이다.

3.7. 제사굿의 종류와 구성

전북지역의 마을굿은 지역에 따라 제사굿의 명칭과 종류가 다르게 나타난다. 이러한 명칭과 종류의 차이는 곧 제사굿으로서 마을굿의 형식과 내용의 차이를 나타낸다. 우선, 전북지역 마을굿의 주요 제사굿 명칭과 구성을 표로 정리하면 [표 3-4]와 같다.

먼저, [표 3-4]에서 나타나는 가장 큰 특징은, 제사굿으로서 마을굿이 한 종류의 제의만으로 이루어지는 '단일형', 두 종류의 제의로 이루어지는 '이중형', 그리고 세 가지 종류 이상의 제의로 이루어지는 '복합형'으로 구분된다는 점이다.

이 가운데서 '단일형'으로 된 제사굿이 가장 많고, 그 다음이 '이중형'이며, '복합형' 제사굿은 매우 드물다는 것을 알 수 있다. '단일형' 제사굿을 보면, '산신제'로 행해지는 제사굿과 '당산제'로 행해지는 제사굿이 압도적으로 많으며, '산신제'는 동부 산간지역(무주·진안·장수·완주 일부)에 집중되어 있고, '당산제'는 전 지역에 두루 분포하되, 주로 서부 평야지역 제사굿의 주류를 이룬다. [표 3-4]에서 볼 때 평야지역에 나타나는 '용왕제'는 고창과 부안 등지의 해안지역에서 나타나는 것으로 평야지역의 주류는 아니며, '도채비굿/도깨비굿'은 산간지역에만 보인다.

'이중형' 제사굿은, 동부 산간지역인 무주·장수·진안 지역에 집중적으로 분포한다. '복합형' 제사굿은 매우 드물게 나타나는데, '용왕제'

〔표 3-4〕 제사굿의 종류와 제의의 구성

	제사굿의 명칭과 구성	산간지역	평야지역	도서지역
단일형	산신제	60	7	
	당산제	211	122	7
	당산제 계열(당제, 동제, 고목제, 팥죽제, 탑제, 길산제 등)	35	16	
	용왕제		1	
	도채비굿(도깨비굿)	3		
이중형	산신제＋당산제 및 당산제 계열	40	8	3
	당산제＋당산제 계열	15	6	
	당산제＋용왕제		1	1
복합형	당산제＋산신제＋용왕제		1	3

가 들어 있는 '복합형' 제사굿은 군산·부안 등 서해 도서지역과 그 주변 해안지역에 분포하고 있다.

이상의 제사굿 분포 현황을 볼 때, 전북지역 마을굿을 '당산제형'으로 본 종래의 주장들(김택규 1985 : 459, 이두현 외 1991 : 185-195)[25]이 실제 전승 현황과는 차이가 남을 확인할 수 있다. 전북지역 마을굿의 제사굿은 [표 3-4]에 분명히 드러나는 것처럼, 각 지역별 제사굿의 변별적 표지가 되는 제의들, 즉 산간지역의 '산신제', 평야지역의 '당산제', 도서지역의 '용왕제'로 말미암아 지역적 차이가 명백히 드러나기 때문이다.

따라서, 제사굿으로서 마을굿 제의의 대상신과 제당도 지역에 따라 큰 차이가 있다. 즉, 동부 산간지역의 제사굿에서는 대체로 '산신'과 '당

---

25) 이 선행 연구들은 전국의 마을굿을 한반도 중부 이북의 '도당굿계', 동남부 일대 영남지방의 '별신굿계', 남서부 일대 호남지방의 '당산굿계'의 세 가지 유형으로 나누고 있다.

산신'을 모시며, '산신'의 제당은 마을 뒷산의 바위나 거목이고, '당산신'의 제당은 마을 앞 동구의 거목이나 누석탑 또는 누석단으로 이것을 '당산'이라고 부른다. 동부 산간지역, 특히 진안을 중심으로 해서는 돌을 탑 모양으로 쌓은 일종의 누석단인 '탑' 당산이 분포해 있다. 그래서 이 지역에 '탑제'라는 제사굿 명칭이 나타난다.

서부 평야지역의 제사굿에서는 대체로 '당산'/'당산신' 하나만을 모시며, '당산신'의 제당은 마을 앞 동구의 거목인 경우가 많은데, 이것을 역시 '당산'이라 부른다.26) 역사적으로 볼 때 이 지역의 '당산'으로 거목이 많은 것은, 마을굿 제당의 가장 오래된 역사적 연원인 '소도'의 전통을 계승한 것이라 볼 수 있다.

서해 도서지역에서는 대체로 '산신', '당산신', '용왕신' 등 세 계통의 신을 모시며, '산신'의 제당은 마을 뒷산의 바위나 거목이고, '당산신'의 제당은 마을 동구의 거목이며, '용왕신'의 제당은 마을 앞 바닷가 바위 또는 따로 지어놓은 당집이다. 서해 도서지역 마을굿은 '용왕신'에 대한 제사굿이 가장 비중이 크고 다양하며, '산신'이나 '당산신'에 대한 제의는 비교적 간단하다. 특히 '당산신'에 대한 제의 행위는 매우 간단하다. 일반적으로 '산신' 신앙은 동부 산간지역에서 가장 강하게 나타나고, '당산신' 신앙은 서부 평야지역에서 강하게 나타나며, '용왕신/해신' 신앙은 서해 도서지역에서 강하다. 이러한 특성은 그 지역의 자연지리적 조건과 밀접하게 관련되어 있다.

한편, 서부 평야지역의 제사굿에는 대부분의 경우 '줄다리기'가 결합

---

26) 정읍시 칠보면 백암리 원백암마을처럼 마을 당산이 열두 개나 되는 경우도 있으나, 모두 '당산신/당신'이라는 동일 계통의 신들이 거기에 자리잡고 있다. '할아버지당산', '할머니당산', '윗당산', '아랫당산', '부부당산', '큰할머니당산', '작은할머니당산', '할아버지당산', '할머니당산', '큰할머니당산', '큰아들당산', '작은아들당산' 등으로 '인격화'되어 있으나, 모두 '당산신들'이다. 이 가운데 '할아버지당산', '할머니당산'이 가장 흔한 형태다. 표인주는 이것을 '천부지모'라는 농경사회의 사고 규범을 바탕으로 구조화한 것이라 보았다(표인주 1996 : 18).

84

[▲: 산신제   ■: 당산제   ●: 용왕제   ∞: 줄다리기]

〔그림 3-2〕 주요 제사굿과 줄다리기의 지역별 분포 현황

되어 있다는 특징이 보인다. 심지어 일부 서부 평야지역 제사굿에서는
별도의 비손이나 무당굿 제의나 유교식 제의 절차 없이 이 '줄다리기'만
으로 마을굿 제의를 대체하는 경우도 있다.27) 줄다리기는 전통적으로
농경문화에서는 대표적인 풍농기원적 놀이로서, 우리나라의 가장 넓은
평야지역인 전북 서부 평야지역에 두루 분포하고 있다. 반면, 동부 산간
지역은 마을굿 때 줄다리기를 하는 마을이 거의 없다. 이러한 현상은
이 '줄다리기'가 서부 평야지역의 '지역성'과 매우 긴밀한 관련이 있음을
말해준다. [그림 3-1]의 분포 지도는 전북지역 마을굿의 지역별 제사굿
들의 특성적 분포 현황을 분명하게 보여준다.

---

27) 정읍시 고부면 만수리 상만과 하만 마을, 정읍시 소성면 신천리 춘수마을에서
　　는 별도의 제의 절차를 생략하고 줄다라기만으로 마을굿을 대체하며, 고창군
　　성내면 대흥리 입석(개비골)에서도 줄다리기로 마을굿을 대체하고 이를 '줄굿'
　　이라 한다. 김태곤도 전북 마을굿의 특징으로 '동제/제의'와 줄다리기가 복합
　　병행된다는 점을 특징으로 든다(문화재관리국 1971 : 100). 현재, 줄다리기로 하
　　는 마을굿도 본래는 제관들의 제사 행위가 존재하였을 것이나, 점차 마을굿이
　　세속화하면서 마을굿이 줄다리기로 대체된 것으로 보인다. 이러한 경우의 '줄
　　다리기'는 그 자체가 매우 중요한 제의적 의미를 띤다.

4. 마을굿의 구조·기능·유형

4.1. 마을굿의 구조

앞 장에서 전북지역 마을굿의 전승 현황을 지역별 분포, 공연 시기, 공연 장소, 공연 참여자, 공연 방법, 공연 목적, 제사굿의 종류와 구성 등 일곱 가지 측면에서 살펴보고, 마을굿의 핵심 요소인 제사굿이 세 가지의 지역적 유형을 보인다는 데까지 논의를 진행했다. 이 장에서는 전북지역 마을굿의 전승 현황에서 나타나는 특징들을 바탕으로, 마을굿의 구조·기능·유형의 측면을 본격적으로 분석하고 해석해 보겠다.

이 세 가지 측면은 '구조' 차원에서 서로 긴밀한 연관을 가지는 것으로서, 이러한 논의는 전북지역 마을굿 논의를 '사실'의 정리 차원에서 '분석'과 '이해'의 차원으로, 더 나아가 그 의미를 '해석'하는 단계로 나아가기 위해 반드시 필요한 중간 단계라는 점에서, 그 필요성이 대두된다.

그동안 구조주의적 연구방법으로 '구조', '기능', '유형' 등의 문제를 다루는 데서 발생하는 여러 가지 한계와 문제에 대해 많은 비판이 있었던 것이 사실이다. 그러나 그러한 비판들이 문학연구와 문화연구에서 구조주의적 관점과 연구방법의 철회를 의미하는 것은 아니다. 오히려 구조주의 관점과 방법은 20세기 말 정신분석학이나 마르크스주의를 새롭게 조명하도록 하는 바탕이 되었으며, 사회·역사·문화의 해석적 지평을 좀 더 넓고 풍부하게 함으로써 구조주의적 관점의 효용성을 다시 확인하는 결과를 낳은 셈이다. 방법론이나 사상으로서 구조주의가 인문사회학에 미친 영향을 '구조주의 혁명'(임봉길 외, 2000)이라 부르는 것도 이 때문일 것이다.

이러한 시각에서 볼 때, 구조·기능·유형을 탐구하는 종래의 구조주의적인 관점과 방법들은 이번 연구와 같은 일련의 '문화연구'에서도, 비판적 시각에서 경우에 맞게 유효 적절히 활용된다면, 유용하고 효과적인 방법으로 사용될 수 있다는 점에서, 이 장의 이론적 근거가 마련된다. '구조'와 '기능'은 동전의 양면처럼 서로 긴밀하게 연관되어 있다. 구조는 기능을 완수하는 데 적합하게 구축되고, 기능은 그 구조를 통해 발현된다. '구조'란 텍스트 전체와 연관해서 그 전체를 구성하는 일련의 요소들의 유기적인 관계로 이루어지는 틀이다. '구조'가 콘텍스트 속에서 작동되어 일정한 '기능'을 수행할 때, 그 구조는 그 콘텍스트의 특성에 따라 '변이'를 일으킨다. 여기서 '변이' 이전의 구조를 '기본구조' 또는 '심층구조'라 하고, '변이' 이후의 구조를 '변이구조' 또는 '표층구조'라 부르고자 한다.[1]

'구조'는 또한 일련의 요소들이 동시적, 계기적 또는 공간적, 시간적

---

1) '심층구조'와 '표층구조'의 관계는, 변형생성문법론을 주창한 촘스키가 문장의 '심층구조'와 '표면구조'를 구분한 데서 원용한 것이다. 언어의 '심층구조'란 내면 구조로서 문장의 기저에서 그 의미를 나타내주는, 일상 언어생활에서 실현되지 않는 구조이고, '표면구조'는 우리가 실제로 귀로 듣고 입으로 발화하는 문장의 구조다(이익섭·최완 1999 : 39). 촘스키의 구조모델은 서사학에도 도입되어 A. J. 그레마스의 이야기 분석방법인 행동소 모델을 발전시켰다. 그레마스에게 이야기의 표층구조는 심층적인 구조의 구체적 양상에 지나지 않으며, 이야기 분석의 목적은 표층구조를 지배하는 규칙으로서 심층구조를 발견하는 데 있다. 여기서는 이 두 구조의 관계를 원용하여, 제의적 요소를 핵심으로 하여 마을굿을 지배하는 행위소들로 이루어진 '심층구조'가 있고, 그것이 실제 현실의 상황과 목적에 따라 '변이'되어 어떤 특정 요소들이 표면으로 드러난 마을굿인 '표층구조'가 있다고 본다.

또는 사회적, 역사적으로 유기적인 결합을 이루어 구축된다. 그리고 그런 '구조'가 각각의 콘텍스트에서 '변이'를 일으킨 것들이 어떤 공통 특징을 지닌 부류로 묶어질 때, 이것을 '유형'이라 한다. 따라서, '구조'와 '기능'과 '유형'은 서로 긴밀한 유기적 관계를 형성하는 논의의 장(場)이 된다. 이 장에서는 이러한 이론의 전제와 틀을 논의의 근간으로 하면서, 공연 행위에 초점을 두고 전북지역 마을굿의 구조·기능·유형을 살펴보고자 한다.

이러한 관점에서 볼 때, 전북지역 마을굿은 일련의 구성요소들이 유기적으로 연결되어 전북지역 마을굿의 틀인 '구조'를 이루며, 그 '구조'가 사회·역사·문화의 맥락에서 작동하면서 전북지역 마을굿 구조의 여러 가지 '기능'이 수행된다. 이때, 그 구조는 늘 그대로 작동하는 것이 아니라, 각각의 사회적이고 문화적인 콘텍스트에 맞는 구조들로 '변이'되어 나타난다. 이 경우, 그 변이 이전의 구조를 마을굿의 '기본구조'라 하고, 변이 이후의 구조를 마을굿의 '변이구조'라 규정한다. 그리고 이러한 마을굿의 '변이구조'들 가운데 공통 특징을 지닌 것들로 모은 것을 전북지역 마을굿의 '유형'이라 한다.

4.1.1. 기본구조

그러면, 먼저 전북지역 마을굿의 기본구조부터 살펴보자. 공연의 관점에서 보면, 전북지역 마을굿은 기본적으로 다음의 다섯 가지 형태로 공연된다.

① 마을굿패2)가 풍물을 울리면서 마을 제당으로 가서 거기서 마을 수호신에 대한 제사 의식을 올린 다음, 그 제사 음식을 나누어 먹으며 한바탕

---

2) 여기서 '마을굿패'란 마을굿을 공연하는 사람들이다. 따라서 '마을굿패'는 마을굿에 참가하는 모든 '참여자(partakers)'를 가리킨다.

어울린다(제사굿).

② 마을굿패가 풍물을 울리면서 마을 제당으로 가서 마을 수호신에 대한 간단한 제사 의식을 올린 다음, 풍물을 울리며 일터로 가서 풍물 가락에 맞추어 일을 한 뒤, 다시 풍물을 울리며 마을로 돌아와 먹고 마시며 어울려 논다(노동굿).

③ 마을굿패가 풍물을 울리면서 마을 제당으로 가서 마을 수호신에 대한 간단한 제사 의식을 올린 다음, 다시 풍물을 울리며 마을 마당으로 가서 장만한 음식들을 함께 나누어 먹으면서 풍물굿을 벌이며 즐겁게 어울려 논다(놀이굿).

④ 마을굿패가 풍물을 울리면서 마을 제당으로 가서 마을 수호신에 대한 간단한 제사 의식을 올린 다음, 다시 풍물을 울리며 마을 대동회의 장소로 가서 마을 대동회의를 열고 풍물을 울리며 함께 먹고 마시며 한바탕 어울려 논다(회의굿).

⑤ 마을굿패가 풍물을 울리면서 마을 제당으로 가서 마을 수호신에 대한 간단한 제사 의식을 올린 다음, 다시 풍물을 울리며 마을 집집을 돌면서 마을 수호를 위한 각종 군사적인 풍물굿을 행하고, 마을 마당으로 가서 마을 주민들과 함께 마을 수호를 위한 대동 풍물 굿판을 벌이면서 함께 먹고 마시며 어울려 논다(군사굿).

이 다섯 가지 형태의 마을굿 과정을 '행위소'[3]별로 분석해보면, 이 다섯 가지 형태는 결국 다음에 제시하는 열세 개 행위소들의 결합으로 이루어졌음을 알 수 있다.

---

[3] 공연 양식에서 '행위소'란, 발화 행위와 신체 동작들이 모여 구성하는 일련의 유의미한 행위 단위를 말한다. 이것은 서사물 구조 분석에서 '화소'의 개념을 공연물의 분석에 적용한 것으로, 하나의 공연 양식은 이러한 일련의 행위소들이 유기적으로 짜여 이루어진다. 신체 동작만 분석의 대상으로 한 동작학의 관점에서 보면, 이것은, 의미 있는 최소의 행동 단위인 '동작소(kineme)'들이 모여서 이루어지는 좀 더 복합적인 단위들인 '동작태(kinemorph)'나 '동작태류(kinemorphemic class)'보다도 더 큰 행동 단위인 '복합 동작태(complex kinemorphs)' 정도의 단위에 해당한다(Elam 1998 : 86-88).

① 마을굿패가 풍물을 울리면서 마을 제당으로 간다.
② 마을굿패가 마을 제당에서 마을 수호신에 대한 제사 의식을 치른다.
③ 마을굿패가 함께 제물을 나누어 먹는다.
④ 마을굿패가 풍물을 울리며 함께 어울린다.
⑤ 마을굿패가 풍물을 울리며 일터로 간다.
⑥ 마을굿패가 일터에서 풍물을 울리며 일을 한다.
⑦ 마을굿패가 풍물을 울리며 마을로 돌아온다.
⑧ 마을굿패가 풍물을 울리며 마을 마당으로 간다.
⑨ 마을굿패가 마을 마당에서 풍물 판굿을 벌이며 논다.
⑩ 마을굿패가 마을 수호를 위한 풍물굿을 벌인다.
⑪ 마을굿패가 마을 회의 장소로 간다.
⑫ 마을굿패가 마을 대동회의를 한다.
⑬ 마을굿패가 함께 어울려 먹고 마시며 즐긴다.

이상의 열세 개 행위소들이 유기적으로 결합된 것이 마을굿의 '기본구조' 또는 '심층구조'다. 이 기본구조를 구성하는 모든 행위소들이 현실의 실제 콘텍스트에서 실현되지 않는다는 점에서 '심층구조'다.

행위소로만 본다면 ④·⑨·⑬은 굿패가 어울려 논다는 점에서는 공통적이지만, 실제로 굿패가 함께 어울리되 ④에는 진지한 '금기'가 수반되며, ⑨에는 금기나 도덕적, 윤리적 제약이 없고, ⑬에는 어떤 금기나 도덕적 제약이 크게 따르지 않는다는 차이가 발견된다. 이 열세 개 행위소들을 그 내용상의 특징으로 구분하면, 제사적, 노동적, 놀이적, 회의적, 군사적인 요소로 나눌 수 있다. 각 요소별 핵심 행위소들을 정리하면 [표 4-1]와 같다.

[표 4-1]이 보여주는 바와 같이, 전북지역 마을굿의 '기본구조' 또는 '심층구조'는 제사적, 노동적, 놀이적, 회의적, 군사적인 요소들을 통합해 가지고 있는 잠재적인 복합구조다. 이러한 기본구조는 전북 모든 지

〔표 4-1〕 전북지역 마을굿의 기본구조와 그 구성요소들

<table>
<tr><td>제사적 요소 : ①·②·③·④</td></tr>
<tr><td>노동적 요소 : ⑤·⑥·⑦</td></tr>
<tr><td>놀이적 요소 : ⑧·⑨·⑬</td></tr>
<tr><td>회의적 요소 : ⑪·⑫</td></tr>
<tr><td>군사적 요소 : ⑩</td></tr>
</table>

역의 마을굿에 해당하며, 모든 지역 마을굿은 풍물굿을 기본적인 공연 요소로 하는 기본구조를 갖고 있다. 이러한 기본구조가 가지고 있는 행위소들이 전북 모든 지역의 마을굿에서 현실적으로 다 실현되지는 않는다. 그러나, 제의적인 요소들은 전북 모든 지역에서 공통으로 실현되며, 이것이 바로 음력 정초에 주로 하는 변이구조인 '제사굿'이다.

노동적인 요소들은 주로 전북 서부 평야지역과 서해 도서지역에서 나타난다. 평야지역에서는 여름철 농번기의 두레를 중심으로 하는 노동굿 즉 '두레굿' 형태로 나타나고, 서해 도서지역에서는 출어기의 어업노동 즉 어선을 중심으로 한 '고기잡이 노동굿' 형태로 나타난다. 이에 견주어 동부 산간지역은 지리적으로 산이 많고 평야가 비좁은 관계로 공동노동의 필요성이 평야지역이나 도서지역보다 적어 노동굿이 발달하지 못했기 때문에, 상대적으로 마을굿의 노동적 요소들이 제대로 실현되지 않는다. 따라서 동부 산간지역에서는, 마을굿의 노동적 요소들이 실현되는 '노동굿'이 서부 평야지역이나 서해 도서지역에 견주어 상대적으로 적게 나타난다.[4]

---

4) 서부 평야지역에서는 거의 모든 곳에서 '두레굿'의 전승을 두루 파악해 볼 수 있지만, 동부 산간지역에서는 마을굿의 노동적 요소가 실현된 사례를 찾아보기가 매우 어렵다. 동부 산간지역에서 노동굿의 전승을 확인할 수 있는 남원시 아영면 등은 분지 지형으로 어느 정도 평야지대를 이루고 있는 곳이다.

이런 지리적 조건의 동부 산간지역에서는 마을 공동으로 해결해야 하는 문제들도 상대적으로 적기 때문에, 문제 해결 기능을 수행하는 회의적인 요소들도 그만큼 적게 실현되고, '회의굿'도 미약하게 나타난다. 그래서 이 지역에서는 '회의굿'이 대개 정초의 '제사굿' 뒷부분에 붙어서 존재하는 경우가 많다. 즉, 정초에 마을 수호신에 대한 제사를 드리기 위한 마을굿인 '제사굿'을 한 다음에 마을 대동회의를 간단하게 하는 것으로 회의굿을 대치한 것이다. 그러나 그렇다고 해서 동부 산간지역 마을굿의 심층구조 속에 이런 요소들이 존재하지 않는다고 볼 수는 없다. 만일에 그렇게 본다면 한 해를 주기로, 한 마을을 단위로 하여 이루어지는 각종 마을 대동회의들도 그 구조를 근본적으로는 설명하지 못할 것이기 때문이다.

4.1.2. 변이구조

앞에서 설명한 '기본구조'가 실제로 각 사회와 문화의 현실 콘텍스트 속에서 그 콘텍스트에 맞게 현장에서 실현될 때, 그것은 다음과 같이 다섯 가지 '변이구조' 또는 '표층구조'로 실현된다. 그 다섯 가지 '변이구조'는 제사굿 · 노동굿 · 놀이굿 · 회의굿 · 군사굿 양식이다. 이것은 앞의 '기본구조'를 구성하는 행위소들이 그 다섯 가지 '변이구조'에 따라 제각기 다르게 [표 4-2]와 같은 양상으로 결합되어 만들어진다.

이 다섯 가지 '변이구조'를 보면 모든 '변이구조'가 ① · ② · ⑬의 행위소를 공통으로 가지고 있다. 이 세 가지 행위소들 가운데 ① · ②는 제의적 행위소들이고, ⑬은 놀이적 행위소인데, 이것들을 모두 공유한다는 것은 변이적 형태의 마을굿들이 모두 제의적인 성격과 놀이적 성격을 공유함을 말해준다.

한편, 그러한 제의적 행위소와 놀이적 행위소를 공유하면서도 다섯 가지 변이구조들은 각각 변별적인 행위소들을 가지고 있기 때문에 서

92

〔표 4-2〕 전북지역 마을굿의 변이구조들과 그 구성요소들

제의적 구조 (제사굿) : ①+②+③+④+⑬
노동적 구조 (노동굿) : ①+②+⑤+⑥+⑦+⑬
놀이적 구조 (놀이굿) : ①+②+⑧+⑨+⑬
회의적 구조 (회의굿) : ①+②+⑪+⑫+⑬
군사적 구조 (군사굿) : ①+②+⑧+⑩+⑬

로 다른 변이형 마을굿이 된다. 즉, 제사적 변이구조('제사굿')는 ③·④를, 노동적 변이구조('노동굿')는 ⑤·⑥·⑦을, 놀이적 변이구조('놀이굿')는 (⑧)·⑨를, 회의적 변이구조('회의굿')는 ⑪·⑫를, 그리고 군사적 변이구조('군사굿')는 (⑧)·⑩을 각각 중요한 변별적 표지들로 갖고 있다. 놀이굿과 군사굿이 공통으로 갖고 있는 행위소인 ⑧은 변별적 차이가 적기 때문에 괄호로 묶어 표시했다.

이상에서 구별해본 마을굿의 기본구조와 변이구조 사이의 관계를 [그림 4-1]과 같이 나타낼 수 있다. [그림 4-1]은 전북지역의 마을굿이, 제의적 요소뿐만 아니라 노동적, 놀이적, 회의적, 군사적 요소를 두루 가지고 있는 '기본구조'를 바탕으로 해서, 사회적 기능과 현실 콘텍스트에 따라 다섯 가지 형태로 그 외양이 변화하면서 변이구조를 생성하는 양상을 표현한 것이다. 그러면서 이 다섯 개의 변이구조들 사이의 관계를 시계방향 화살표로 표시한 것은 이 변이구조들이 1년을 주기로 반복 순환되는 것임을 나타낸다.

이 다섯 개의 변이구조들을 각각의 구성 내용으로 보면 [표 4-3]과 같이 나타낼 수 있다.

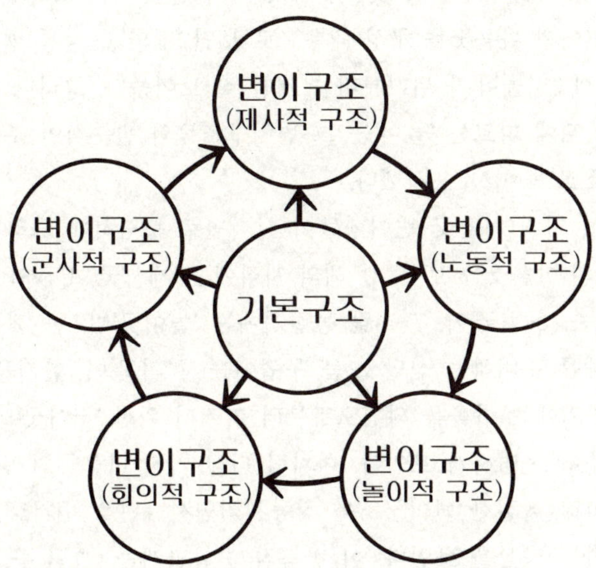

〔그림 4-1〕 마을굿의 기본구조와 변이구조 사이의 관계

〔표 4-3〕 마을굿의 내용구조

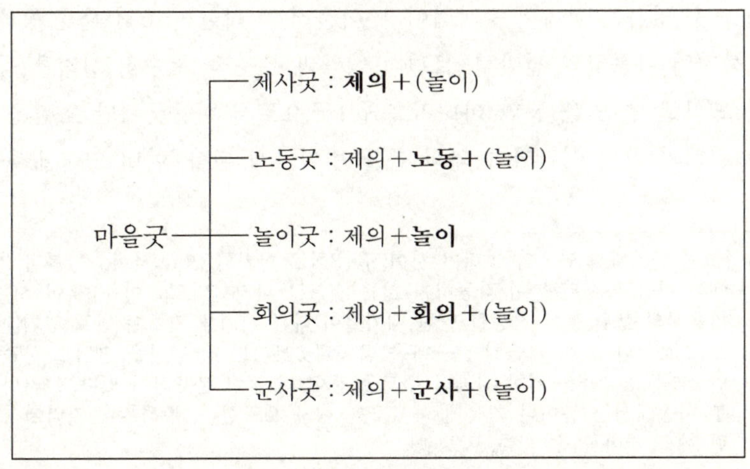

94

[표 4-3]은 전북지역 마을굿이 다섯 가지의 변이구조로 되어 있으며, 각각의 변이형 마을굿을 구성 내용으로 보면 '제의'를 공통 행위소로 하고, 그 끝에는 '놀이'가 뒤따른다는 것을 잘 보여준다. 그러나 각 변이형 마을굿들 뒤에 따르는 '놀이'는 그 변이구조들의 필수적인 부분은 아니므로 괄호로 묶어서 표시했다.

이 다섯 가지 마을굿 변이형들이 시기별로 분명하게 드러나는 서부 평야지역의 마을굿을 보면, 한 해의 시작에는 '제사굿'이, 5~6월 한여름 농번기에는 '노동굿'이, 7~8월 농한기에는 '놀이굿'이, 한 해를 마무리하고 새해를 준비하는 섣달 그믐 무렵에는 '회의굿'이, 한겨울 춥고 어두운 농한기에는 마을을 외침으로부터 지키기 위한 '군사굿'이 다른 지역에 견주어 선명하게 보인다. 이처럼 다섯 가지 마을굿의 변이형들은 시기에 따라 적절한 변이구조를 작동시키면서 1년을 주기로 반복적으로 순환하는 양상을 보인다. 이 반복적 순환관계는 [그림 4-2]와 같다.

[그림 4-2]는 전북지역 마을굿이 계절에 따라 중심적 행위 양식들을 달리하면서, 한 해를 단위로 제사굿·노동굿·놀이굿·회의굿·군사굿 등이 주기적으로 순환되고 있음을 보여준다.[5]

이러한 구조분석은 전북지역 마을굿의 복합적인 성격을 분명하게 보여줄 수 있다는 점에서 효과적이다. 아울러, 이러한 구조적 틀을 통해서 전북지역 마을굿의 전반적, 보편적 성격과 부분적, 특수적 성격을 동시에 드러낼 수 있을 뿐만 아니라, '제사굿'으로서 마을굿에만 초점을 맞춘 종래의 좁은 시각과 논의의 틀을 벗어나게 된다. 이번 연구에서 제

---

5) [그림 4-2]에서 연초와 농번기 사이, 7·8월 농한기와 연말 사이, 즉 봄과 가을에는 마을굿 행위 틀이 작동하지 않는 것으로 나타난다. 그 이유는, 이 시기는 마을굿의 행위 틀이 작동할 만한 계기들이 다른 시기에 견주어 별로 없기 때문으로 보인다. 특히 가을철에는 마을 공동체굿보다는 각 집안을 단위로 하는 집안굿, 즉 조상들을 위한 시제나 추모굿 등이 더 많이 분포되어 있다. 그러나 일부 마을에서는 봄이나 가을에 제사굿을 행하기도 한다. 특히 어촌지역에서 그런 예를 찾아볼 수 있다.

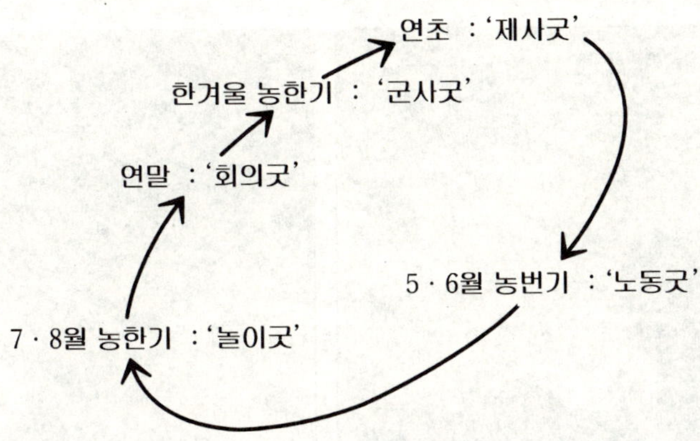

〔그림 4-2〕 전북지역 마을굿 변이형들의 계절별 배치와 주기적 순환

시하는 틀은 마을굿을 불변하는 구조의 문화적 공연 양식이 아니라, 경우에 따라 변화하면서 유연하게 현실 상황에 대처하는 개방적이고 유연한 구조의 문화적 공연 양식으로 보기 때문이다.

그러면, 이 다섯 가지 '변이구조'들의 구체적인 내용들을 각 지역별로 대표적인 사례들을 들어 좀 더 자세히 살펴보기로 하겠다.

4.1.2.1. 제의적 구조 : 제사굿

'제사굿'은 마을굿의 변이구조 가운데서 가장 분명하게 나타나는 형태다. 제사굿으로서 하는 전북지역 마을굿의 구조를 구체적으로 살펴보기 위해서, 동부 산간지역의 제사굿, 서부 평야지역의 제사굿, 그리고 서해 도서지역의 제사굿 공연 사례들을 '행위소'에 따라 나누어 구체적으로 하나씩 검토하고자 한다. 먼저, 동부 산간지역의 제사굿 사례로 장수군 천천면 삼고리 삼장마을의 제사굿 과정을 살펴보면 다음과 같다.

① 음력 섣달 그믐 무렵 마을 대동회의를 열어 마을 제사굿의 제관, 제물을 준비할 '유사', 경비, 날짜 등 마을 제사굿과 관련된 사항들을 결정한다.
② 정초의 길일(吉日) 오전, 깨끗한 평상복으로 갈아입은 여성 풍물패가

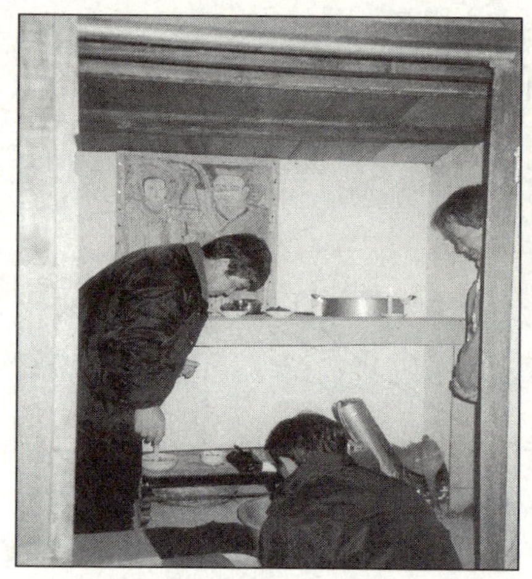

〔사진 4-1〕 무주 적상면 북창리 산제　　〔사진 4-2〕 장수 계북면 파파실 산제

풍물을 울리면서 마을 집집을 돌며 부정타지 않은 집만 골라 제물감을 걷고, 오후에는 제물(팥죽·돼지머리·떡·과일 등)을 장만한다.

③ 해가 지고 어두워지면 마을 남성들이 먼저 제물(돼지머리·떡·과일 등)을 가지고 풍물을 울리며 마을 뒷산 산신제 제당으로 올라가 '산신제'를 지낸다.

④ 남성들이 '산신제'를 지내러 산신 제당으로 올라간 동안 여성들은 마을 앞 당산6)인 누석탑(累石塔)으로 제물(팥죽)을 가지고 나와 모닥불을 피워 놓고, '산신제'를 모시러 간 마을 남성들이 이곳으로 내려오기를 기다린다.

⑤ 산신제를 마친 남성 마을굿패들이 다시 풍물을 울리며 마을 뒷산을 돌아, 여성들이 기다리고 있는 마을 앞 당산으로 내려와 당산 주위를 돌면서 풍물을 울린다.

⑥ 기다리고 있던 여성들은 이때 당산 주위에 각 가정별로 하나씩 촛불을

---

6) 원래는 '할아버지 당산'과 '할머니 당산'으로 두 개가 있었으나, 새마을사업으로 둘 다 없앴다가, 그 뒤에 마을에 우환이 자꾸 생겨 복원하였는데, 이때 이 두 당산을 하나로 합쳤다 한다.

휘황하게 밝히고 팥죽을 비롯한 제물을 차려 놓는다. 점치는 무당이 간단한 '비손'을 하고, 마을 여성들은 백지를 불살라 올리면서 각 집안의 소원을 비는 '탑제'('당산제')를 올린다.

⑦ 이렇게 해서 탑제가 끝나면 이 마을 제사굿에 참여한 모든 남성과 여성이 모닥불 주위에 둘러앉아 제물(팥죽 등)을 나누어 먹는다.

⑧ 다시 마을굿패가 풍물을 잡고 마을로 돌아와 유사의 집으로 가서 제사굿을 결산하는 간단한 마을 대동회의를 가지며 거기서 밤새도록 춤추고 노래하며 논다 (김익두 1987 : 71-96 및 필자 조사).

이상의 사례를 자세히 들여다보면, ①은 회의적 행위소이고, ②~⑦은 모두 '제의적 행위소들'이며, ⑧은 놀이적 행위소다. 그래서 제사굿으로서 하는 마을굿은 먼저 기본구조의 요소들 가운데서 '제의적 요소들(②~⑦)'이 중심을 이루고, 여기에 일부 '놀이적 요소(⑧)'와 '회의적 요소(①)' 및 '노동적 요소'[7]와 '군사적 요소'[8]가 적절히 결합된 변이구조임이 드러난다.

다음으로는 서부 평야지역의 대표적인 제사굿 사례로 부안군 보안면 우동리 원우동마을의 제사굿 과정을 살펴보기로 하겠다.

① 음력 섣달 그믐 무렵 마을 대동회의를 열어 정초 제사굿의 제일(祭日)·제관·유사와 줄다리기 줄머리에 태울 '신랑·신부' 역을 할 사람 등 제사굿과 관련된 사항들을 미리 논의하고 결정한다. 이때 '신랑·신부'는 깨끗하고 화목한 부부 가운데서 '생기복덕'이 그 날짜에 맞는 사

---

7) 마을 제사굿의 '노동적 요소'란 마을굿을 준비하는 일련의 모든 노동 행위들을 가리킨다.

8) 마을 제사굿의 '군사적 요소'는 특히 이 마을 제사굿의 굿패 구성 자체에서 찾을 수 있다. 즉, 마을 제사굿 굿패 자체는 일종의 군대의 편제로 구성되어 있다. 군사굿으로서 마을굿이라는 각도에서 보면, 이 마을굿을 주도적으로 수행하는 굿패 자체가 일종의 '군사조직'으로 이루어진 것이다. 이러한 측면은 종래의 마을굿/풍물굿의 '군악기원설'에서도 근거를 찾을 수 있다(홍현식 외 1967 : 114).

람으로 선정한다.

② 음력 정월 보름날 오전에 제물을 장만하고, 거목과 돌과 짐대가 결합된 동구의 '당산' 옆에 새 모양을 나무로 깎아 긴 장대 끝에 붙인 '짐대'를 새로이 만들어 세우며, 줄다리기를 할 암줄과 숫줄을 꼬아 놓은 다음, 마을 안의 유사집으로 가서 점심을 먹는다.

③ 점심 식사를 마친 마을 남성 마을굿패들은 풍물을 울리며 유사집에서 장만한 제물을 가지고 유사를 앞세우고 다시 풍물을 울리면서 마을 동구의 당산으로 나가, 제물을 진설하고 제관을 중심으로 하는 유교식 제사를 올린 다음, 제물을 그 자리에서 나누어 먹는다.

④ 이 남성 마을굿패들이 다시 풍물을 울리며 마을 앞 길 광장으로 들어와, 깨끗하게 차려 입은 마을 남녀노소들과 합세하여, 미리 준비된 술과 음식을 나누어 먹으며 흥을 돋운다.

⑤ 풍물패를 앞세우고 그 뒤로 줄다리기할 '숫줄'을 멘 성인 남성들이 '암줄'을 멘 마을 여성들 및 총각들이 뒤따르는 가운데 마을을 한 바퀴 돈다.

⑥ 다시 마을 앞 광장으로 돌아와, 암줄 머리와 숫줄 머리가 서로 마주 보도록 놓고서, 풍물패가 풍물가락을 자지러지게 울리며 마을 사람들의 신명을 한껏 돋운다.

⑦ 결혼한 성인 남성들은 '숫줄'을 메고, 줄머리 위에 사모관대의 신랑 복장을 한 사람을 태우고, 여성들 및 총각들은 '암줄'을 메고, 그 줄머리 위에 원삼 족두리 신부 복장을 한 여성을 태운다.

⑧ '숫줄'을 멘 쪽의 '줄패'가 '숫줄'의 줄머리를 '암줄'의 줄머리에 끼우려고 하고, 이에 반해 '암줄'을 멘 줄패는 이러한 숫줄패의 행위를 막으려 하는 모의 성행위 줄놀이가 벌어진다.

⑨ 결국, 암줄은 숫줄에 붙잡히고, 숫줄 머리를 암줄 머리 속에 집어넣고 '줄비녀'를 꽂아 숫줄이 빠지지 않게 고정시킨 다음, 잠시 줄을 내려놓고 쉬는 가운데 다시 풍물을 자지러지게 울리면서 흥을 돋운다.

⑩ 본격적인 '줄다리기'가 시작된다. 이 줄다리기는 세 번 해서 승패를 가르는데, 암줄 쪽이 이겨야 풍년이 든다고 하여, 암줄 쪽이 승리하는 것

으로 끝이 난다.

⑪ '줄다리기'가 끝나면 '줄패'가 줄을 메고 당산으로 가서 새로 만들어 세워둔 '짐대' 주위에다가 빙 둘러싸며 줄을 서리서리 감는데, 이것을 '당산할매 옷입힌다'고 한다. 줄다리기를 마친 줄로 당산할매 옷을 입힌 다음, 굿에 참여했던 모든 마을 사람들이 풍물굿패를 앞세우고 마을 안으로 돌아온다.

⑫ 마을로 돌아오면 유사집으로 가서 굿의 결산을 보고하고, 술과 음식을 먹고 마시면서 논 다음 모든 굿을 마친다(문화관광부·한국향토사연구 전국협의회 1998 : 99-133).

여기서도 마을굿의 기본요소들 가운데서 '제의적 요소들(③~⑩)'이 중심을 이루고, 여기에 '놀이적 요소들(④~⑩)'과 '회의적 요소들(①·⑫)', '노동적 요소(②)', '군사적 요소들'이 결합되어 있음을 알 수 있다.

여기서는 동부 산간지역의 제사굿에 견주어 마을 대동의 '놀이적 요소'가 크게 강화되어 전체 공연 과정의 많은 부분(④~⑩)을 차지함을 알 수 있다. 또한 '제의적 요소'와 '놀이적 요소'가 서로 분리되지 않고 동일한 과정 속에서 상당히 긴밀하게 융합되어 있다는 점도 눈에 띈다. 그러나 제사굿에 따르는 일련의 놀이적 요소와 과정들은 하나의 놀이굿이라기보다는 제의적 과정의 일부로서 오신(娛神) 행위로 보는 것이 더 적절하다. 왜냐하면 제사굿에 따르는 놀이에는 제의적 진지성이 전체를 지배하고 있기 때문이다. 같은 놀이적 요소들이더라도, 이 제사굿의 놀이적 요소들은 뒤에서 살필 '놀이굿'의 놀이적 요소들과 달리, 근본적으로는 '제사굿' 자체의 '기원성(祈願性)'과 '금기' 그리고 '진지성'으로 암암리에 통제되어 있다는 점이 '놀이굿'의 놀이적 요소들과 다르다.

한편, 서부 평야지역 제사굿에서 나타나는 제의적 요소와 놀이적 요소의 긴밀한 융합이라는 특징은, 이 지역 주민들이 상대적으로 넓은 경작지를 경영하기 위한 대동단결의 공동 행위 틀을 다른 지역보다 그만큼 더 필요로 했다는 점과, 이 지역이 도시화와 산업화의 영향을 다른 지역에 견주어 더 일찍부터 많이 받아, 그만큼 제사굿의 세속화가 더 촉진된 점과도 관련이 있는 것으로 보인다.

끝으로, 서해 도서지역 제사굿의 구체적인 사례로 부안군 위도면 대리마을의 제사굿인 '띠뱃굿'의 모든 과정을 '행위소'별로 검토해본다.

① 음력 섣달그믐에 마을 대동회의를 열어 새해에 할 마을 제사굿의 제일 (祭日)·제관·유사·제물 등을 의논하고 결정한다.

② 회의 뒤에 장을 보고 음력 정월 초이튿날 제물을 미리 장만해 놓는다.

③ 정월 초사흗날 아침해가 떠오르면 제의를 위한 물건들과 제물을 원화장이 챙기고, 풍물패가 풍물을 울리면서 화주, 무녀, 원화장(또는 부화장), 영기 든 사람, 풍물굿패, 뱃기를 든 선주들과 각 배의 화장들, 유고가 없는 마을 남성들로 이루어진 마을굿패 행렬이 마을 동산에 위치한 '원당'으로 '원당제'를 지내러 가는데, 도중에 동구의 당산에서 간단한 '당산제'를 지낸다.

④ 이들 마을 남성굿패들은 마을 동산의 원당으로 올라가 마을의 풍어를

〔사진 4-3〕 원당에 오르는 제관. 풍물패. 선주들

[사진 4-4] 군산개야도 용왕제-용왕밥 던지기

기원하는 '풍어제'인 '원당제(願堂祭)'를 지낸다. 이 원당제는 유교식 제
관의 제사와 무당의 '당굿'으로 이루어진다.

⑤ 이 원당제를 마치면 다시 풍물을 잡고 동산을 내려와 마을 동쪽 동구
밖 바닷가의 '용왕바위'에서 '용왕밥 던지기'를 하고, 다시 마을 뒷산을
돌아와서(이를 '주산돌기'라 하기도 함) 마을 서쪽 동구 밖 바닷가의
'용왕바위'에서 '용왕밥 던지기'를 한다.

⑥ 다시 풍물을 울리며 마을 서쪽 동구의 '당산'에 이르러, 거기서 풍물패
의 풍물굿과 고사로 간단한 '당산제'를 지낸다.

⑦ 다시 풍물을 울리며 굿패가 마을로 들어와 마을 앞 바닷가 광장에 이르
면, 이번에는 마을 여성들이 중심이 되어 벌이는 해신제(海神祭)인 '용
왕굿'을 시작한다. 이것은 유교식 제관의 유교식 제사와 이에 이어지는
무당의 '용왕굿'으로 이루어진다.

⑧ 용왕굿이 이루어지는 동안 마을 남성들은, 마을 앞 바닷가를 따라 이동
하면서, 바다에 나갔다가 죽은 마을 사람들의 원혼을 달래고 먹이는
'줄밥 던지기'9)를 한다.

─────────────────────────

9) 줄밥은 쌀에 해초를 섞어 만든 제물이다.

[사진 4-5] 부안 위도 대리-제웅 만들기

⑨ 용왕굿과 줄밥 던지기가 끝나면, 앞서 원당제를 지내는 동안에 이미 마을에서 띠풀로 만들어놓은 '띠배'에다가 짚으로 만든 다섯 개의 '제웅'(허수아비)을 5방위별로 넣고, 용왕제를 지낸 제물들을 담은 다음, 큰 배에 마을 남성들로 이루어진 풍물패와 노래패가 올라탄다. 큰 배는 '띠배'를 끌고 가며 풍물패가 풍물을 울리고 이에 맞추어 노래패가 '굿노래'10)를 부르는 가운데 먼 바다로 나가, '띠배'를 멀리 띄워 보낸다.

---

10) 이때 부르는 굿노래는 '배치기소리', '술배소리', '에용소리' 등인데, 이것은 이 마

〔사진 4-6〕 부안 위도 대리-띠배 끌고 띄워 보내기

⑩ 이 남성 굿패가 다시 풍물에 맞추어 굿노래를 흥겹게 부르며 마을로 돌아오면, 마을 앞 포구에서는 마을 여성들이 오색의 한복으로 곱게 차려 입고 돌아오는 남성 굿패를 맞이하는 '맞이굿'을 한다.

⑪ 마을로 돌아온 남성 굿패와 이들을 맞이하는 여성 굿패가 마을 앞 포구의 광장에서 한데 어울리는 가운데 여기에 다른 마을 주민들도 합세하여, 한바탕 즐거운 '합굿'이 펼쳐진 다음 저녁 무렵에 굿을 마친다.

⑫ 음력 초사흗날 밤, 원화장과 부화장만이 제물을 가지고 마을 뒷산 도젯봉의 제장에 올라가 제물을 차려놓고 '산신제'를 올리고 내려온다. 이 과정에는 풍물굿이 따르지 않는다.

⑬ 그 다음날부터 풍물패가 마을 집집을 돌면서 벌이는 '마당밟이'가 정월 대보름 전날까지 이어진다.

⑭ 정월 대보름날 마을굿패가 줄다리기를 할 줄을 꼬아놓으면, 마을 남녀 노소가 풍물패를 앞세우고 이 줄을 메고 '에용소리'를 부르며 마을 뒷산을 도는데(이것을 '주산돌기'라 함), 이때 '줄놀이', '무동놀이' 등을 하

을의 어업 노동요이기도 하다.

면서 논다. 저녁 무렵이 되면 마을 앞 갯벌 광장으로 와서 '줄다리기'를 하고, 그 줄을 마을 당산에 감은 다음, 다시 풍물 판굿, 탈놀이, 송장놀이 등을 하면서 밤새워 논다.

⑮ 정월 대보름날의 대동놀이굿이 모두 끝난 다음에 마을굿의 결산을 한다(김월덕 1996 : 29-56).

위에서 살펴본 것처럼 서해 도서지역 마을의 신년 제사굿은 동부 산간지역의 제사굿이나 서부 평야지역의 제사굿보다 훨씬 복잡하고 다양한 굿 내용을 갖고는 있으나, 역시 '제의적 요소들'이 중심을 이루고, 여기에 '놀이적 요소들', '노동적 요소들', '회의적 요소들', '군사적 요소들' 등이 덧붙어 있는 제사굿의 복합적인 구조와 양상을 그대로 보여준다.

③~⑬은 '제의적 행위소들', ⑭는 '놀이적 행위소', ①과 ⑮는 '회의적 행위소들'이고, ②를 비롯해 제사굿 준비와 관련된 일련의 모든 노동들은 '노동적 행위소들'이며, 마을굿 굿패 구성 자체에는 '군사적 행위소들'이 포함되어 있다.

4.1.2.2. 노동적 구조 : 노동굿

노동적 구조는 노동굿으로서 하는 마을굿에서 가장 분명하게 드러나는 마을굿의 '변이구조'로서, 주로 농경지가 넓고 집약적 협동노동을 더 필요로 하는 전북 서부 평야지역을 중심으로 크게 발달했다. 전북 평야지역의 '두레굿'이 바로 그러한 마을굿의 중심을 이룬다.

이 노동굿은 자연과 인간의 관계, 농업 생산력을 둘러싼 인간과 인간의 관계, 넓게는 마을과 마을 사이의 다양한 관계 가운데서, 경제적 '생존'의 문제를 마을 공동으로 해결하기 위해 이루어지고 작동되는 행위의 틀이다.

평야지역의 대표적인 노동굿 사례로 김제시 만경읍 대동리 소동마을의 두레굿을 주요 '행위소'별로 정리하면 다음과 같다.

① 음력 2월 초하룻날 마을 대동회의장에 모여 두레굿의 총지휘자인 '좌상', 좌상을 도와 뒷일을 하는 '부좌상', '수머슴',11) 두레 풍물패,12) 품삯, 노동 순서 등 '두레굿'과 관련된 여러 사항들과 기타 마을 일을 의논하여 결정한다.13)

② 모내기가 끝나고 20여 일 뒤, '초벌매기' 때부터 두레굿을 시작하는데, 두레가 시작되면(이것을 '두레난다'고 함), 두레패가 공동으로 이용하는 '농청(農廳)'이나 마을회관 앞에 있는 기확14)에 마을기를 꽂고, 두레를 본격적으로 시작하기 위한 회의를 한다.15)

③ 두레 하는 날 아침이 되면 두레패가 농청 앞에 모여 굿패를 이루어, 풍물을 울리면서 마을 제당인 '당산'으로 가서 농기를 세우고 풍물패의 지휘자인 상쇠 주도로 굿을 어루어 간단한 제의 행위를 하고, 다시 풍물을 울리면서 농기를 앞세우고 노동 현장으로 행진한다.16)

---

11) '수머슴'은 두레굿의 작업장에서 앞장서서 실제 노동을 주동해 나가는 현장 지휘자로서, 마을에 따라 '대방', '총각대방', '수총각'이라고도 하는데, 젊고 힘세고 일을 잘하는 사람으로 정한다.

12) 두레굿의 풍물패는 마을기잽이 · 영기잽이 · 상쇠 · 새납 · 수징 · 수장고 · 수북 · 수법고 · 대포수 · 창부 · 무동 · 양반 등으로 구성된다. 이 가운데 대포수 · 창부 · 무동 · 양반 등은 분장을 한 '잡색들'이다. 대포수는 바랑을 짊어지고 나무총을 메며, 창부는 노란 두루마기를 입고 패랭이를 쓰며, 무동은 쾌자를 입고 고깔을 쓴다. 양반은 도포를 입고 정자관을 쓴다.

13) 이 마을의 노동굿인 '두레굿'은 논매기 노동에서만 행해졌다. 논매기는 초벌매기 · 두벌매기 · 세벌매기 · 만두레 등 네 차례를 하는데, 초벌매기는 하지(夏至) 앞뒤로 6일 동안 호미로 논을 매는 것으로, 이것을 '전 삼일 후 삼일'이라 한다. 두벌매기는 초벌 맨 지 10여 일 뒤, 세벌매기는 두벌 맨 지 10여 일 뒤에 호미로 매는 것이고, 만두레는 나락꽃이 피기 시작할 무렵에 잡풀들을 손으로 뜯으면서 그동안 호미로 매는 과정에서 울퉁불퉁 고르지 못하게 덩어리진 논바닥의 흙을 손발로 뭉개어 펴서 벼베기 할 때 낫질이 편리하도록 하는 작업이다.

14) '기확'이란 큰 돌에 홈을 깊게 파서 마을기를 꽂아놓을 수 있도록 농청이나 마을회관 앞에 박아 놓은, 일종의 기꽂이다.

15) 회의 때 호미를 모아 걸어두는 의식을 하기 때문에 '호미모둠'이라 하는데, 이 의식을 하는 지역도 있고 하지 않는 지역도 있다. 소동마을에서는 이러한 의식을 하지는 않았다고 한다.

16) 지역에 따라 다르기는 하나, 대체로 두레패가 일을 하러 나갈 때는 다음과 같은 순서로 행진한다. 맨 앞에는 '수머슴'이 마을기를 들고 가고, 그 양 옆에는 두 사람이 각각 '영기'를 들고 마을기를 옹위하며 간다. 영기는 작업할 논의 논둑

④ 일터에 도착하면 마을기를 논두렁에 꽂아놓고, 풍물패들의 두레굿 장단17)에 맞추어 '논매는 소리'18)를 하면서 두레 노동을 한다. 점심참과 함께 오전과 오후에 한 번씩 모여 샛밥을 먹는다.

⑤ 저녁 때가 되어 두레노동이 끝나면, 두레패들은 다시 앞서와 같은 순서로 풍물을 울리면서 행진하여 마을로 돌아온다.

⑥ 마을로 돌아온 두레패는 마을에 들어와서도 공동으로 식사를 하고 늦게까지 풍물을 울리며 놀기도 한다.

⑦ 두레노동이 끝나면 두레꾼들 가운데서 농사를 가장 잘 지은 집의 일꾼을 골라 소나 사다리 위에 태우고 풍물을 울리며 흥겹고도 장엄하게 마을로 행진하는데, 그 집에서는 술과 음식을 내어 두레꾼들을 대접한다(이것을 '두레장원', '장원질놀이' 등으로 부르기도 함).

⑧ 두레패가 두레노동을 모두 마친 다음, 음력 7월 중순에는 '술멕이날'을 잡아 마을 농청에 모여 대동회의를 열어 두레노동의 '결산'을 본다.

⑨ 두레 결산이 끝나면 '호미씻이'라 하여 두레패가 김매기 두레를 무사히 끝낸 기쁨을 온 마을 사람들이 함께하며 먹고 마시며 노는데, 이것은 앞서 두레굿을 시작할 때의 '호미모둠'과 대를 이루는 것이다(주강현 1994 : 325-333 및 필자 조사).

위의 사례에서 살펴본 바와 같이, 노동굿으로서 벌이는 마을굿은 공

에 꽂아두어 작업장을 표시하거나, 작업장에서 지휘와 신호를 전달하는 명령 전달의 기능을 한다. 마을기 뒤에는 삿갓을 쓰고 호미를 쥔 어린 두레꾼이 소를 타고 뒤따르며, 그 뒤에 패랭이를 쓴 상쇠와 여러 풍물잡이가 따르고, 그 뒤로 물옷에 잠뱅이를 입고 호미·도롱이·삿갓 등을 든 두레꾼들이 풍물패의 풍물 소리에 맞추어 어깨를 들썩이면서 뒤따라 행진한다(김익두 1998b : 87).

17) 소동마을을 비롯해 전북 서부 평야지역에는 제사굿으로서 풍물굿 가락이나 놀이굿으로서 풍물굿 가락과는 다른 노동굿으로서 풍물굿 가락이 '두레풍장'이라 하여 별도로 존재한다. 그것은 두레노동 동작에 알맞도록 매우 단순하게 구성된 가락이다.

18) 소동마을 논매는 소리는 초벌 또는 두벌 맬 때 부르는 '진소리' 또는 '만경산타령'과, 만두레 또는 두벌매기의 끝맺기에서 부르는 '자진소리' 또는 '자진산타령'이 있다.

동 협동노동을 통한 경제적 생존의 문제 해결이라는 목적과 콘텍스트에 따라 마을굿의 기본요소들 가운데서 주로 '노동적 요소들'을 중심으로 마을굿의 기본구조를 변이시킨 '변이구조'다. 따라서, 여기에서는 '노동적 요소(④)'가 중심을 이루면서, 거기에 마을 수호신에 대한 간단한 제사 행위를 보여주는 '제의적 요소(③)'와 '놀이적인 요소(⑥ · ⑦ · ⑨)' 및 '회의적 요소들(① · ② · ⑧)'과 두레패의 구성 면에서 드러나는 '군사적 요소들'이 적절히 결합되어 있는 양상을 보인다. 두레패의 구성을 일종의 군사조직으로 볼 수 있는 근거로는 군대와 군장을 상징하는 '큰 기'(마을기), 군장의 명령을 받들고 전달하는 자를 상징하는 '영기(令旗)', 대장 구실을 하는 '좌상'이나 '상쇠' 등의 존재, 군대 군졸들 구실을 하는 두레패의 두레꾼들, 군악대 구실을 하는 두레 풍물패의 풍물잽이들, 그리고 군대식으로 이루어지는 두레패의 행진과 운영 방법 등등 군사적 요소들을 지니고 있다는 점이다. 이러한 사례를 통해 두레굿이 노동적 요소로만 이루어진 것이 아니라 노동적 요소를 중심으로 하되, 제의적, 놀이적, 회의적, 군사적인 요소가 적절히 융합되어 있음을 확인할 수가 있다.[19]

이처럼 마을굿의 구조를 변이시키는 데는 '풍물굿'이라는 공연 요소가 가장 큰 몫을 한다. '당산제'와 같은 제사굿에서는 풍물패가 제의를 주도하는 위치에 있다가, 두레굿과 같은 노동굿에서는 풍물패가 '두레 조직'[20] 밑으로 들어가 두레패 대표자인 '좌상'이나 '공원'의 지시를 받

---

[19] 선행 연구에서도, 마을굿의 의식(儀式) 구성으로 볼 때, 제사굿은 '당산굿-집돌이-본굿-판놀음'으로 이루어지고, 노동굿인 두레굿은 '농신내리기-들돌이-농신굿-판놀음'으로 이루어진다는 점이 지적된 바 있다(이보형 1981 : 9-20). 단, 제사굿이 제의를 중심으로 하여 다른 요소들과 결합한다면, 두레굿은 노동을 중심으로 하여 다른 요소들이 결합된다는 점이 다르다.

[20] 두레조직은 공동노동을 위해 결성되는 공동노동 협조체계로서, 마을의 성인 남자는 의무적으로 포함되었다. 두레 조직의 구성원은 농사 경륜이 많은 어른이 담당하는 '좌상(座上)', 좌상을 돕는 '공원(公員)', 두레의 잔일을 총지휘하는 노총각인 '총각대방' 등으로 구성되었다(주강현 1995 : 335-341).

는다. 그러다가 다시 놀이굿에서는 마을 놀이패를 주도하며, 대동회의 굿에서는 시작과 끝을 가름하고, 군사굿에서는 풍물패 자체가 곧바로 군사굿 굿패로 전환된다.

서해 도서지역의 노동굿은 출어 때의 '뱃고사' → 출어(出漁) → 어로(漁撈)/고기잡이 → 귀항(歸港) → 풍어놀이 순서로 이어지는 일련의 과정으로 나타난다. 부안군 위도면 대리마을의 노동굿을 예로 들면 다음과 같다.

① 출어 전에 '뱃고사'를 지낸 뒤 모두 같이 음복을 하고 풍물을 울리며 마을 앞 바다를 돈 다음 모두 같이 어울려 즐긴다(제의).
② 해상에서 약 보름 동안 어로 작업이 이어진다(노동).
③ 잡은 고기를 배에 싣고 만선이 된 배로 풍장을 치며 돌아와서 포구에서 상인들에게 고기를 팔고, 굿을 치고 노래 부르며 흥겹게 논다(놀이).

그동안 이 '뱃고사'는 주로 선주가 주관하는 개인굿으로 보아왔다(하효길 1994 : 50). 그러나, 이것이 주기적이고 집단적인 어로 노동과 관련될 때는 어촌형 노동굿의 '제의'에 해당하는 것으로 보아야 할 것이다. 물론 이러한 해상의 어로 노동은 육지부의 노동굿인 두레굿에서처럼 마을 규모의 공동 협업 형태로 이루어지는 것이 아니라, 개별적인 어선 단위로 이루어진다는 차이는 있지만, 그러한 노동굿의 성격은 육지부의 그것과 근본적으로 다르지 않다.

서해 도서지역에서 '뱃고사'를 행하는 때는 음력 정월 초, 정월 보름, 추석, 출어 때, 흉어가 계속될 때 등인데, 이 가운데서 출어 때 하는 뱃고사는 어로 작업과 관련된 것으로서, 노동굿을 구성하는 제의적 요소로 보아야 한다. 왜냐하면 그것이 그 자체로서 일종의 '제사굿'으로 독립되어 존재하는 것이 아니라, '고기잡이'라는 집단 행위의 일부분으로서 이루어지는 것이기 때문이다.

한편, 대리마을의 출어 때 '뱃고사'에서 배에 세워두는 '서낭기'는 이 마을에서 정월 초사흗날 하는 '띠뱃굿' 가운데 '원당굿'에서 무녀가 배 주인들에게 내려준 '깃손'을 매단 것으로, 한 해 동안 일터인 바다에서 어민들의 작업장인 어선을 지켜주는 일종의 신간(神竿)과 같은 구실을 한다(하효길 1989 : 197-207). 여기서 전북지역의 육지부와는 다른 일종 의 '신내림형' 마을굿 형태가 나타난다.

4.1.2.3. 놀이적 구조 : 놀이굿

놀이적 구조는 '놀이굿'으로서 벌이는 마을굿에서 분명하게 나타나는 '변이구조'다. 전북지역의 대표적인 놀이굿은 앞의 [그림 4-2]에서 본 바와 같이 한여름 두레노동 후 음력 7월 보름 무렵에 행해지는 '백중 술 멕이굿'이다. 그 구조를 살펴보기 위해 김제시 만경읍 대동리 소동마을 의 놀이굿을 사례로 하여 행위소별로 정리하면 다음과 같다.

① 7월 중순 두레굿 결산을 보고, 마을 잔치를 벌이는 '술멕이날' 아침 일찍 마을 놀이굿 굿패가 풍물을 울리면서 마을 제당인 '당산'으로 간다.
② '대장기'(마을기)와 영기를 마을 당산에 세워놓고 나발을 불고 북을 울 리면서, '당산굿'을 쳐서 당산에 간단한 제사 행위를 한다.
③ '당산굿'을 마친 마을 놀이굿 굿패가 다시 풍물을 울리면서 마을 '술멕 이'가 벌어질 '농청'(마을회관)으로 와서, 마을기를 농청 앞 기확에 꽂 아 세워둔 다음, 한 해 농사의 일값 결산을 보고, 마을 잔치를 벌이기 위한 '술멕이' 회의를 마을 농청에서 연다.
④ 마을 회의가 끝나면 '세마리술'이라고 해서 미리 준비한 소주를 한 동이 씩 내오는데, 특히 부자나 농사를 잘 지은 집에서 큰 술을 내고, '도리 깨품'이라 해서 두레패의 일부 품삯을 떼어낸 값으로도 술과 음식을 장 만해서 마을 대동놀이판에 내놓는다.
⑤ 마을 풍물패가 다시 '어우름굿'을 쳐서 굿을 어우르고, 마을 놀이굿 굿

판을 정리한다.

⑥ 마을 풍물패가 굿판에 나와서 '인사굿', '질굿', '삼채', '양산도', '오방진굿', '쌍방울진굿', '호호굿', '달어치기', '미지기굿', '짝두름', '일광놀이', '개인놀이(쇠놀이·장고놀이·소고놀이·잡색놀이)', '노래굿' 등으로 구성되는 '앞굿'을 공연한다.

⑦ 풍물패가 '콩등지기', '등마추기', '앉은진풀이', '지와밟기', '도둑잽이굿(가새진·사방진·대포수청령·탈머리굿)', '불넘기', '탈복굿' 등으로 구성되는 '뒷굿'을 공연한다.

⑧ 마을 사람들이 풍물패의 공연에 이끌려 굿판으로 나와 풍물패의 연주에 맞추어 춤추고 노래하며 함께 어울려 흥겹게 논다.

⑨ 이 대동놀음 굿판이 무르익으면 미리 준비한 술과 음식을 함께 나누어 먹고 마시며 더욱 신명나게 놀고 나서 굿을 마친다(이보형 1981 : 9-20, 주강현 1994 : 325-333, 필자 조사).

①·②는 제의적 행위소, ③은 회의적 행위소, ④~⑨는 놀이적 행위소다. 이것을 하나의 '놀이굿'으로 볼 때, 여기서 중심이 되는 것은 ④~⑨이고, ①·②·③은 여기에 딸린 것이다. 이 놀이굿에서 놀이적 행위가 중심이기는 하지만, 반드시 마을 제당에서 제의적 행위가 있은 뒤에야 굿 치고 술 마시며 어울려 놀았다. 마을에 따라서는 술멕이 놀이 때 마을 공동우물을 돌며 청소하고 잡초를 제거하며 패인 길을 닦는 등 공동노동을 함께 수행하기도 했다.[21]

이 놀이굿은 거의 모든 경우가 풍물굿을 중심으로 이루어지며, 그 풍물 놀이굿의 중심은 '판굿'이다. 위의 놀이굿 과정에서 ⑥, ⑦은 놀이굿의 구체적인 내용을 살펴보기 위해 풍물굿에서 '판굿'(홍현식 외 1967 : 48-56)의 절차를 기록한 것이다. 전북지역 마을굿으로서 행하는 놀이굿

---

21) 전라북도 익산시 웅포면 웅포리나 완주군 봉동읍 구미1구 정동마을에서는 술멕이 놀이굿을 하기 전에 마을 대청소나 길 닦기와 같은 공동노동을 했다 (〈부록〉 참조).

의 구체적인 내막을 고찰하기 위해서는 마을 대동 판굿으로서 하는 풍물굿의 내용을 자세히 살펴볼 필요가 있다.

전북지역의 경우, 마을굿이 놀이적 구조를 형성하는 데는 '풍물굿'이라는 공연 요소가 가장 중요한 구실을 한다는 점을 앞에서도 밝힌 바 있다. 현재 전승되는 전북지역 마을 대동놀이굿으로서 풍물 '판굿'은 두 가지 유형이 전승되고 있다. 하나는 전북 동부 산간지역을 중심으로 전승되는 '호남 좌도 풍물굿'의 '판굿'이고, 다른 하나는 서부 평야지역을 중심으로 전승되는 '호남 우도 풍물굿'의 '판굿'이다.

놀이굿으로서 하는 마을굿의 이러한 '변이구조'는 음력 정월 대보름 놀이굿에서도 어느 정도 나타난다고 볼 수 있으나, 이것은 순수한 놀이굿이라기보다는 제사굿의 일부인 오신(娛神) 행위로 보는 것이 더 합당하다. 이와는 달리 칠월 백중 놀이굿에서는 기나긴 여름 농번기를 지낸 뒤 마을 전체 주민들이 고된 노동의 긴장에서 벗어나도록 하기 위한 대동굿으로 이루어지므로, 그만큼 제의적 진지성과 노동의 긴장성을 떨쳐버린 축제적인 놀이굿의 성격이 강력하게 발현된다.

4.1.2.4. 회의적 구조 : 회의굿

마을굿의 회의적 구조란 마을굿의 기본구조가 한 마을 공동체의 의사를 결정하는 회의의 구조로 전환되는 형태를 말한다. 즉, 마을굿의 기본구조를 공동체 행위의 기본구조로 유지하는 사회에서는 그 공동체 구성원들이 당면한 마을 공동의 사회적인 문제들을 해결하기 위해서 그 기본구조를 회의적 구조 곧 자치적인 의사결정의 구조로 변이시켜 활용한다.[22]

---

22) 마을굿의 회의적 기능을 주목하고 강조한 선행 연구자는 주강현이다. 그는 대동굿의 사회적 기능이 대동제의·대동회의·대동놀이라는 세 요소에 따라 일관되게 유지된다고 보고, 특히 대동회의 기능을 매우 중시했다. 그는 마을굿 이전의 대동회의는 제의와 결부된 의례적 회의이고, 마을굿 이후의 대동회의는 마을 공동체의 자치적 행정회의라고 보아, 그 둘의 성격을 나누었다(주강현

‘농회(農會)’로 불리는 김제시 만경읍 대동리 소동마을의 회의굿을 예로 들어 그 공연 과정을 ‘행위소’별로 정리하면 다음과 같다.

① 마을 회의굿 굿패가 풍물을 울리며 마을 제당인 ‘당산’[신체(神體)는 소나무임]으로 가서 간단한 제사 의식을 한다(제의).
② 마을 회의굿 굿패가 풍물을 울리며 모정 또는 마을회관에 이르면 풍물을 그친다.
③ 마을 회의굿 굿패가 마을 모정 또는 마을회관에 모여 마을 대동회의인 ‘농회’를 개최한다(회의).[23]
④ 마을 회의굿 굿패가 풍물을 울리며 술 한 잔씩 마시고 놀고 나서 회의를 마친다(놀이).

①은 제의적 행위소, ③은 회의적 행위소, ④는 놀이적 행위소다. 여기서 중심이 되는 것은 회의적 요소인 ③이고, 나머지는 부수적인 요소들이다. 이러한 마을굿의 회의적 구조는 마을굿의 기본구조를 대동회의에 맞게 ‘변이’시킨 것이다. 이 변이구조는 대체로 동절기인 섣달 그믐 무렵에 한 해를 마무리하고 새해를 준비하는 시기에 마을이 당면한 여러 사항들을 논의하고 결정하기 위해서 여는 마을 대동회의에서 가장 분명하게 드러나는 ‘변이구조’다.

이 ‘회의굿’은 이 시기에만 하는 것이 아니라 마을 주민들이 함께 결정해야 하는 마을의 대소사가 있을 때는 언제든지 했다. 대표적인 시기로는, 앞에서 언급한 섣달그믐 무렵뿐만 아니라 새해를 맞이하여 벌이

1992 : 196-211).

23) 소동마을에서는 모심기 전 논 꾸미기 때 마을 모정에서 두레노동 전에 준비할 사항을 의논하는데, 이것을 ‘호미모둠’이라는 말 대신 “농회(農會)한다”고 하였고 여기서 두레패를 편성했다. 이때 농군 가운데 가장 나이 많은 사람을 ‘좌상’으로 정하였는데, 이를 “좌상을 낸다”고 한다. 이 ‘농회’에서 작업할 경지의 순서를 정하고, 두레에 필요한 여러 사항과 규약을 점검했다.

는 마을 제사굿을 전후한 때 마을 제사굿과 관련된 사항들을 논의하기 위해, 음력 오뉴월 두레굿을 시작하기 전 '호미모둠'을 위해, 7월 중순 이후 두레굿을 마무리하는 '호미씻이'를 위해 하는 것 등을 들 수 있다.

그러나, 간단한 마을 회의굿을 하는 경우에는 흔히 주민들이 마을회 관에 모여 ③의 과정만 거쳤으며, 최근 들면서 그러한 추세가 더욱 강해졌다. 하지만 마을의 중요한 안건들을 논의하고 결정하는 마을 대동회의굿을 할 때는 반드시 ①·②·③·④의 모든 과정들을 다 하는 경우가 많았다. 그러므로, 앞뒤의 절차가 생략된 마을 대동회의만을 놓고서 마을 회의굿을 마을굿의 변이구조 가운데 하나로 보지 않는다면 마을굿의 전체적인 양상을 제대로 파악하지 못하는 결과를 낳게 된다.

이러한 전북지역 마을굿의 '회의적 구조'는 오늘날 거의 모든 의식(儀式)에서도 그대로 활용된다. 즉, 회의에 모인 사람들은 곧바로 현안을 해결하기 위한 회의에 들어가는 것이 아니라, ①과 같은 제의적 행위를 개회의례나 국민의례와 같이 제의화된 절차로 먼저 치르고 난 뒤에 본격적으로 현안을 논의하는 회의에 들어간다. 그리고 본 회의가 끝나면 뒤풀이를 하여 ④와 같은 놀이 행위를 한다.

오늘날 마을회의는 행정조직으로 따로 분리되어 있지만, 예전에는 마을 공동의 문제를 자치적으로 해결하는 의결기구가 마을굿과 한 뿌리였다(고려대 민족문화연구소 1982 : 309). 동회의 시기가 마을굿 시기와 밀접하다는 점에서 그 둘이 같은 근원임을 추론할 수 있다. 일제가 '진흥회' 따위의 강제적 회의단체를 조직하게 하며 토착 농어촌사회에 파급시킨 것은 바로 이러한 마을굿의 자생적 '회의 구조'를 행정적으로 파괴하고 해체하기 위함이었다.

4.1.2.5. 군사적 구조 : 군사굿

군사적 구조는 '군사굿'으로서 벌이는 마을굿에서 가장 분명하게 나타나는 '변이구조'다. '군사굿'으로서 행하는 마을굿이란 마을을 외적이

114

나 외침으로부터 방어하고 보호하기 위해서 마을 공동체가 행하는 마을굿을 말한다. 현재 전승되고 있는 마을굿 가운데 군사적 변이구조가 중심이 되는 경우를 현실 맥락에서는 찾아보기 어렵지만, 마을 풍물굿패의 구성조직이나 마을 두레굿패의 구성조직, 그리고 마을 풍물굿의 '판굿' 또는 '판놀음' 등에 그 잔영들이 남아 있는 것을 찾아볼 수 있다.

풍물굿패의 조직구성은 제사굿인 '당산제' 등에서는 제의를 주도하는 조직이 되고, 노동굿인 '두레굿'에서는 노동굿을 이끌어가는 주요 조직이 되며, '백중굿'과 같은 놀이굿에서는 놀이굿을 주도하는 조직이 되지만, 마을의 안전을 파괴하는 외부의 침략에 대비하고 맞서기 위해서는 '군사조직'이 되었다.

예컨대, 진안군 성수면 도통리 중평마을 상쇠였던 김봉렬 옹이 이끈 풍물패의 구성조직을 보면, 기수(설명기·용기·농기·영기·오방기)·앞치배(나발수·쇠잽이·징수·장구잽이·북수)·뒤치배(대포수·조리중·각시·무동·양반 광대)·화주 등으로 구성되는데(전북대박물관 1994 : 15-7), 이것은 상쇠를 중심으로 하는 일종의 군사조직의 성격을 지니고 있다. 여기서 '영기'는 두레굿에서는 노동 작업장을 표시하고 두레패를 지휘하는 구실을 하고, 군사굿에서는 군령을 전달하는 구실을 한다. 그래서 풍물굿패의 '기수'는 군대조직의 '기수'에 해당한다고 할 수 있다. 그리고 풍물굿의 '잡색놀음'에서는 이 '앞치배'는 군대조직의 '아군' 역을 하고, '뒤치배'는 '적군' 역을 한다. 오늘날 전승되는 풍물굿형 마을굿에서 이러한 현상이 확실하게 드러나는 것은 한겨울 '마당밟이굿'이나 마을 대동굿의 마지막 판에 벌이는 '판굿'에서이다.

예컨대, 전북 동부 산간지역의 풍물굿인 호남 좌도 풍물굿은 상쇠를 중심으로 하는 일종의 군대 진풀이를 보여주는 '앞굿'(질채굿·호호굿·자진호호굿·짝드름·느진풍류·반풍류·미지기영산·자진영산·다드래기영산·노래굿·돌굿·수박치기·등지기·군영놀이)과 상쇠를 장수로 하는 아군과 대포수를 장수로 하는 적군의 싸움과 아군의 승리를 연극적으로 연출하는 '뒷굿'(도둑잽이굿)으로 구성된다(이보형 1986 : 120). 이 것은 바로 마을굿패가 마을을 수호하는 일종의 군대조직임을 뜻한다.

또한, 마을 두레패의 구성조직 사례로 김제시 만경읍 대동리 소동마을 두레조직을 보면, 좌상·부좌상·수머슴·풍물패(상쇠·수징·수장고·수북·수법고·영기잽이·대포수·새납·창부·무동·양반광대) 등으로 구성되는데(주강현 1994 : 326-7), 이것은 군사조직의 성격을 지닌 풍물패의 구성조직을 두레패의 수장인 '좌상'을 중심으로 개편한 것이라는 점에서, 역시 군사조직을 그대로 활용한 것이며, 두레패의 운영 방식도 군사조직과 비슷하다.

군사굿으로서 전북지역 마을굿의 구조를 좀 더 구체적으로 파악하기 위해, 이러한 굿 구조를 많이 '반영'하고 있는 풍물굿의 판굿 사례를 '행위소'별로 나누어 보면 다음과 같다.

① 마을 풍물굿 굿패가 풍물굿의 길굿가락을 울리면서 마을 제당으로 가서 마을 수호신에 대한 간단한 제의를 행하는 '당산굿'을 한다.

② 마을 풍물굿 굿패가 다시 풍물을 울리며 마을 마당으로 가서 마을 대동놀이판을 정리한다.

③ 풍물굿 굿패가 '상쇠'를 중심으로 그의 지시에 따라, 여러 가지 가락을 치면서 '일자진(一字陣)', '을자진(乙字陣)', '오방진(五方陣)', '쌍방울진' 등 여러 가지 군대식 '진법(陣法)'을 연출하여 보여준 다음, 군대의 점호에 해당하는 '호호굿'을 한다. 이것을 '앞굿'이라 한다.

④ 풍물굿 굿패가 '달어치기', '미지기', '짝두룸', '일광놀이', '개인놀이(쇠놀이·장고놀이·소고놀이·잡색놀이)', '노래굿', '도둑잽이굿(콩등지기·등마추기·앉은진풀이·지와밟기·도둑잽이·탈머리)', '불넘기', '탈복굿'을 순서대로 공연한다. 이것을 '뒷굿'이라 한다.[24]

---

24) 이 '뒷굿'은 풍물패의 '상쇠'를 대장으로 하는 '아군'과 '대포수'를 대장으로 하는 '적군'의 싸움을 보여주며, 적군이 마을에 침입하여 궂은 짓들을 하자, 마을 군대가 소집되어 이들을 소탕하고 외침을 막아내는 줄거리를 연극적으로 연출하

⑤ 굿에 참여한 마을 사람들이 풍물패의 굿가락에 이끌려 굿판으로 나와 춤추고 노래하며 흥겹게 논다.

⑥ 준비한 술과 음식을 나누어 먹는다(홍현식 외 1967 : 48-56).

이러한 풍물굿 공연 내용은 결국 마을굿이 일종의 군사굿으로 조직되고 운영되어 온 것임을 보여주며, 군사굿이 별개의 굿 구조가 아니라, 마을굿의 기본구조를 군사적인 목적에 맞게 '변이'시킨 '변이구조'라는 점을 입증한다.

이러한 구조는 외침 때 마을 단위의 농민군이 동원될 때 구체적으로 작동되던 마을굿의 변이구조다. 과거 병농일치(兵農一致)의 전통사회에서 농민은 재향군인의 구실을 해왔고, 전쟁이 일어나면 곧바로 군사조직의 전투병이 되기 때문에, 이에 효과적으로 대응하기 위해서도 이러한 군사조직을 마을굿 안에 확보해 둘 필요가 있었다. 외침이 있을 때 농민들을 모아 진법과 전술을 악무로써 지휘하고 훈련하는 '군사굿'이 풍물굿에서 '판굿'의 일부인 '도둑잽이굿'에 잘 반영되어 있다. 군사굿은 마을의 방어굿이자 훈련굿이므로 풍물굿은 결코 단순한 농악이 아니었다. 풍물굿의 기원설 가운데 하나인 '군악기원설(軍樂起源說)'이나 '농군악설(農軍樂說)'도 이 점을 방증한다. 오늘날은 마을 행정조직의 오랜 변화로 말미암아 그런 군사적 구조는 찾아보기 어렵지만, 마을굿의 변이구조인 군사굿의 근거들이 마을굿의 풍물굿에서 충분히 확인된다.

한편, 전북지역 군사굿으로서 하는 마을굿의 변이구조는 근세에 이르러 동학조직에도 적절히 변용되어 활용되었다(신용하 1993 : 252, 김지하 1999 : 116). 이 동학조직은 기존 마을굿의 군사적 구조를 일종의 근대적 혁명운동 조직에 활용한 것이었으며, 동학농민전쟁 당시 농민 자치조직인 집강소는 마을굿의 노동 조직인 두레굿 조직에 그 기반을 두고 있었다.[25] 또 동학농민전쟁에서 마을의 두레 풍물패가 농민을 전투

여 보여주는 굿 절차다.

병으로 정비하여 동원하는 구실을 했다.

이상의 마을굿 변이구조 논의를 종합할 때, 마을굿은 단순히 마을 수호신에 대한 제사 행위로 이루어진 '제사굿'으로만 실현되는 것이 아니라, '제사굿', '노동굿', '놀이굿', '군사굿', '회의굿' 등 적어도 다섯 가지의 변이구조로 실현되고 있음을 알 수 있다. 또한 이것들은 완전히 독립된 다른 구조들이 아니라, 마을굿의 '기본구조'/'심층구조'를 사회적, 문화적, 역사적 맥락에 알맞게 변이시킨 '변이구조'/'표층구조'라는 점도 드러났다. 즉, 마을굿은 여럿이면서 하나이고 하나이면서 여럿이 될 수 있는 역동성과 순환성의 구조를 갖고 있다. 따라서, 마을굿은 하나의 제사굿으로 폐쇄되어 있는 구조의 공연 양식이 아니라, 여러 시기와 상황에 따라 유효적절히 변용될 수 있는 유연하고도 개방적인 구조임이 어느 정도 밝혀진 셈이다. 이러한 특성을 간단히 나타내면 [표 4-4]와 같이 나타낼 수 있다.

〔표 4-4〕 마을굿의 개방적 변이구조들과 그 대표적인 사례들

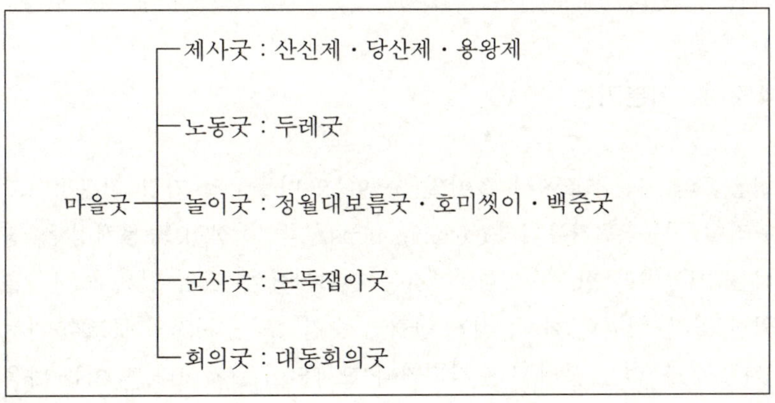

---

25) 신용하는 '동학혁명'이 성공했다면 이 집강소가 마을 주민의 자치적 정치-의결 기구로서 민주주의의 기초 단위로 활용되었을 것이라는 견해를 제시한다(신용하 1993 : 253-262).

4.2. 마을굿의 기능

앞에서 규정한 바와 같이, '기능'은 '구조'와 밀접한 관련이 있다. 구조에서 기능이 나오고, 구조는 기능을 작동시키는 틀이 된다. 기능과 구조는 동전의 양면과 같이 한 실체의 다른 양면이라 할 수 있다(Wellek and Warren 1987 : 34-48). 예컨대, '모자'라는 '구조'는 햇볕을 가려주고, 머리를 따뜻하게 해주고, 아름답게 보이도록 하는 '기능'을 한다. 이때, 모자의 그러한 '구조'가 모자의 그러한 '기능'을 작동시키는 것이고, 이 두 측면은 '모자'라고 하는 한 실체의 다른 양면인 것이다.

마찬가지로, 마을굿의 '기능'도 마을굿의 '구조'로부터 나온다. 그런데 앞에서 이미 전북지역 마을굿이 하나의 '기본구조'와 다섯 가지의 '변이구조'를 가지고 있음을 확인했다. 따라서 전북지역 마을굿의 '기본구조'로부터 그 기본구조에 상응하는 '기본기능'을 끌어낼 수가 있으며, 다섯 가지의 '변이구조'로부터 적어도 다섯 가지 이상의 마을굿 '변이기능'을 끌어낼 수 있다.

4.2.1. 기본기능

마을굿의 기본구조에서 끌어낼 수 있는, 마을굿의 가장 기본적이고 근원적인 기능은 '커뮤니타스(communitas)' 즉 '이상적 공동체성'을 형성하는 기능이라 할 수 있다. 이것은 행위자에게 거의 언제나 시간을 초월한 조건, 영원한 현재, '시간 안팎의 순간' 또는 '시간의 구조적 관점을 적용할 수 없는 상태'로 생각되거나 묘사되어온 것이다.[26] 이는 마을

26) '커뮤니타스'란 터너의 용어로, '일상적 삶의 요구에서 자유로워지고 모든 사람들이 하나로 느끼며, 사회적 차이가 한꺼번에 지워지는 현상'을 말한다. 터너는 종교의식에서처럼 공식적이고 강요된 '규범적 커뮤니타스', 집단 속에서 다른 사람들을 위한 따뜻함이 진실되게 흘러나오는 '자발적 커뮤니타스', 그리고 이상적 공동체의 '이상적 커뮤니타스'로 나누었다(Victor Turner 1996 : 79-83).

굿이 신과 인간 사이, 자연과 인간 사이, 인간과 인간 사이의 관계에서 발생하거나 발생할 수 있는 갈등과 문제를 제거하여, 한 마을 공동체를 조화로운 '이상적 공동체'로 결속시켜주는 기능을 하기 때문이다.

이러한 기능이 수행될 수 있는 것은, 마을굿을 공연할 때 어떤 공동체가 '이도 저도 아닌(betwixt and between)' 사회적 범주 또는 정체성 속에 있게 되므로 가능해진다. 이와 같은 마을굿의 '전이적(liminal)' 과정에서는 연령·성별·계급과 같은 차별적 요소가 한꺼번에 사라지고, 그럼으로써 마을 공동체의 집단적 '동질성'과 '정체성', 그리고 마을 공동체의 일원으로서 가지는 '결속감'이 형성된다.

마을굿 '기본구조'의 핵심 기능은, 바로 이러한 마을 공동체 구성원들 사이의 집단적 동질성과 결속감을 확인하고 확보하면서, 그들이 '이상적 공동체성'을 지향하는 삶을 영위해 나가도록 하는 것이다. 이것은 마을 공동체 집단이 그 내적인 변화에 대처하고, 외부의 환경에 적응해가는 사회적 과정의 가장 중요한 국면이라 할 수 있다.

4.2.2. 변이기능

전북지역 마을굿은 앞에서 논의한 바와 같이 제사굿·노동굿·놀이굿·군사굿·회의굿이라는 다섯 가지의 변이구조로 이루어져 있다. 각 변이구조들은 그것들이 사회적, 문화적, 역사적 맥락 속에서 실제로 작동될 때 맡는 주요 기능들도 각기 달리 나타난다.

각 변이구조들의 가장 핵심 기능을 보면, '제사굿'은 신-자연-인간공동체 사이의 조화로운 관계를 이룩해내는 것이, '노동굿'은 마을 공동체의 생존을 위한 경제적 토대를 확보하는 것이, '놀이굿'은 일상 생활의 여러 가지 제약에서 오는 고통과 긴장을 해소하는 것이 가장 중요한 기능이고, '회의굿'은 마을 공동체가 당면하는 각종 현실적인 문제들을 자치 민주적인 방식으로 해결하는 것이 주요 기능이며, '군사굿'은 마을 공동체를 외부의 침략으로부터 보호하는 것이 주요 기능이다.

여기서, 다시 한번 '굿'이란 용어에 주목할 필요가 있다. '굿'이란 단순히 제의적 행위만이 아니라, 인간의 삶을 저해하는 온갖 위협적 요소들을 물리치고 문제를 해결하여, 신과 자연과 인간이 서로 조화로운 관계를 맺음으로써 평안하고 행복한 삶을 살아가기 위한 일련의 모든 인간적 행위, 곧 커뮤니타스를 향해 나아가는 일련의 모든 공연 행위다.

이렇게 볼 때, 마을 주민이 공동으로 수행하는 마을굿의 변이구조들인 제사굿·노동굿·놀이굿·회의굿·군사굿 등은 넓은 의미에서 모두 '굿'이다. 이러한 마을굿들의 주요 기능들을 변이구조별로 좀 더 자세히 살펴보면 다음과 같다.

4.2.2.1. 제사굿 : 신-자연-인간 사이의 조화로운 관계 수립

전북지역 마을굿은 우선 가장 근본적으로 공동체의 삶이 이루어지는 조건, 즉 마을 공동체 생존의 기본 조건을 '신'과 '자연'과 '마을 공동체'의 관계로 파악하는 데서 성립한다. 여기서, '신'은 '자연' 뒤에 두루 편재하는 초월적 존재이고, '자연'은 '신'과 '마을 공동체'를 연결하는 '매개자'이자 인간이 직접적으로 육체를 맞대고 살아야만 하는 존재의 '집'이며, '마을 공동체'는 그 '자연'을 통해서 '신'과 원활한 접촉 '관계'를 수립하고 유지해야만 하는 집단적이고 사회적인 존재다.

예컨대, 전북 서부 평야지역 마을굿의 제당인 '당산'의 경우, 마을 동구에 서 있는 거대한 느티나무인 경우가 가장 많고, 이것을 '당산나무'라고 하는데, 각 마을 공동체는 이 당산나무를 통해서 마을을 지켜주는 수호신인 당산신과의 조화로운 관계를 수립한다. 그래서 이 당산나무는 그 마을 공동체가 '신'과 접촉하여 어떤 조화로운 관계를 맺게 하는 자연의 '매개자'가 된다.

또한 이 당산나무는 분리된 신성한 '하늘'과 세속의 '땅'을 연결하는 통로로서, 마을 공동체 주민들이 살아가는 시공간을 하나의 통일된 '우

[사진 4-7] 정읍 칠보면 백암리 당산굿-마을 뒤편 할머니 당산 나무

주'로 만들어주는 신성한 매개자인 신성한 나무[神木], 곧 '우주목 (cosmos tree)'(김열규 1985 : 41-54)이며, 이렇게 통일된 신성한 우주를 확보하기 위한 마을 공동체의 가장 근원적인 공연 행위가 바로 마을 '제사굿'이다. 이러한 관계들을 그림으로 나타내면 [그림 4-3]과 같다.27)

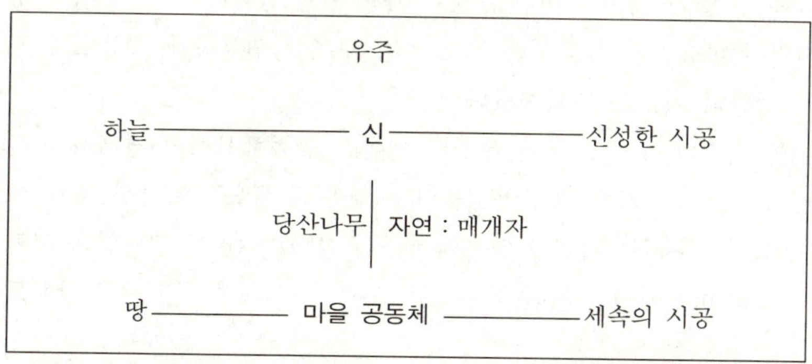

[그림 4-3] 마을굿에서 신·자연·마을 공동체의 관계

마을 제사굿은 바로 이러한 신·자연·인간 사이의 조화로운 상호관계를 위한 마을 공동체의 공연 행위이며, 이러한 기능을 맡는 마을굿이 정초에 행해지는 '산신제', '당산제', '용왕제'와 같은 '제사굿'이다.

그러나, 좀 더 자세히 보면, 앞서 '변이구조' 항에서 자세히 설명한 바와 같이, 마을 제사굿뿐만 아니라 노동굿·놀이굿·회의굿·군사굿들도 모두 굿의 시작 부분에서 반드시 마을 제당으로 먼저 가서 간단하게나마 제사 의식을 올린 다음에 이루어진다는 점에서, 이러한 기능은 그만큼 마을굿에서 가장 근본적인 기능이라 할 수 있다.

4.2.2.2. 노동굿 : 마을 공동체 삶의 경제적 토대 확보

마을굿은 마을 공동체의 경제적인 삶을 영위해 나가는 공동노동의 구조로 활용됨으로써, 마을 공동체 삶의 경제적 토대를 확보해주는 기능을 한다. 이런 기능을 하는 것이 바로 마을 '노동굿'이며, 서부 평야지역의 대표적인 노동굿이 '두레굿'이다.

'두레굿'은 마을 공동체가 그 공동체의 경제적 토대인 식량 생산을 위해서 마을 구성원들이 공동으로 하는 경제적 생산활동을 근간으로 이루어진다. 전북의 전통 농촌사회의 공동체적인 경제적 생산구조는 이 '두레굿'을 제외하고는 이런 기능을 수행하는 더 중요한 행위 틀을 달리 찾아볼 수 없기 때문에 이런 주장이 가능하다. 전북지역, 특히 서부 평야지역의 마을들은 마을굿의 이 노동적 구조를 활용해서 공동으로 경제적 생산의 기초를 만들어왔다.

이와 비슷한 구실을 해온 우리의 전통적 공동체사회의 경제적 생산 행위 구조로서, '황두', '품앗이', '울력'과 같은 공동노동 조직을 들 수 있다. 그러나 '황두'는 청천강 하류지역을 중심으로 한 서북부 일대 건갈이 지역의 마을에서 조직된 공동노동 조직이고, '울력'이란 주로 강원도

---

27) '신-자연-마을 공동체' 관계의 도식은 무당을 표상하는 한자어 '巫'와 흡사하다. 근본적으로는 마을굿도 무당굿의 사고의 틀과 궤를 같이한다고 하겠다.

일대에 널리 보급된 공동노동 상호부조 조직이며, '품앗이'란 마을 전체가 공동으로 하는 공동노동 조직이 아니라 각 집과 집 사이에서 맺어지는 노동 계약 관계이기 때문에, 우리나라 서남부 평야지역 마을 공동체 전체의 공동노동 조직인 전북지역의 '두레'와는 여러 면에서 다르다(김익두 1998b : 327-329). 마을 노동굿인 두레굿이 구체적으로 어떻게 이루어지고 공연되는가 하는 것은 앞에서 자세히 논의하였으므로, 여기서는 거듭하지 않는다.

4.2.2.3. 놀이굿 : 일상 생활의 고통과 긴장의 해소

전북지역 마을굿은 일상생활의 고통과 긴장에서 마을 공동체의 삶을 해방하고 갈등을 해소하는 기능을 하는데, 그것을 주로 맡는 것이 마을 '놀이굿'이다. 여기서 '놀이굿'이란 마을 공동체 구성원들이 일상 생활의 고통과 긴장으로부터 벗어나기 위해 마을 공동으로 일정한 시기에 행하는 일련의 놀이 행위를 말한다. '놀이'란 인간이 진지한 행위의 고통에서 벗어나기 위해, 사회문화적 제약으로부터 벗어난 일시적 세계 속에서 일정한 '규칙'을 적용하여 노는 것이다(Huizinga 1993 : 24).

전북지역 마을 공동체 놀이굿은, 앞의 '기본구조와 변이구조'(4.1.1., 4.1.2.)에서 살펴본 바와 같이, 정초의 '제사굿'과 혼합되어 벌어지거나 정월 대보름 놀이굿으로 벌어지는 경우와, 여름철 농번기가 끝나는 칠월 보름의 '백중굿'으로 벌어지는 경우가 가장 대표적이다. 정초의 '놀이굿'이 제의적 성격을 강하게 띠는 제의적인 '놀이굿'이라면, 여름 농번기가 끝난 칠월 백중 무렵의 '놀이굿'은 그런 제의적 진지성에서 해방된 '놀이굿'이라는 점에서, 좀 더 개방적이고 세속적인 활기를 띠는 인간적인 놀이굿이다.

예컨대, 정월 대보름 무렵에 주로 하는 '줄다리기'는 마을 주민들의 즐거운 놀이인 동시에, 마을의 풍요를 기원하는 제의적 성격이 강하기 때문에, '줄'에 대한 각종 금기와 일정한 제의적 규제 아래 이루어진다.

124

이에 견주어 여름철 농번기가 끝나는 칠월 백중 무렵에 벌어지는 '백중 놀이굿'은 그런 제의적 제약이 거의 없이 마을 잔치의 성격이 강하게 드러난다. 백중 무렵에 노는 '장원질놀이'는 대표적인 예다.

전북지역 마을굿의 '놀이굿'은 마을 '풍물굿'과 '줄다리기'라는 연행 요소를 통해서 구체적이고 분명하게 나타난다. 전북지역 마을 '놀이굿'의 기능은 마을 '풍물굿'과 '줄다리기'에서 가장 집약적으로 구현된다.

풍물굿으로 하는 마을 놀이굿은 풍물패가 마을 제당으로 가서 간단한 제의를 올린 다음, 마을 사람들을 이끌고 마을 광장으로 가서, 거기서 술과 음식을 나눠 먹으면서 각종 풍물굿의 공연 레퍼토리와 공연원리들을 동원하여 노는 과정으로 이루어진다. 이 놀이굿은 마을 사람들의 놀이적 욕망과 신명을 불러일으킴으로써 마침내는 '청관중의 공연자화'(김익두 1995 : 110-116)를 실현한다.

마을 광장에 모인 마을 사람들은 처음에는 풍물패의 공연을 관망하지만, 풍물굿의 반복적, 순환적, 축적적인 리듬이 고조되면서 점차 풍물굿의 리듬에 동화하다가, 결국에는 굿판 안으로 들어가 '공연자'가 되고, 풍물패는 오히려 굿판 밖에서 이들의 공연을 보조하는 반주자의 구실로 뒤바뀜으로써, 놀이굿의 최종 목적인 '청관중의 공연자화'가 실현된다.

'줄다리기'도 줄다리기 놀이 규칙으로 재편성된 뒤, 마을 사람들이 일상적인 관습·도덕·윤리의 규범과 질서와 긴장으로부터 해방되어 놀이를 즐김으로써, 마을 공동의 '놀이굿' 기능을 효과적으로 수행한다. 여기에서도 풍물굿이 중요한 공연 요소로서 그 구실을 하는 것은 물론이다. '줄다리기' 놀이도 마을 풍물패의 풍물굿 공연에 따라 줄다리기 놀이의 놀이적 흥분과 신명이 한껏 상승하여, 일종의 집단적 '엑스터시'와 '흐름(flow)'[28]을 구축하게 된다.

---

28) 여기서 '흐름(flow)'이란, 우리가 총체적 관계로 행동할 때 나타나는 총체감을 의미하며, 그 속에서 우리 쪽의 어떤 의식적인 간섭도 필요로 하지 않는 것 같은 어떤 통합적 논리에 따라 행동이 행동에 이어지는 상태다. 이것을 우리는

4.2.2.4. 회의굿 : 마을 공동체 당면 문제들의 민주적 해결

마을굿은 마을 공동체가 현실적으로 당면한 여러 가지 문제들을 민주적인 방식으로 해결하는 데도 활용되며, 이러한 기능을 맡아 수행하는 마을굿의 변이구조가 '회의굿'이다. 이 '회의굿'으로서 마을굿은 마을 공동체가 당면한 공동의 문제들을 민주적인 방식으로 해결하는, 한 마을의 가장 대표적인 의사결정기구로 기능한다.

이 '회의굿'은 일반적으로는 한 해가 마무리되는 시기인 연말에 주로 이루어지며, 그 밖에도 연초의 '제사굿'을 전후한 시기와 여름 농번기를 전후한 시기에도 행해진다. 마을 공동체의 중대한 사안들이나 문제들을 논의하고 민주적으로 해결하는 대표적인 의사결정기구라는 점에서, 이것은 빅터 터너가 말한 '사회극(social drama)'의 '교정 단계'에 해당하는 구실을 하는 마을 공동체의 '교정기구(redressive machinery)'인 셈이다.

빅터 터너에 따르면, 마을 단위부터 국가 단위까지, 모든 공동체사회 단위에는 사회극이 존재하게 마련이다. '사회극'이란 어떤 사회공동체의 삶에 중요한 계기를 형성하는 극적인 사건의 전개를 가리키는 용어다.29) 이 사회극은 '위반'-'위기'-'교정'-'재통합' 또는 '분리'라는 4단계 구조로 이루어진다(Victor Turner 1996 : 15-18). 즉, 어떤 공동체 안의 규범이나 규칙을 무너뜨리는 '위반(breach)'으로부터 시작해서, 그것으로 말미암아 그 사회 안에 문제가 발생하는 '위기(crisis)'를 거쳐, 그 위기를 극복하고 해결하기 위한 해결책을 강구하는 '교정(redress)' 단계를

한 순간에서 다음 순간으로 흐르는 어떤 통합된 흐름으로 체험하며, 그 속에서는 자아와 환경, 자극과 반응, 과거와 현재와 미래 사이의 차이점도 거의 없어진다(Victor Turner 1996 : 93).

29) 빅터 터너의 '사회극'은 실제 현실사회의 공동체 단위에서 갈등이 드러나는 국면을 '드라마'에 비유한 용어로, '미학극(aesthetic drama)'과 대비를 이루는 개념이다(Victor Turner 1996 : 13). 그래서 터너의 '사회극' 개념은, 일반적인 서양연극사에서 말하는 '사회극' 즉 인간을 그가 속한 사회적 환경이나 사회문제와의 관계에서 포착한 극이라는 의미의 사회극 개념과 차이가 있으며, 서구 연극사에서 말하는 '사회극'은 터너의 개념으로 보면 '미학극'에 포함된다.

지나, 그 교정을 통해 문제가 해결되는 '재통합(reintegration)'이나 문제를 해결하지 못하고 그 공동체가 서로 다른 공동체로 나누어지는 '분리(separation)'로 끝난다.

이런 시각에서 보면, 마을 '회의굿'은 바로 전북지역의 전통적 농어촌 공동체 마을사회가 당면하는 사회적인 문제를 해결하는 가장 중요한 '교정기구'다. 왜냐하면, 한 마을의 공동 문제가 발생하면 그 공동체에서는 일차적으로 항상 마을 대동회의의 대동 '회의굿'을 통해서 그러한 문제들을 공동으로 해결해 나가기 때문이다.

'굿'이 신과 자연과 인간 삼자 사이에 발생했거나, 발생할 수 있는 갈등을 해결하기 위한 공연 행위라고 할 때, 지금까지 논의해온 전북지역 마을굿의 다섯 가지 변이형 양식은 모두 문제 해결의 기능을 갖고 있다. '제사굿'으로서 마을굿의 기능이 신과 인간, 자연과 인간 사이의 문제를 해결하는 데 초점이 놓여 있다면, '노동굿'으로서 마을굿은 자연과 인간, 인간과 인간 사이의 문제를, '놀이굿'과 '군사굿' 및 '회의굿'은 인간과 인간 사이의 문제를 해결하는 데 초점이 있다. 마을 공동체 문제를 자치적으로 의결하는 기구로서 마을 회의굿의 이 기능은, 회의굿 구조를 활용한 '마당극' 양식으로 재창조되어 오늘날까지 이어지고 있다.

4.2.2.5. 군사굿 : 외침으로부터 마을 공동체 보호

마을굿은 마을 공동체를 외부의 침략으로부터 보호하는 기능을 하며, 이 기능을 담당하는 마을굿 양식이 바로 '군사굿'으로서 행하는 마을굿이다. 그러나, 오늘날 남아 있는 마을굿은 실제로 이런 기능을 담당하고 있지는 않다. 마을굿이 놓이는 구체적인 사회-문화적 콘텍스트가 달라졌기 때문이다. 마을 단위의 방어력이 상위 조직에 통합되고, 마을의 공동체를 방어하는 데는 마을 단위의 굿이 작동하지 않아도 된 것이다. 하지만, 이 마을굿의 집단적 공연 구조가 유사시에는 바로 군사적 구조로 활용되었다는 증거들을 마을굿 자체 및 이와 관련된 기록들을 통해서 분명히 찾을 수 있다.

우선, 전북지역 마을굿의 주요 근간을 이루는 마을 '풍물굿'의 구성 내용을 보면, 크게 '앞굿'과 '뒷굿'으로 나눌 수 있는데, '앞굿'은 주로 군대의 진법인 '진풀이' 과정과 점호법[30]을 보여주고, '뒷굿'은 군대의 '아군'과 '적군'의 싸움 및 '아군'의 승리 과정을 연극적으로 연출한 것[31]이라는 점에서, 전북지역 마을굿은 군사굿의 성격을 분명하게 보여준다.

마을 군사굿과 관련된 기록들로는 멀리 삼국시대까지 거슬러 올라간다. 고구려에서는 고적(鼓笛)이 있어서 군대의 신호로 사용하였고, 고각(鼓角) 소리를 들으면 일제히 나가서 분격하도록 했다는 기록, 고각을 불고 기치를 들게 하니 모든 군사가 북 치고 고함을 지르며 일제히 진군했다는 기록,[32] 백제의 요고(腰鼓)가 각(角)과 함께 군대의 신호용으로 사용된 것이라는 연구(송방송 1985 : 185), 그리고 전남 해남군 황산면 출신의 박정규가 마을 종쇠인 김수영에게 전해준 풍물굿과 관련된 필사본《진법군고(陣法軍鼓)》에는 '사전놀이'/'앞놀이'를 시작으로 '군례(軍禮)', '장진(長陣)놀이', '원진(圓陣)놀이', '을자진(乙字陣)풀이', '지자진(之字陣)놀이', '태극진(太極陣)놀이', '포적(捕賊)놀이'(도둑잽이놀이), '청령(聽令)'[33], '군정(軍丁)놀이'(승전축하놀이), '종연하례(終演賀禮)굿'으로 되어 있다는 점(정병호 1986 : 29, 황도훈 1991 : 64-88) 등도 군사굿으로서 마을굿의 증거를 잘 보여주는 자료들이다.

---

30) '앞굿'의 진풀이에서 진(陣)의 종류로는 '일자진', '이자진', '고동진', '쌍방울진'/'팔자진', '오방진' 등이 있고, 군대의 '점호' 방법과 관련된 것으로는 '호호굿'이 있다.

31) 그 예로 '뒷굿'의 '일광놀이'와 '도둑잽이굿'이 있다(홍현식 외 1967 : 48-56).

32) 고각이 군대의 신호용으로 쓰인 예는 김부식의《삼국사기》〈고구려본기〉제9, 보장왕 상(寶藏王 上)에 나오는 다음과 같은 구절을 통해 확인할 수 있다. "당주(唐主)는 스스로 보기병(步騎兵) 사천 명을 거느리고 고각(鼓角)을 끼고 기치(旗幟)를 눕혀서 산으로 올랐다. 당주가 제군(諸軍)에 명하여 고각의 소리를 들으면 일제히 나가서 분격하도록 했다"(송방송 1985 : 167).

33) 군대에서 상관이 아랫사람에게 명령을 내리고 아랫사람이 그 명령을 행동으로 옮기는 행위.

4.3. 마을굿의 유형

  '유형'이란, 동일한 '구조'가 특정한 콘텍스트에 따라 그 구조의 형태를 달리할 때, 그런 달라진 형태들에서 일련의 공통적 특징들을 지니는 것끼리 모아 하나로 묶은 것을 말한다. 지금까지 살펴본 전북지역의 마을굿들은 다음과 같이 몇 가지의 유형으로 나누어 볼 수 있다. 먼저, 신내림의 유무에 따라 '임재형(臨在型)' 마을굿과 '내림형' 마을굿으로 나눌 수 있다. 즉, 신이 항상 제당에 임재(臨在)하고 신내림의 절차가 없는 경우와, 마을굿을 할 때에 마을 수호신을 강림(降臨)시키는 신내림의 절차가 마을굿 안에 구조화되어 있는 경우가 있다. 또 그 마을굿을 수행하는 범위가 한 마을이냐 아니면 그 이상이냐에 따라 '단일형' 마을굿과 '확장형' 마을굿으로 구분할 수 있고, 그것을 수행하는 사람들의 성별에 따라 '여성형'과 '남성형' 및 '양성형'으로 구분할 수 있으며, 지역적 특성에 따라 '산간형', '평야형', '도서형' 마을굿으로 나눌 수 있다. 이상의 각 유형들을 차례로 검토해본다.

4.3.1. '임재형'과 '내림형'

  전북지역 마을굿은 우선 신내림에 대한 태도에 따라, 제당에 항상 신이 내려 있다고 여겨 마을굿의 공연 과정에서 따로 신내림 절차를 밟지 않는 유형인 '임재형' 마을굿과, 따로 일정한 절차를 거쳐 불러야 신이 강림한다고 여겨 마을굿을 공연할 때마다 일정한 '신내림' 절차를 행하는 '내림형' 마을굿으로 구분할 수 있다.

  굿의 일반적 구조를 '강신(降神)-오신(娛神)/신유(神遊)-송신(送神)'의 틀로 볼 때, 마을굿을 할 때마다 '신대잡이'가 신이 하강할 통로인 '신대[神竿]'를 마련하여 이 신대에 신을 내리게 한 뒤에 마을굿을 진행하는 것이 '내림형' 마을굿이고, 신내림 과정이 없이 바로 신에게 제사를 지내고 축원하는 것이 '임재형' 마을굿이다. '내림형' 마을굿이 신을 받아 신체(神體)를 이동시켜 하는 굿이라면, '임재형' 마을굿은 신체가 고정된 굿이라 할 수 있다. 이 가운데서 전북지역의 거의 모든 마을굿은 '임재형' 마을굿에 속한다.

4.3.1.1. 임재형

전북지역 마을굿은 거의 대부분이 '임재형'이다. 이러한 전통은 역사적으로 멀리는 이 지역의 부족국가인 마한의 '소도(蘇塗)'에까지 거슬러 올라갈 수 있다. 소도는 오늘날의 '솟대'와 상통하는 말로 마을에 세운 신간(神竿), 즉 신이 내리는 통로로서, 오늘날 전북의 각 마을에 널리 분포하는 '당산나무'나 '솟대', 그리고 심지어 점복을 업으로 삼는 무당들의 소재를 표시하는 깃발을 꽂은 '신대' 등도 모두 다 이런 전통과 연결되어 있다고 하겠다.

그러나, 같은 임재형 마을굿이라 하더라도, 마을신이 일상적인 시간에도 마을굿 제당(나무·바위·당집 등)에 머문다고 보는지, 아니면 마을굿을 하는 동안만 거기에 머문다고 보는지는 분명하지 않다.

전북 마을굿의 특징이 '임재형'인 것은 전북이 '강신무(降神巫)' 전승지역이 아니라 '세습무(世襲巫)' 전승지역이라는 사실과 관련이 있는 것으로 보인다. 강신무 무당굿에서는 반드시 신을 내리는 '내림굿'이라는 강신 절차를 필요로 하지만, 세습무의 무당굿에서는 강신 절차와 과정이 '대내림'이나 '신내림'이라는 별도의 절차에 따라 이루어지지 않고, 이미 신대나 신좌(神座)에 신이 내려와 있다고 보고, 이미 내려와 있는 신에 대한 '인사'로 강신 절차를 대신한다. 이런 전통과 관습의 지배를 받아, 세습무 전승지역인 이 지역의 마을굿도 그와 동일한 강신 절차와 방법을 취하는 것으로 보인다.

그러다 보니, 전북지역의 마을굿에서는, 앞 장에서 여러 사례를 통해 자세히 살펴본 바와 같이, 신을 보내는 '송신(送神)' 과정과 절차도 따로 마련되어 있지 않다. 그것은 마을굿을 할 때마다 신을 제당으로 모셔오는 것이 아니라, 신이 항상 제당에 강림해 있다고 보기 때문이다.

그러나, 전북지역과 같이 세습무 분포지역임에도 영남지역 마을굿에서는, 풍물패가 서낭대를 조립하여 신내림을 하거나, '산주(山主)' 또는 무녀가 신내림을 하여 마을 수호신인 '서낭신'을 강신시킨 뒤에, 그 신에게 축원하고, 지신밟기를 한 다음, 다시 제당으로 가서 '송신'하는 절차로 마을굿이 이루어지는 경우를 볼 수 있다(박진태 외 1996 : 6-7). 영남지역에서는 무당굿을 할 때도 이와 같은 절차를 밟으니, '별신굿'이나 '오구굿'을 할 때도 항상 먼저 '골맥이서낭'을 모시는 '대내림'을 한 뒤에 본굿을 시작한다. '하회별신굿'도 현재는 탈과 탈놀이만 전승되고 있으나, 원래는 '굿'의 맥락에서 음력 정월 초이튿날 아침에 '산주'와 탈놀이 '광대'들이 서낭당에 가서 제수를 차려놓고 '서낭대'와 '내림대'를 세우고, 서낭신의 '내림'을 받는 절차로부터 시작했고, 굿을 마무리한 다음에는 송신 절차가 뒤따랐다(이두현 1996 : 386).

전북지역 마을굿에서는, 일반적으로 풍물패가 중심이 되어 풍물을 울리며, 마을 제당으로 가서 제물을 진설하고, 신내림의 절차 없이 바로 축원을 하며, 축원이 끝나면 풍물패가 마을과 집집을 돌며 지신밟기를 하고, 마을 대동 마당으로 가서 판굿을 벌이거나, 일터로 나가 일을 하거나, 마을회관으로 가서 대동회의를 하거나, 마을 수호를 위한 일련의 군사굿을 벌인 다음에 굿을 마치지만, 거기에 강신과 송신의 절차가 따로 마련되어 있는 것은 없다. 이런 면에서, 전북지역의 마을굿은 거의 모두가 '임재형' 마을굿이다.

4.3.1.2. 내림형

'내림형' 마을굿은 전북지역에서는 찾아보기 어렵다. 이러한 유형의 마을굿은 개인적으로 하는 점쟁이나 강신무들의 굿에서 찾아볼 수 있지만, 마을 공동의 대동굿에서는 분명하게 드러나지 않는다.

그러나, 이런 '신내림' 현상 자체가 마을굿에 전혀 나타나지 않는 것은 아니다. 예컨대, 서해 도서지역인 고군산열도(古群山列島)의 야미도와 말도의 경우, 마을굿의 제관을 뽑을 때 신내림 절차를 거치기도 했다. 마을 사람이 '신대'를 잡아 산신이 그 신대에 내려 실리게 한 다음, 신대에 내린 산신에게 아무개가 제관으로 어떤지를 물어서 신대가 흔들리며 일어서면 좋다는 뜻이고 쓰러지면 나쁘다는 뜻으로 해석하여 제관을 뽑는 방식이다(서홍관 1985 : 76). 그러나 이러한 신내림 방식은 제관 선출절차로 한정되어 있고, 그것도 전북 서해 도서지역의 아주 일부 지역 마을굿에 국한되어 있을 뿐, 전북지역 마을굿 전체에 걸쳐서 지배적으로 나타나는 현상은 아니므로, '내림형' 마을굿을 전북지역 마을굿의 일반적인 유형으로 간주할 수는 없다.[34]

4.3.2. '단일형'과 '확장형'

전북지역 마을굿은 그것을 수행하는 마을의 범위에 따라 한 개의 마을 안에서 이루어지는 '단일형'과, 여러 마을이 공동으로 수행하는 '확장형'으로 구분할 수 있다. 이 두 유형 가운데서 전북지역 마을굿은 거의 대부분이 '단일형'에 속하지만, 비교적 들이 넓은 지역에서는 '확장형' 마을굿도 상당수 나타나고 있어서, 다른 지역의 마을굿과 비교연구하거나 공동으로 마을굿을 행하는 여러 마을들의 상호관계에 주목할 필요가 있다. 이러한 '확장형' 마을굿 유형은 이 지역의 원시부족국가 시대에 존재했던 마한(馬韓) 54개 소국들과 그들의 연맹국가인 마한에까지 그 역사를 거슬러 올라갈 수 있을 것이다.

---

34) 전남 영광군 안마도나 완도군 완도읍 장좌리를 비롯한 전북 인접 지역에서 내림형 마을굿이 나타나기도 하지만(표인주 1996 : 109-129), 전남에서도 역시 내림형 마을굿이 지배적인 유형은 아니다.

4.3.2.1. '단일형'

앞에서 논의한 바와 같이, '단일형' 마을굿은 한 마을을 단위로 행해지는 마을굿 유형을 말한다. 마을굿은 '우리 마을'이라는 경계의식의 기반 위에서 마을 공동체의 결속을 다지는 양식이므로, 하나의 자연마을 공동체는 마을굿을 성립시키는 기본 단위가 된다. 대부분의 마을굿이 이 '단일형'에 속하고, 앞에서 여러 사례들을 통해 구체적인 내용과 과정을 논의하고 정리했으므로, 여기서 다시 되풀이하지 않는다.

4.3.2.2. 확장형

'확장형' 마을굿이란 한 마을 단위를 넘어서 둘 이상의 마을 주민들이 연합하여 '합굿' 형식으로 수행하는 연합 대동 마을굿을 말한다. 예를 들어, 장수읍 노하리 노하마을을 중심으로 이루어지는 '깃절놀이',[35] 남원시 아영면 일대의 칠월 백중놀이 합굿, 전주시 평화동 여섯 개 마을 주민들이 공동으로 벌이는 '기접(旗接)놀이',[36] 익산시 금마면 열두 개 마을과 익산시 왕궁면의 열두 개 마을이 하는 '기세배', 익산시 함라면 함열리 (옛 함열읍)의 '기뺏기놀이',[37] 고창군 고창읍 다섯 개 마을의 연합굿인 '오거리 당산제' 등은 이 확장형 마을굿의 대표적인 예들이다.

이 마을굿 유형은 두레노동이 성행한, 들이 넓은 지역에서 주로 발달한 점도 고려할 만한 특징이다. 동부 산간지역에서도 이러한 유형의 마을굿이 일부 발견되지만, 그런 경우에도 비교적 들이 넓은 지역에서만

---

35) '깃절놀이'라는 명칭은 이 연합 마을굿에 참여하는 마을들이 각 마을을 표시하는 마을기들을 앞세워 그 기들을 숙이는 절차, 즉 '깃절'을 행하는 놀이라는 뜻으로 붙은 이름이다.

36) 각 마을을 상징하는 마을기들을 서로 접촉시켜 인사를 하는 놀이라는 의미에서 '기접(旗接)놀이'라 한다.

37) '기뺏기놀이'는 각 마을의 관계를 원활하게 맺기 위해 서로 힘으로 경쟁하여, 마을기를 쟁취하는 능력과 순서에 따라 각 마을들에 형제 서열로 순서가 매겨지고, 형 마을에서부터 차례로 '기인사'를 받는 식의 연합 마을굿이라는 뜻에서 붙은 명칭이다.

이 유형이 나타나며 마을들이 따로따로 고립된 산촌 지역에서는 나타나지 않는다. 이 유형의 마을굿은 여러 마을들이 공동으로 하나의 생활의 '장(場)'을 이루어야만 가능한 것이므로, 자연지리적 조건으로 볼 때 마을들이 멀리 떨어져서 존재하는 산간형의 취락 조건과 마을 형태에서는 불가능하였을 것으로 생각된다.

이 '확장형' 마을굿들의 확장 방식을 검토하면 두 가지 서로 다른 방식이 확인된다. ① 하나는, 각 마을에서 먼저 제사굿을 벌인 다음, 한 마을에서부터 시작하여 차례대로 다음 마을로 이동해가면서, 순차적, 점층적으로 확장하다가, 최종 마을에 이르는 방식이고, ② 다른 하나는 각 마을이 먼저 각각 자기 마을의 제사굿을 행한 다음에, 다시 일정한 장소에 모두 함께 모여 '합굿'을 벌이는 방식이다. ①의 방식은 한 마을에서부터 계속해서 제사굿의 규모를 점차 확장해 가는 방식을 취하므로 '연쇄-축적형'이라 할 수 있고, ②의 방식은 일차적으로 각 마을 단위의 마을 제사굿을 벌인 다음에 여러 마을들이 함께 모여 합굿을 한다는 점에서 '이중-연합형'이라 부를 수 있다. ①의 대표적인 사례는 익산시 금마면과 익산시 왕궁면의 '기세배'이고,38) ②의 대표적인 사례는 고창군 고창읍 '오거리 당산제'다.

① 연쇄-축적형

이 유형은 인접한 여러 마을의 마을기들이 풍물을 울리면서 맨 막내 동생 마을부터 출발하여 차례로 바로 윗형 마을을 찾아가 한 곳에 모인

---

38) 한편, 전남 영광군 안마도에서도 이러한 '연합굿'의 양상을 찾아볼 수 있다고 한다. 안마도의 당제는 신기·월촌·곰몰·등몰 등 네 개 마을이 함께하는 '확장형' 마을굿인데, 먼저 '신대[神竿]'에 신내림을 받은 뒤에, 각 마을에 흩어져 있는 여섯 군데의 제당을 제관들(제주 4명, 신대잡이 8명을 선정하는데, 이 신대잡이는 4개 마을에서 각각 1~2명을 선정)이 돌면서 이 신격(神格)을 이동시키며 제사굿을 행해 나가다가, 어느 마지막 마을에서 통합하는 방식으로 확장해 간다 (표인주 1996 : 109-129).

134

다음, 풍물굿과 기세배와 기놀음 등을 즐기며 이웃 마을들과 우애와 단결을 도모하면서, 한 해 풍년을 기원하는 연합 마을굿이다. 어느 한 마을에서 출발하여 다음 마을을 거치면서 점점 확장해 나가다가, '맏형 마을' 또는 '선생 마을'에 이르러 최종적으로 모든 마을들이 모여서 연합굿을 하는 방식이다. 그러므로, 이러한 연합 마을굿 방식을 '연쇄-축적형'이라 할 수 있다.

'연쇄-축적형' 마을굿의 대표적인 예가 '익산 기세배'다. 익산시 금마면 일대의 열두 개 마을이 연합하여 행하는 연합 마을굿인 금마면 기세배의 공연 과정을 행위소별로 정리하면 다음과 같다.

① 음력 정월 보름날에 있을 '기세배' 행사 경비 조달을 위해 '기세배'에 참가할 마을마다 그 마을 풍물패가 정월 초사흗날 집집을 돌며 '마당밟이' 걸립을 한다.

② '기세배'를 하는 음력 정월 보름날 새벽 또는 전날 밤, 마을별로 풍물패가 풍물을 울리며 마을 '당산'에 가서 '좌상'을 제주(祭主)로 하여 헌주삼배(獻酒三拜)하는 당산제를 지낸다.

③ 정월 보름날 이른 아침 '기세배'에 참가하는 여덟 개 마을(대장리·옥동·건지리·구정리·서계리·누니·교동·신촌)39)의 마을굿패들40)이 '기세배'에 필요한 준비를 하고 풍물을 울리며 각 마을에 대기한다.

---

39) 양재연의 조사보고에 따르면, 1970년 조사 당시부터 80여 년 전에는 이 여덟 개 마을 외에 '도냇골/도천동', '행촌', '원촌', '황복골/황동' 등 네 개 마을을 포함해 모두 열두 개 마을이 연합하여 금마면 '기세배'를 행했다고 한다(문화재관리국 1971 : 462).

40) 굿패의 구성은 이 지역 두레굿패의 구성과 같다. 굿패의 총지휘자인 '좌상(座上)', 부지휘자인 '공원(公員)', 좌상의 조수격인 '총각좌상'과 조수격인 '총각머슴', 행사의 제반사를 주선하는 '베루', 좌상의 명령을 받들고 영기를 드는 '사령(司令)' 2인, 마을기를 드는 '기받이[旗手]' 2인, 기받이 조수 4인, 남녀아동이 하는 '꽃나비[舞童]' 2인, 무동을 어깨 위에 올려 받치는 '꽃나비받이' 성인 2인, '풍물패'(상쇠, 부쇠 2인, 징잽이, 장구잽이, 북잽이, 소고잽이 3인, 잡색인 뻥덕어미와 곱추) 등.

④ 각 마을의 작은기/'소동기(小童旗)'가 '사정거리'에 모여 막둥이 마을인 신촌으로 대열을 지어 들어간다. 이때 풍물굿은 없다.

⑤ 각 마을의 소동기를 맞이한 신촌 마을 마을굿패는 마을기/큰기를 선두로 하여 꽃나비(무동) 한 쌍이 춤을 추며 묘기를 부리는 가운데 그 뒤로는 풍물패가 풍물을 울리며 마을 구석구석을 돈 다음, 바로 윗형 마을인 향교골(교동)로 간다.[41]

⑥ 대기하고 있던 향교골 마을굿패는 자기 마을로 들어오는 신촌 마을 마을굿패를 맞이하여 신촌 마을 마을굿패와 같은 행진 순서와 방식으로 신촌 마을 마을굿패를 이끌고 풍물을 울리며 마을 구석구석을 돈 다음, 윗형 마을인 누니 마을로 간다.

⑦ 대기하고 있던 누니 마을 마을굿패는 자기 마을로 들어오는 신촌 · 향교골의 마을굿패와 소동기를 맞이하여 그들과 같은 행진 순서와 방식으로 굿패를 이끌고 마을 구석구석을 돈 다음, 이 두 마을 굿패들을 앞에서 이끌며 윗형 마을인 서계리로 향해 함께 풍물을 울리고 '꽃나비'를 놀리며 간다.

⑧ 대기하고 있던 서편(서계)마을 마을굿패는 자기 마을로 들어오는 신촌 · 향교골 · 누니 마을의 마을굿패와 소동기를 맞이하여, 이 세 마을들의 마을굿패와 같은 행진 순서와 방식으로 굿패를 이끌고 마을 구석구석을 돈 다음, 그들을 이끌고 함께 풍물을 울리며 윗형 마을인 구정리로 향해 '꽃나비'를 놀리며 간다.

⑨ 대기하고 있던 구정리 마을굿패는 자기 마을로 들어오는 신촌 · 향교골 · 누니 · 서계리 마을의 마을굿패와 소동기를 맞이한 다음, 이들과 같은 순서와 방식으로 그 마을들의 마을굿패를 앞에서 이끌고 마을 구석구석을 돈 다음, 윗형 마을인 '건지리'로 향해 함께 풍물을 울리고 '꽃나비'를 놀리며 간다.

⑩ 대기하고 있던 건지리 마을굿패는 자기 마을로 들어오는 신촌 · 향교

---

41) 각 마을 마을굿패들이 행진할 때 그 행렬은 선두로부터 마을기 · 소동기 · 영기 · 좌상 · 공원 · 총각좌상 · 총각머슴 · 꽃나비/무동 · 풍물패 순이다.

골·누니·서계리·구정리 마을의 마을굿패와 소동기를 맞이한 다음,
같은 방식으로 이들을 이끌고 마을 구석구석을 돈 다음, 그들을 앞에서
이끌고 윗형 마을인 옥동 마을을 향해 풍물을 울리고 '꽃나비'를 놀리
며 간다.

⑪ 대기하고 있던 옥동 마을 마을굿패는 자기 마을로 들어오는 신촌·향
교골·누니·서계리·구정리·건지리의 마을굿패와 소동기를 맞이한
다음, 같은 방식으로 그들을 앞에서 이끌고 마을 구석구석을 돈 다음,
그들과 함께 윗형 마을인 대장리 마을을 향해 풍물을 울리고 '꽃나비'
를 놀리며 간다.

⑫ 일행은 마침내 맏형 마을 즉 선생 마을인 '대장리'에 도착한다. 여덟 개
마을의 굿패가 모두 모이면 200여 명에 이르며, 이때 "풍물소리는 금마
면이 떠나갈 만치 요란하고 각 마을의 '풍물패'와 '무동'들은 갖가지 묘
기를 다 부린다." 자기 마을에 대기하고 있던 대장리 마을굿패는 자기
마을로 들어오는 신촌·향교골·누니·서계리·구정리·건지리·옥
동 마을의 마을굿패와 소동기를 맞이한 다음, 이들을 앞에서 이끌고 마
을 구석구석을 돈 다음, '기세배'의 장소인 '옥룡천(玉龍川)'의 너른 공
터(현재는 '국대섶'이라는 너른 공터)로 인도해 간다.

⑬ 기세배 장소에 도착한 각 마을의 굿패는 정해진 위치에 자리를 잡고 잠
시 휴식을 취한다. 이때 흥이 남은 굿패는 계속 풍물을 치기도 하며, 가
져온 술과 안주를 먹고 마시는 패들도 있다.

⑭ 한자리에 모여 쉬고 있던 각 마을굿패는 신촌 마을의 풍물소리에 호응
하여 먼저 '소동기'를 보낸다.

⑮ 소동기 부대는 각기 기놀음을 하며 판 안을 한 바퀴 돈 다음, 먼저 맏형
마을인 대장리 마을의 마을기를 맞이하러 그 앞으로 간다.

⑯ 맏형 마을인 대장리 마을의 마을기는 '꽃나비'를 앞세우고 좌상, 공원,
사령, 총각좌상, 총각머슴, 베루, 각 마을 소동기, 풍물패 순서로 나와,
판 안을 한 바퀴 돈 다음, 판의 중앙 동편에 지정된 자리에 좌정하고
마을기를 세운다. 그동안 '꽃나비'는 춤을 추고, '기받이'는 '기놀음'[42]을

하며, 풍물패는 지정된 장소로 가서 흥겹게 풍물을 울린다.

⑰ 맏형 마을인 대장리 마을기를 모셔놓은 소동기 부대는 기놀음 묘기를 부리며 다시 판 안을 한 바퀴 돈 다음, 둘째형 마을인 옥동 마을의 마을기를 맞이하여 다시 판 안으로 나온다. 이때 옥동 마을 굿패도 마을기를 앞세우고 맏형 마을인 대장리 마을 굿패와 같은 순서로 굿패가 판 안에 등장하여 마찬가지의 기놀음과 꽃나비놀음을 하고, 풍물을 울리면서 판을 일주한 다음, 맏형 마을 마을기 옆에 마을기를 세운다. 이 마을 굿패 구성원들의 정위치는 맏형 마을과 같고, '꽃나비'는 맏형 마을의 '꽃나비'와 어울려 춤을 추고, 풍물패는 지정된 자리로 물러가서 풍물을 계속한다.

⑱ 이와 같이 하면서, 그 다음 형 마을인 건지리·구정리·서계리·누니·향교골·신촌 순으로 각 마을의 마을기를 대동하고 앞과 같은 방법으로 일정한 자리에 정렬한다.

⑲ 이에 따라, 판 한가운데서는 점차 불어나는 '꽃나비'들의 '합굿'이 화려함을 더해가고, 풍물소리는 점점 고조되어, 일대 장관을 이룬다.

⑳ 이렇게 해서 모든 마을 굿패의 정렬이 끝나면 휴식을 취한다.

㉑ 잠시 뒤, 맏형 마을인 '대장리' 마을 좌상이 "기세배요!"라고 외치면, 맏형 마을 마을기는 서쪽으로 이동하여 동쪽에 정렬해 있는 다른 각 마을기와 맞서게 된다.

㉒ 둘째형 마을인 옥동 마을 마을기가 맏형 마을 마을기 앞으로 나오고, 양쪽 마을기를 굽혔을 때 서로 맞닿을 정도의 거리로 대면한다.

㉓ 옥동 마을 '총각좌상'이 미리 준비한 삼색 과일과 술 한 병으로 된 술상을 맏형 마을 마을기 앞에 차려 놓는다.

㉔ 옥동 마을 '총각좌상'이 "기세배요!"라고 외친 다음 다시 "일배요!"라고 크게 외치면, 대기하고 있던 옥동 마을 마을기가 40~50도 정도의 각도로 기를 굽힌다. 이를 보고 있던 맏형 마을 주민들이 기를 더 굽히라고

---

42) '기놀음'이란 기받이가 힘을 내어 7미터에 이르는 '마을기'를 몸에서 뽑아 높이 올렸다 내렸다 하고 또 돌리기도 하는 놀이를 말한다.

소리를 치고 판 안에 뛰어들어 옥동 마을기를 더 굽히려고 하기도 한다. 또한 옥동 마을 주민들은 이것을 보고 달려나와 자기 마을기가 더 이상 수그리지 않도록 막으면서 서로 옥신각신한다. 지나치면 싸움이 되기도 한다.

㉕ 다음에는 맏형 마을인 대장리 총각좌상이 "답례요!"라고 소리치면, 이번에는 대장리 마을기를 약 15도 정도 굽힌다. 이것을 본 옥동 마을 청년들이 더 굽히라고 아우성을 치고 달려 나와 힘으로 누르기도 한다. 또 반대로 이를 본 대장리 청년들이 나와서 못 굽히게 한다.

㉖ 다시 옥동 마을 총각좌상이 "이배요!" 또는 "양배요!"라고 외치면 옥동 마을기가 다시 절을 하고, 대장리 총각좌상이 "답례요!"라고 외치면 대장리 마을기가 수그린다.

㉗ 다음은 세 번째 기세배로 서로 맞절을 하게 되어, 동시에 양쪽 마을기를 같은 각도로 굽힌다. 굽히는 각도를 가지고 소란을 피우는 짓은 기세배 진행중에 계속되며, 풍물패는 자기 마을의 마을기가 절을 할 때 더욱 열띠게 풍물을 울리며, '꽃나비'들은 서로 재주를 부린다.

㉘ 이렇게 해서 삼배의 기세배를 마친 옥동 마을 마을기가 맏형 마을인 대장리 마을기 옆에 선다.

㉙ 다음으로 구정리 마을기가 나와서 같은 방식으로 기세배를 한다. 이때 그 답례는 대장리와 옥동 두 마을의 마을기가 동시에 한다.

㉚ 기세배를 마친 구정리 마을기는 옥동 마을 마을기 옆에 선다.

㉛ 이와 같이 하여, 마지막 신촌 마을까지 '기세배'를 모두 마치면 옥동 마을의 총각좌상이 "기세배 끝이요!" 또는 "군례(軍禮) 끝이요!"라고 크게 세 번 외친다.

㉜ 이런 식으로 해서, '기세배' 행사가 모두 끝나면 각 마을기들이 풍물에 맞추어 '대장리' 마을기를 선두로 원을 그리며 장내를 돌면서 차례로 지정된 자리에서 멈춘다. 각 마을기들의 지정된 자리는 [표 4-5]와 같다.

㉝ 좌정한 각 마을 풍물패들은 대장리 마을에서 마련한 약간의 술과 안주를 들면서 휴식을 취한다.

〔표 4-5〕 마을기의 지정된 자리

마을기	지정된 자리
대장리 마을기	북방
옥동 마을기	동방
구정리 마을기	남방
누니 마을기	서방
향교골 마을기	서북간방
신촌 마을기	동북간방

㉞ 잠시 뒤 풍물놀이가 펼쳐지며, 대장리 마을 마을기가 선두에 서고 '꽃나비'와 풍물패가 차례대로 따라가며 각기 묘기를 부린다. 그 뒤로 옥동·건지리·구정리·서계리·누니·향교골·신촌의 각 풍물패가 같은 모양으로 원을 이루며 따른다.

㉟ 이때, 각 마을마다 '기받이', '꽃나비', 쇠잽이 이하 모든 잽이들이 묘기를 겨룬다. 특히 쇠잽이의 '열두 마치놀이'와 '소고놀이'가 흥겨우며 나머지 다른 굿패들도 춤을 춘다.

㊱ 이와 같이 해서, 굿판 안을 10여 회 돌고 나서 제자리에 좌정한 다음, 쇠잽이의 선도로 '끝막이' 풍물을 울리면서 돌아간다. 이때 막둥이 마을인 신촌 마을이 맨 처음이고, 그 다음으로 향교골·누니·서계리·구정리·건지리·옥동·대장리 순으로 떠난다. 이때에도 '기받이'와 '꽃나비'가 재주를 보이고, 잽이들은 계속 흥겹게 풍물을 울린다.

㊲ 기세배가 끝난 뒤, 동고도리와 서고도리 사이의 도로 옆에 있는 인석(人石) 앞에서 연합 제사를 지낸다. 맏형 마을의 좌상이 제관이 되어 제사를 지낸 뒤 달집태우기를 하고 굿을 마친다(문화재관리국 1971 : 460-467 및 필자 조사).

확장의 과정을 분명히 드러내기 위해 다소 길게 정리가 되었지만, 요약하면, '금마 기세배'의 과정은 각 마을별로 간단한 마을 제사를 행하고(①~②), 풍물굿을 공연의 중심으로 하여 인근 여러 마을들의 굿패가 점차 확장해 모인 뒤, 기세배와 기놀음으로 연합 대동놀이를 한 다음(③~㊱), 마을 연합 제사로 마치는(㊲) 순서로 되어 있다. 이 연쇄-축적형 마을굿은, 전북 평야지역의 다른 마을굿들과 공통적으로 풍물굿을 중요한 공연 요소로 삼고 있으면서, 평야의 다른 지역에서 주로 놀이적 요소로 줄다리기가 제의에 따르는 것과 달리, '기놀음'을 놀이로 하는 점이 특징이다.

앞서 말한 바와 같이, 확장형 마을굿은 전북의 평야지역이나 들이 넓은 지역에서 발견되는데, 이것은 넓은 경작지를 경영하기 위해서 배타적인 성격을 띠는 마을들이 서로 대동 단결의 행위 틀을 더 필요로 했기에, 확장의 방식을 통한 연합 대동굿으로 그러한 목적을 실현한 것이라 볼 수 있다.

② 이중-연합형

전북지역 마을굿의 두 번째 확장 방식은, 먼저 각각의 마을에서 개별적인 마을굿 제의를 행한 뒤에, 다시 이 마을들이 어떤 정해진 장소에 모여 연합 제의와 연합 대동굿놀이를 벌이는 방식이다. 고창 오거리 당산제가 이러한 방식으로 확장하는 마을굿이다. 오거리 당산제는 천북동·남정리·교촌리·신흥동·중앙동 다섯 마을들이 각각 자기 마을의 마을굿 제의를 정월 초하루나 초사흗날에 올린 다음, 정월 보름에 중앙동 '중거리 당산'에 함께 모여 '합굿'을 벌이는 마을 연합굿이다. 그러므로, 이러한 연합 마을굿을 '이중-연합형'이라 할 수 있다. 그 공연 과정을 제사굿에 초점을 맞추어 '행위소'별로 정리하면 다음과 같다.

① 천북동·남정리·교촌리·신흥동·중앙동 다섯 마을들이 마을별로 마을 제사인 '당산제'를 올리는데,[43] 먼저 마을굿패가 제물을 준비해 가지

고 풍물을 울리며 마을 제당인 '당산'으로 가서, 마을 대동회의에서 뽑은
제관이 제당에 제물을 진설하고 유교식으로 '당산제'를 지낸 다음, 다시
풍물을 울리면서 마을로 돌아와 음식을 나누어 먹는데, 마을에 따라 '줄
다리기'를 하는 마을도 있다.

② 정초부터 여러 마을 공동으로 '암줄', '숫줄' 두 개의 줄다리기 줄과 100
여 개의 청사초롱 연등을 준비한다.

③ 음력 정월 보름날 오전 각 마을의 굿패들이 풍물패를 앞세우고 중앙동
'중거리 당산'에 모여 풍물 '합굿'을 친다.

④ 음력 정월 보름날 저녁에 고창읍 고을 주민들이 '동부뜸'(교촌·동산·
상월·동촌·하월·산정·수월·생월 마을 주민들)과 '서부뜸'(성동·
신흥동·석교·월곡·월암·월산·덕정·덕산·성산·내동·신상 마
을 주민들)으로 나뉘어, '동부뜸'은 '상거리 당산'에, '서부뜸'은 '하거리
당산'에 모인다.

⑤ '동부뜸'과 '서부뜸'이, 각각 연등대 위에 높이 매단 청사초롱 연등을 든
연등 행렬을 앞세우고, '동부뜸'은 '숫줄'을 메고 '서부뜸'은 '암줄'을 메
고, '줄머리'에 각각 한 명씩 미리 뽑은 사람을 태우고서, 그 사람의 '선
소리'에 따라 각 뜸의 줄패들이 '줄소리'를 제창하고, 풍물패가 풍물을
울리면서, 중앙동 '중거리 당산'으로 간다.

⑥ '중거리 당산'에서 연합으로 유교식 당산제를 지낸다.

⑦ 동부뜸과 서부뜸 두 패가 중거리 당산에서 만나, 서로 줄머리를 부딪히
며 '줄싸움'을 하는데, '줄머리'에 탄 양 패의 두 사람 가운데 먼저 떨어
진 편이 진다.

⑧ 이 줄싸움이 끝나면 줄다리기로 들어가는데, 먼저 동부뜸의 '샌님줄'을
서부뜸의 '마님줄' 고다리 속에 넣고 '줄비녀'를 꽂는다.

⑨ 양쪽 뜸이 서로 '줄다리기'를 한다. 양쪽 뜸 굿패들이 힘껏 줄을 당겨 힘

---

43) 천북동은 음력 1월 1일 자시(子時)에, 남정리는 음력 1월 3~15일 사이에 택일
해서, 교촌리는 음력 1월 3일에, 신흥동은 음력 1월 3~15일 사이에 택일해서,
그리고 중앙동은 음력 1월 14일에 각각 행한다. 지금은 중앙동 '중거리 당산제'
를 정월 보름날 '합굿'을 행할 때 지낸다.

겨루기를 하지만, 서부 마님뜸이 이겨야 풍년이 든다고 하여 동부 샌님 뜸이 져주는 것이 상례다.

⑩ '줄다리기'가 끝나면 진 쪽의 줄은 불에 태우고, 이긴 쪽의 줄은 '중거리 당산'의 당산석에 감아둔다.

⑪ 동부뜸과 서부뜸이 연등대 위에 높이 매단 청사초롱 연등들에 돌을 던 져서(현재는 모래주머니나 콩주머니) 연등을 많이 끄는 편이 이긴다.

⑫ 중거리 당산 주위에서 술과 안주와 '보름밥'을 나누어 먹고 풍물을 울리 며 흥겹게 논다(전라북도 1989 : 1524-1525, 국립민속박물관·전라북 도 1994 : 11-18, 표인주 2000 : 193-213 및 필자 조사).

이들 확장형 마을굿들의 중요한 특징들 가운데 하나는, 여러 마을들 이 서로 연합해 가는 과정이나 결과에 '싸움굿' 또는 경쟁(agon)의 요소 를 내포한다는 점이다. 익산시 금마면과 왕궁면 일대의 '기세배'와 함라 면 함열리의 '기뺏기놀이'에서는 각 마을 사이의 서열이나 비중을 정하 는 과정에서 경쟁의 요소가 나타나고, 고창읍 '오거리 당산제'에서는 '동 부뜸' 마을들과 '서부뜸' 마을들 사이의 '줄다리기'를 통해 경쟁 또는 싸 움의 요소가 드러난다.

마을 끼리의 싸움과 경쟁의 요소는 한여름 농번기의 '노동굿'을 행하 는 과정에서 각 마을 두레패가 마을과 마을의 경계지역에서 만났을 때 '두레싸움'으로 나타나기도 했다. 두 마을 두레패가 두 마을 논의 경계 지역에서 마주쳤을 때 이러한 싸움이 발생했는데, 이때 먼저 두 마을의 풍물패가 '풍장대결'을 벌여 기세를 올리다가, 양쪽 두레꾼들이 상대편 농기를 뺏으려는 기싸움으로 확대되고, 마을 사이 싸움이 지나쳐 재판 에 이르기까지 했다고 한다(전북전통문화연구소 1999b : 159).

이러한 '싸움굿' 형태의 마을굿이 대개 들이 넓은 평야지역에서 발견 되는 것은, 산간지역이나 도서지역에 견주어 평야지역에서는 마을과 마 을이 공유하는 생업 공간이 넓어서, 마을끼리 자주 부딪히면서도 상보

〔사진 4-8〕 고창읍 오거리 당산제-줄다리기

적인 밀접한 관계를 맺을 수밖에 없었던 데도 원인이 있다고 생각된다.

확장형 마을굿에서는 마을들이 연합하는 과정에서 각 마을들 사이의 배타적인 관계가 완화되고 상부상조의 호혜관계로 전환한다. 즉, 오랜 세월 동안의 싸움과 화해의 경쟁적, 호혜적 상호관계를 통해 구축된 마을 연합 대동굿을 핵심 행위 틀로 하여, 각 마을은 서로 하나의 '이상적 공동체'를 지향하는 조화로운 상호관계의 행위의 틀을 확보하게 된다.

4.3.3. '여성형'과 '남성형' 및 '양성형'

전북지역 마을굿은 제사굿을 주도하는 제관의 성(性)에 따라, '여성형' 마을굿, '남성형' 마을굿, 그리고 '양성형' 마을굿으로 구분할 수 있다. '여성형' 마을굿이란 마을에서 선출된 성인 여성 제관이 제의를 주도하고 여성들이 제사굿을 주도하는 마을굿을 말하고, '남성형' 마을굿이란 마을에서 선출된 성인 남성 제관이 제의를 주도하고 남성들이 제

144

사굿을 주도하는 마을굿을 말하며, '양성형' 마을굿이란 남성 제관과 여성 제관이 함께 참여하여 수행하는 마을굿을 가리킨다. 다음에서 살펴보겠지만, 각 지역의 성별에 따른 사제권(司祭權)은, 그 지역 남성과 여성의 경제적 생산활동의 비중에 따라 다른 양상을 보인다.

4.3.3.1. '여성형'

여성형 마을굿은 주로 제사굿에서 나타나며, 점복을 업으로 하는 무당 또는 마을에서 선출한 성인 여성 제관의 간단한 '비손—소지(燒紙)'를 제의의 주요 절차로 한다. 이 유형은 주로 전북 동부 산간지역에 분포하고, 서부 평야지역이나 서해 도서지역에는 이런 유형의 마을 제사굿이 아주 드물다. 제관의 선출은 주로 마을 부녀회의에서 담당하고, 마을 부녀자들이 주도하여 제의를 행한다([표 3-3] 참조).

동부 산간지역 마을굿에서 여성들이 주도하는 '여성형' 마을 제사굿이 많이 발견된다는 것은, 그만큼 이 지역 삶의 경제 생산 활동에서 여성들의 비중이 높았다는 사실과 관련이 있어 보인다. 즉, 이 지역은 논농사와 밭농사의 경지면적 비율이 5.6 대 4.4로, 여성들은 밭농사와 논농사 모두에 직접 관여하고, 특히 밭농사는 주로 여성들이 해왔다(김익두 1997b : 215). 이러한 여성들의 사회-경제적 위상은 이 지역 마을굿에서도 제사조직을 여성 중심으로 구축할 수 있는 원동력으로 생각된다.

4.3.3.2. '남성형'

남성형 마을굿은 전북 모든 지역의 마을 제사굿에서 두루 나타나며, 여기서는 성인 남성이 제사의 제관이 되어 유교식으로 제사 의식을 행하고, 남성들로 이루어진 풍물패가 제사굿을 전체적으로 주도한다. 제관은 마을 대동회의에서 선출되며, 제사의 절차는 '진설—강신—초헌·아헌·종헌—독축—소지—철상'으로 이루어지는 유교식 제사 절차나 이를 약식화한 절차를 따른다.

이 유형은 전북의 모든 지역에 걸쳐서 두루 나타나되, 특히 서부 평야지역 전반에 걸쳐서 지배적으로 나타난다. 유교적 제사를 수행하는 평야지역의 '당산제'나 비의적(秘儀的) 제의를 수행하는 산간의 '산신제'는 모두 남성들이 주도한다. 특히, 서부 평야지역은 전북지역 문화의 중심지로서 일찍부터 남성 중심의 유교문화가 토착화하였고, 이러한 문화적 특성들은 이 지역 마을굿의 성격에도 많은 영향을 미쳤다고 본다.

4.3.3.3. '양성형'

양성형 마을굿은 여성들 중심의 무교식(巫敎式) 제의와 남성들 중심의 유교식 제의가 결합된 형태다. 이 유형의 마을굿에서는 마을굿 제의를 처음부터 남녀가 공동으로 준비하고 공연하는 방식으로 이루어지거나,[44] 남성형 제의와 여성형 제의가 마을굿에서 대등한 비중으로 공존하는 양상을 보인다.[45] 이러한 양성형 제사굿은 동부 산간지역과 서해 도서지역 마을굿의 중요한 특징들 가운데 하나다. 지역별로 성별에 따른 제의가 어떤 분포를 보이는지 나타내면 [표 4-6]과 같다. 이처럼, 동부 산간지역에서는 여성형·남성형·양성형 마을굿이 비슷한 비중으로 나타나고, 서부 평야지역에서는 남성형 마을굿이 지배적으로 나타나며,

〔표 4-6〕 성별에 따른 마을굿 제의의 지역별 차이

	산간지역	평야지역	도서지역
여성형	*		
남성형	*	*	
양성형	*		*

---

44) 전형적 산촌 마을인 임실군 관촌면 운수리 구암마을의 '도깨비굿'이 그 예다.
45) 예컨대, 진안군 상전면 주평리 원가막마을에서는 남성들이 산제를 주도하고, 산제 이후의 고목제는 여성들이 주도하며, 진안군 상전면 수동리 내송마을도 마찬가지로 산제는 남성들이 주도하고, 팥죽제는 여성들이 주도한다. 또, 도서지역인 부안군 위도 대리 마을굿에서도 원당굿은 무녀, 남성 제관, 풍물패, 선주

서해 도서지역에서는 양성형 마을굿이 우세한 양상을 보인다.

이러한 양상은 앞에서도 잠깐 언급한 바와 같이 이 지역 생산활동에서 남성과 여성이 차지하는 비중과 밀접한 연관이 있는 것으로 보인다. 각 지역의 경제 생산활동에서 남성과 여성이 차지하는 비중을 보면, 동부 산간지역의 경제 생산활동에서는 남성과 여성이 거의 대등한 비중을 차지하고, 서해 도서지역에서도 이와 비슷한 양상을 보이며, 서부 평야지역에서는 남성의 비중이 월등히 높다.

그러나 동부 산간지역의 경제 생산활동에서는, 여성과 남성의 비중이 거의 대등하되, 남성들이 독자적으로 수행할 수 있는 공동노동의 경제 생산활동 영역('논매기')과 여성들이 독자적으로 수행할 수 있는 공동노동의 경제 생산활동 영역('밭매기') 및 여성과 남성이 공동으로 수행할 수 있는 공동의 경제 생산활동 영역('모심기') 등이 골고루 갖추어져 있다. 이러한 양상은 산간지역에 여성형 마을굿과 남성형 마을굿 및 양성형 마을굿이 고루 존재한다는 사실과 관련된다. 이 현상은 이 지역의 노동요에서도 분명하게 확인된다. 즉, 이 산간지역의 중심 노동요는 모심기노래, 밭매기노래, 논매기노래 등인데, 모심기 노동은 남녀가 공동으로 수행하며 모심기노래도 남녀가 공동으로 부르므로 '양성형' 노동요이고, 밭매기 노동은 여성들만 수행하며 밭매기노래도 여성들만 부르므로 '여성형' 노동요이며, 논매기 노동은 주로 남성들만 수행하며 논매기노래도 남성들만 부르므로 '남성형' 노동요다(김익두 1997b : 217-220).

서부 평야지역의 경제 생산활동에서는 논농사가 중심을 이루며, 이 지역의 논농사가 주로 남성 중심의 집약적 협동노동으로 이루어진다는 사실은, 이 지역의 마을굿도 남성형 마을굿이 그 전체를 지배하고, 여성

―――――――――――――

와 마을 주민들이 참여하므로 '양성형'이라 할 수 있고, 원당굿 이후의 용왕굿은 여성 주도로 이루어지는 '여성형' 제의이므로, 하나의 마을굿은 단일한 유형이라기보다 이처럼 복합적 형태를 띠게 된다.

형 마을굿은 매우 드물다는 사실과 관련이 있다. 이러한 사실은 이 지역 노동요에서도 분명하게 확인된다. 평야지역의 중심 노동인 논농사 노동을 주로 남성들이 담당해 왔으며, 따라서 이 지역의 논농사 노동요들도 모두 남성들이 불러왔다. 실제로 이 지역에서 조사된 논농사 노동요들은 모두 남성 제보자들이 부른 것이다.

서해 도서지역 마을굿이 양성형 마을굿만을 주로 보여주는 것은, 이 지역의 경제 생산활동이 동부 산간지역처럼 남성과 여성이 독자적으로 또는 공동으로 수행할 수 있는 공동노동이 고르게 존재하지도 않고, 서부 평야지역처럼 남성들 주도로 수행되는 것도 아니면서, 남성과 여성이 함께 수행해야만 하는 경제 생산활동(어업)이 중심을 이룬다는 사실에서 비롯한다. 이러한 사실은, 도서지역의 제의요와 노동요 및 놀이요가 동일한 경우가 많으며, 이것들을 남성과 여성이 공동으로 부른다는 점에서도 확인된다. 대표적인 노래가 부안군 위도면의 '에용소리'다.

4.3.4. '산간형'과 '평야형' 및 '도서형'

전북지역의 제사굿은 이제까지 학자들이 주장해온 바와 같이 '당산제' 유형으로만 되어 있는 것이 아니라, 각 소지역에 따라 서로 다른 양상을 보이고 있으며, 그러한 지역적 '차이'에 따라 몇 가지 독자적인 '지역적 유형'을 형성하고 있다.

앞 장의 전승 현황에서 논의한 바와 같이, 전북지역 마을굿은 '풍물굿형' 마을굿이라는 특징을 전반적인 공통 특징으로 하면서도, 또한 지역에 따라서 서로 다른 특징들을 분명하게 드러내는데, 그것을 몇 개의 지역적 유형으로 나눌 수 있다. 지리적으로 전북지역은 산간과 평야 그리고 섬들을 두루 갖추고 있어서, 이를 동부 산간지역, 서부 평야지역, 서해 도서지역으로 나눌 수 있다. 각 지역의 마을굿은 이러한 '지역성'을 분명하게 반영하는 유형으로 나타난다.

즉, 전북지역의 마을굿은 크게 동부 산간지역의 '산간형', 서부 평야지역의 '평야형', 그리고 서해 도서지역의 '도서형'으로 구분된다(김익두 1991 : 197-221, 김형주 1996 : 73-106). 여기서 동부 산간지역이란 소백산맥과 노령산맥의 서북지역인 무주·진안·장수·남원·임실·순창·완주의 일부 지역이며, 평야지역은 금강 이남인 익산·군산·옥구·김제·부안·고창·정읍·전주·완주의 일부 평야지역이고, 서해 도서지역은 고군산열도와 위도 등지다.

4.3.4.1. '산간형' : '산신제형'

산간형이란 제의 내용이 '산신제' 단일형과 '산신제+탑제' 또는 '산신제+당산제'의 이중형으로 이루어지는 유형이다. 이 유형은 주로 전북의 동부 산간지역에 분포하여 이 지역의 마을굿을 분명히 특징짓는다. 앞의 전승 현황에서 살펴본 것처럼, 평야지역에 주로 나타나는 '당산제형'도 이 지역에 많이 나타나기는 하지만, '산신제'가 무주지역을 중심으로 동부 산간지역에 두루 분포한다는 점에서 평야지역의 양상과 다르다.

그러므로, 동부 산간지역 마을굿 유형의 특징 표지는 '산신제'에 있다. 산신제는 전북 평야지역에서는 거의 나타나지 않고, 서해 도서지역에서 다시 나타난다. 이 산신제 단일형 또는 산신제와 다른 제의가 결합된 이중형은 동부 산간지역의 공통적인 유형으로 나타난다는 점에서, 이런 유형을 산간지역의 지역적 유형으로 설정할 수 있다.

동부 산간지역 마을굿의 마을 수호신은 '산신'과 '당산신'이 주를 이룬다. 대부분 상위신격은 '산신'이고, 하위신격은 '당산신'인데, 산신은 인근 뒷산의 바위나 나무에, 당산신은 마을 동구의 누석탑이나 누석단 또는 당산나무에 깃들어 있는 것으로 여겨진다. 제의 형태는 '산신제'를 중심으로 '당산제'나 '탑제'가 결합된 이중형이 대부분이며, 이 밖에 '산신제'에 '길산제', '고목제', '팥죽제', '용왕제', '서낭제', '황단제' 등의 제의가 결합된 이중형도 나타난다. 이 지역 마을굿에서는 그만큼 산신을 주신으로 한다.

이 산간형 마을굿의 주요한 특징으로는 '산신제'와 '탑제'가 결합된 이중형이 나타난다는 점이다([표 3-4] 참조). 동부 산간지역의 산간형 마을굿에는 '산신제'+'당산제'의 이중형 제사굿보다는, '산신제'+'탑제'라는 이중형의 제사굿이 더 강하게 나타난다. 이 '탑제'는 전북의 서부 평야지역이나 서해 도서지역에서는 나타나지 않는다. 이것은 바로 산신제뿐만 아니라 탑제에도 동부 산간지역 마을 제사굿의 주요한 특징이 있다는 것을 말해준다.

이 유형은 인근 다른 지역의 마을굿 또는 강원도나 함경도와 같은 산간지역의 마을굿과 비교하여 검토될 수 있다. 예컨대 강원도 산간지역의 '서낭제형' 마을굿은 전북 동부의 산간형 마을굿과는 달리 주로 '산신제'만 행하는 '단일형' 마을굿이라는 점에서 차이가 있다. 강원도 산간의 서낭제는 그 자체가 산신과 거리신에 대한 제사로서, '거리제'라는 형태가 따로 첨가되지 않으므로(김의숙 1993 : 124-219) 이중형이 나타나지 않는다는 점이 전북 동부 산간지역의 제사굿과 다르다.

이 동부 산간지역 마을 제사굿 유형인 산간형 마을굿을 좀 더 구체적으로 논의하기 위해, 장수군 천천면 삼고리 삼장마을 제사굿을 예로 들어보겠다. 이 마을굿의 전체 과정은 앞(4.1.2.1.)에서 행위소별로 정리하였으므로 여기서 되풀이하지 않는다. 앞에서 정리된 것을 바탕으로 보면, ①~② 마을 제사굿의 준비 과정, ③ 산신제, ④~⑥ 탑제, ⑦~⑧ 제사굿 이후의 뒤풀이 과정으로 되어 있다. '산신'은 마을의 주신(主神)으로서 ③ 산신제가 마을의 주신제(主神祭)이자 마을 전체를 위한 제의라면, ④~⑥의 '탑제'는 각 개별 가정의 평안과 제액초복을 위한 제의다. ⑦~⑧에서 보는 바와 같이, 산간지역의 굿놀이는 간단한 풍물굿놀이에 그치는 경우가 대부분이며 매우 단조롭다. 산간지역 마을굿의 굿놀이는 평야지역처럼 다양하고 집단적인 놀이로 발달하지 못했지만, 산간 문화의 고졸한 특징을 갖추고 있다.

한편, 이 제사굿은 또한 남성과 여성이 거의 같은 비중으로 마을 제사굿을 수행하는 '양성형' 마을굿이라는 특징도 잘 보여준다. 이러한 '양성형' 마을굿은 동부 산간지역과 서해 도서지역 마을굿의 중요한 특징들 가운데 하나임을 이미 앞에서 고찰했다.

그런데, 같은 마을에 대해 최근에 이루어진 조사 내용을 보면 이 마을굿 전체 과정의 변화를 확인할 수 있다. 앞에서 정리한 자료는 1980년대 초반의 것이며, 다음은 2002년의 조사 내용이다.

① 정초의 길일(대개 초나흗날이나 초엿샛날) 오전, 초상이 있는 집이나 아이를 낳은 집 등 부정이 있는 집을 제외하고 깨끗한 집만 골라 돌면서 돈과 쌀과 팥을 걷어, 오후에 제물(돼지머리, 떡 한 시루, 팥죽, 과일)을 장만한다.

② 해가 지면 깨끗한 부녀자 몇 명이 마을 뒷산 당산나무/'물당고'에 가서 과일과 명태 등을 차려놓고 '산신제'를 간단히 지낸다.

③ 마을 여자들이 꽹과리를 치면서 동네 뒤를 돌아서 마을을 한 바퀴 돌고 탑에 이르러 '탑제'를 지낸다. 돌탑에 촛불을 켜놓고, 팥죽을 비롯하여 돼지머리와 떡 등 제물을 차려놓은 뒤, 소지를 사르고 절하면서 비손을 하며 집안과 동네의 평안과 제액초복을 기원한다.

④ 탑제 뒤 이리저리 팥죽을 뿌리기도 하면서 나누어 먹고 마을회관으로 가서 모여 놀다가 헤어진다.[46]

이 두 자료를 비교해보면, '양성형'이었던 삼장마을 제사굿이 최근에

---

46) 이 마을에는 예전에 70여 호였으나 현재 50여 호에, 인구 150여 명이 거주한다. 이 가운데 30호 주민이 천주교·기독교·통일교 신자가 되었고, 마을 전체 주민의 3분의 1만이 지금도 '팥죽제'를 계승해서 행한다. 제탑(祭塔)은 동네 위와 아래에 2기가 있었으나 새마을운동 때 없앴다. 그러다가 동네에 안 되는 일이 많다고 해서 1970년대에 다시 동네 앞에 탑 1기만 새로 쌓고, '팥죽제'를 다시 지내기 시작했다(2002년 8월 31일 조사. 제보자 : 이장 한용석/남/59세, 한월봉/여/81세).

들어 '여성형' 제사굿으로 변화되었음을 알 수 있다. 남성들이 '산신제'를, 여성들이 '탑제'를 주도하던 제사굿이 이제는 모두 여성들이 주도하는 '여성형' 제사굿으로 바뀌었다. 이는 이 동부 산간지역의 마을굿에서 '여성형' 제사굿이 상당수 분포하는 특성과도 관련될 것이다.[47]

앞서 지적한 바와 같이, 여성형 제사굿이 이 지역에서 차지하는 비중은 이 지역 전통사회의 경제 생산활동에서 여성이 차지해온 사회적 비중과 연관지을 수 있다. 이 지역의 경제 생산활동은 밭농사와 논농사가 4.4 대 5.6의 비율을 이루면서 서부 평야지역이나 서해 도서지역에 견주어 상대적으로 밭농사가 높은 비율을 차지하며, 이 가운데 밭농사의 거의 대부분을 여성들이 담당하고, 모심기 등의 논농사에도 여성들이 관여한다. 이처럼 여성들의 높은 생산활동 참여 비중은 그만큼 그들의 마을굿 참여 비중도 높이는 결과를 가져왔던 것으로 보인다.[48] 즉, 이 지역의 마을굿이 다른 지역과 달리 '여성형' 마을굿을 지역적 특징으로 보인다는 것은, 그만큼 이 지역의 삶에서 특히 경제 생산활동에서 차지하는 여성들의 비중이 상대적으로 높았다는 사실을 드러내준다.

4.3.4.2. **평야형 : 당산제형**

'평야형' 마을굿이란 전북 서부 평야지역에 두루 나타나는 마을 제사굿 유형으로서, 앞서 살펴본 '산간형'과 달리 '당산제' 한 가지만 제사굿으로 하는 단일형이다.

이 유형의 마을굿은 제의 대상으로 모시는 신도 '당산신' 한 가지이며, 대상 신의 신체(神體)도 당산나무 또는 당산석 한 종류로 되어 있다. 앞의 전승 현황에서 보는 바와 같이, 평야형 마을굿의 마을신 신체는

---

47) 제3장 전승 현황과 특징들의 3.1. 지역별 분포 참조.
48) 이러한 특징은 식량 조달에서 여성의 기여도가 높은 사회에서는 이중창 또는 다중창이 불려지고, 여성 독창자가 담당할 고음 파트가 있으며, 여성의 경제적 기여도가 낮은 사회에서 노래는 남성이 일방적으로 지배한다는 알란 로맥스의 지적(Lomax 1968 : 168-169)을 다시금 상기하게 한다.

152

대부분 동구의 당산나무이고, 간혹 신체가 당산나무·석장승·솟대 등이 혼합된 경우도 있으나, 그것들이 모두 '당산신'의 형상으로 인식된다는 점에서 이 지역 마을 수호신은 '당산신'이 지배적이다.

마을 풍물패가 마을 제사굿 전체를 이끄는 가운데, 마을 대동회의에서 선출된 제관이 마을 앞 당산에서 유교식 제사를 지낸 다음, 남녀로 편을 갈라 줄다리기를 하고 나서, 그 줄을 당산에 감고 굿을 마치는 방식이 이 유형의 가장 보편적인 공연 방식이다. 이 유형은 전라도 평야지역에 두루 나타나고, 평야지역이 전라도의 중심 문화지역이라는 점에서 본다면, 이 유형이 전라도 지역의 마을 제사굿을 대표하는 유형이라고도 볼 수 있겠다.

평야형 마을굿의 마을 수호신인 당산신은 구체적으로는 대개 '할아버지당산'과 '할머니당산'으로 인격화되어 있다. 또는 부부당산, 암당산과 숫당산, 큰할머니와 작은할머니, 할아버지와 할머니 및 큰어머니와 큰아들, 작은아들 등 남녀·암수·일가족의 형태로 인격화된 경우도 있다. 이 가운데 할아버지당산과 할머니당산으로 인격화된 것이 가장 널리 퍼져 있는 형태인데, 할아버지당산이 반드시 윗당산이고 할머니당산이 반드시 아랫당산인 것은 아니고, 둘 가운데 어느 하나를 윗당산으로 다른 하나를 아랫당산으로 삼는다.

평야형 마을굿 유형의 대표적인 사례로서, 부안군 보안면 우동리 원우동마을 제사굿을 살펴보기로 하자. 원우동마을 제사굿의 전체 과정은 앞서 마을굿의 변이구조를 다루면서 행위소별로 정리하였으므로, 이것을 바탕으로 보면 ①~② 준비 과정, ③ 유교식 당산제, ④ 풍물굿놀이, ⑤ 줄 메고 마을 돌기, ⑥~⑩ 줄어르기와 줄다리기, ⑪ 당산할매 옷입히기, ⑫ 뒤풀이로 이루어져 있다. 원우동 마을굿은 풍물굿과 유교식 제사, 그리고 줄다리기가 결합된 전형적인 평야형 제사굿 유형이다.[49]

---

[49] 평야지역에서도 마을 주변에 높고 낮은 산이 있는 일부 지역에서는 산(신)제를 올리기는 하나, 평야지역은 산신보다 당산신의 위상이 더 높다고 본다.

〔사진 4-9〕 정읍 칠보면 백암리 당산굿-마을 입구 할아버지 장승

〔사진 4-10〕 정읍 칠보면 백암리 당산굿-마을 입구 할머니 장승

동부 산간지역의 제사굿이 비의적이고 폐쇄적인 '산신제'가 강한 데 견주어, 서부 평야지역 제사굿에서는 개방적인 '당산제'가 주축을 이룬다. 굿놀이도 풍물굿·마을돌기·줄다리기·당산 옷입히기 등 역동적이고 대동적인 굿놀이가 발달해 있다. 특히, 줄을 어르고 당기는 줄놀이는 마을 제사에 유기적으로 결합되어 마을굿에 축제적 긴장을 형성하는 공연 요소로 작용한다. 평야지역은 산간지역에 견주어 여유롭고 풍요로운 삶의 조건을 갖고 있다는 점이 마을굿에 굿놀이들을 다채롭게 발달시킨 요인으로 작용했을 것이다.

평야형 마을 제사굿에서는 산간지역 마을 제사굿처럼 여성이 담당하는 공동체 제의가 따로 구분되어 있는 경우가 거의 없고, 남성 제관의 유교식 제사를 중심으로 하여 이루어진다는 점도 특징이다. 이것은 그만큼 서부 평야지역의 경제 생산활동을 남성들이 주도해온 사실과도 연관이 있다.

4.3.4.3. 도서형 : 용왕제형

도서형 마을굿은 전북 서해 도서지역에 나타나는 마을 제사굿 유형으로, '산신제'와 '당산제' 및 '용왕제'가 결합된 복합형이라는 점이 특징이다. 즉, 동부 산간지역 마을 제사굿에서는 '산신제+당산제/탑제'의 이중형이 주로 보이고, 서부 평야지역에서는 '당산제' 단일형이 주로 보이며, 서해 도서지역 마을의 제사굿은 '산신제+당산제+용왕제'의 복합형이 주로 보인다.

그러면서도, 동부 산간지역의 제사굿은 '산신제'가 특징적 표지이고, 서부 평야지역의 제사굿은 '당산제'가 그렇다면, 이 서해 도서지역 마을 제사굿은 '용왕제'가 특징적 표지다. 서해 도서지역 마을 제사굿에서는 '산신제'나 '당산제'를 간략히 처리하는 것과는 달리, '용왕제'는 매우 성대하고 다채로우며 복잡한 과정을 거쳐서 공연된다. 그것은 서해 도서지역 마을 제사굿의 핵심이 '용왕제'에 있음을 뜻한다. 이 지역의 모든 생활, 특히 경제생활이 바다에 크게 의존한다는 사실이 이런 제사굿의 특징을 형성하게 되었다.

이 '용왕제' 부분은 주로 여성이 주재하거나 주요 참여자가 된다는 점도 주목된다. 이러한 점은 산간지역 마을 제사굿의 '탑제'나 '당산제'나 '거리제'를 여성이 주도하는 것과 비교된다. 도서지역의 마을 제사굿에서 이처럼 여성의 참여도가 중시되는 점은 제주도의 마을 제사굿에서 여성들의 비중이 큰 것과도 견줄 수 있다. 도서지역 생활에서 여성이 차지하는 경제생산의 비중이 남성 못지않게 중요하며, 섬 생활의 불안 정성으로 여성들의 종족 보존능력이 그만큼 중시되었다는 점도 이러한 도서지역 마을 제사굿의 여성 중심적 특징과 관련이 있다고 본다.

도서형 마을굿 유형의 대표적인 사례로 부안군 위도면 대리마을의 제사굿인 '띠뱃굿'의 전체 과정을, 앞(4.1.2.1.)에서 정리한 내용을 바탕으로 살펴보면, ①~② 준비 과정, ③ 당산제, ④ 원당제, ⑤ 동서편 용왕 제와 주산돌기, ⑥ 당산제, ⑦ 용왕제, ⑧ 줄밥/가래밥 뿌리기, ⑨ 띠배 띄워보내기, ⑩~⑪ 풍물굿놀이, ⑫ 도제, ⑬ 대보름 풍물놀이굿, ⑭ 줄 다리기·풍물 판굿·주산돌기·탈놀이·송장놀이 등으로 구성된다. 여기서 ①~⑫가 제사굿이고, ⑬~⑭는 놀이굿이다.

이처럼 서해 도서지역의 마을 제사굿은 다채로운 공연 요소들로 이루어져 있어서, 산간지역의 소박한 마을굿이나 평야지역의 단일구조 마을굿에 대비된다. 이 도서형 마을굿에서는 산간형과 평야형 제사굿에서 볼 수 있던 공연 요소들에다가 해신(海神)과 관련된 제의가 추가되어, 복합적이고 다층적인 공연 구조를 이룬다.

이 전체 과정 가운데 제사굿으로서 '띠뱃굿'의 핵심 절차는 ④ 원당 제, ⑤ 주산돌기, ⑦ 용왕제, ⑨ 띠배 띄워 보내기라 할 수 있다. 여기서 산신제격인 '도제'와 '원당제'가 남성형 제의라면, '용왕제'는 양성형 제의다. 전자가 정적인 제의라면, 후자는 매우 동적인 제의다. 산간형 마을 제사굿이 비의적인 산신제 중심으로 되어 굿놀이가 발달하지 못하

고, 평야형 마을굿이 개방적 당산제를 중심으로 굿놀이가 매우 발달했
다면, 도서형 마을굿은 굿놀이가 가장 발달해 있다.

한편, 도서형 마을 제사굿은 시기로도 내륙의 마을 제사굿이 벌어지
는 시기와는 다른 측면을 보인다. 일부 해안이나 도서지역의 마을 제사
굿은 3월·8월·11월·12월 등에 하는 경우가 있어서,[50] 신년제 성격
이 강한 육지부의 마을굿과 다른 특징을 나타낸다. 이런 특징은 어촌의
생업과 관련이 깊은 것으로서, 농업력과는 다른 어업력(漁業曆)에 따라
마을굿이 이루어지기 때문이다.

예컨대, 반농반어(半農半漁) 마을인 서해안의 고창군 해리면 동호리
마을의 경우, 제의 날짜가 이분되어 있는데, 농업력에 따라 음력 1월 3
일에는 '당산제/천룡제'를 하고, 음력 2월 1일에는 어업력에 따라 '영신
당제'와 '수륙재(水陸齋)'/용왕제를 한 다음, 마을 주민들이 함께 음복 겸
점심식사를 한다(문화재관리국 1982 : 178-183). 당산제는 풍물을 울리며
마을 당산으로 가서, 유교식 제사를 지낸 뒤에, 다시 풍물을 울리며 마
을로 돌아오는 일반적인 서부 평야지역의 제사굿 절차와 같이 이루어
지고, 영신당제는 선주들이 주도하는 풍어제로 행해진다.

이상에서 전북지역 마을굿을 제사굿에 초점을 맞추어 특성을 정리해
본 결과, 그 공통적 특성을 묶어 '산간형', '평야형', '도서형'의 세 가지
지역적 유형을 추출하였고, 그것들 각자가 갖고 있는 특성들을 각 유형
별로 대표적인 사례를 통해 살펴보았다.

4.3.5. 기타 특수형

이 밖에도 전북 마을굿에서 나타나는 일반적 양상과 구별되는 특별

---

50) 군산시 옥도면 말도에서는 3월에 선주가 주도하는 당산제를, 섣달 그믐에는 마을
　　전체가 준비하는 당산제를 하며, 옥도면 어청도에서는 당제를 3월 3일, 8월 14일,
　　12월 그믐에 하고, 신시도에서는 11월이나 12월에 택일하여 한다.

한 형태의 마을굿들이 있는데, 이런 마을굿들을 '특수형'으로 묶어 구분하고자 한다. 이러한 특수형 마을 제사굿으로는 (1) 도깨비굿형, (2) 속곳춤형, (3) 허제비굿형 등을 들 수 있다. 이 특수형 마을굿들은 전북지역 마을굿에서 하나의 독자적 유형으로 자리할 수 있을 정도로 전반적인 공통성을 드러내지는 않지만, 엄연히 전북지역 마을굿의 독특한 형태를 이루고 있다는 점에서 특수형으로 처리했다.

4.3.5.1. 도깨비굿형

이 유형의 마을굿은 마을 제사굿을 '도깨비굿'으로 행하는 것인데, [표 3-4]에 나타난 바와 같이 동부 산간지역의 마을에서만 찾아볼 수 있다는 지역적 특징이 있다. 전북지역에서 이 도깨비굿형 마을굿이 나타나는 마을은 임실군 관촌면 운수리 구암마을, 순창군 인계면 탑리 외양마을, 진안군 백운면 반송리 원반마을 등 세 마을이다. 이 가운데 구암마을 도깨비굿의 전승 내용을 행위소별로 간략히 살펴본다.

① '도채비굿(도깨비굿)'은 매년 음력 10월 그믐날(29일이나 30일)에 하는데, 오전 열한 시 무렵에 동네 계원들이 마을회관에 모여 일년 결산을 하는 등 동네계(회의)를 한 뒤 점심을 같이 먹는다.

② 초저녁쯤(대략 오후 7시 무렵)에 이장 또는 마을회의에서 선출한 깨끗한 사람이 제주(祭主)가 되어, 이장집에서 준비한 제물(메밀범벅떡 · 밥 · 술 · 채소 · 고사리볶음 · 도라지 · 김치 · 숙주나물 · 조기 등)을 함박에 담는다. 메밀떡을 가장 중요한 제물로 삼는데, 그 이유는 '도채비(도깨비)'가 메밀을 좋아하기 때문이라고 한다.

③ 제물을 다 챙긴 뒤 풍물패를 앞세우고 마을 아래쪽 동구에 있는 당산나무로 가서 깨끗이 제단을 마련하고 제물을 차려놓은 다음, 제주가 유교식 절차에 따라 제사를 지낸다. 마을 남녀 누구라도 절을 하며 모두 같이 참여한다.

④ 다시 마을 앞 삼거리길 복판으로 풍물을 울리며 올라와서 이 삼거리의
   옛 방죽 자리(현재는 방죽을 메움)에 다시 제물을 차리고 앞서 행한 것
   과 같은 제의를 행한다.
⑤ 모든 제의가 끝나면, 마을 주민들이 마을회관에 모여 제물과 음식을 나
   누어 먹으며 풍물을 치며 논다. 예전에는 도채비굿이 끝나면 풍물패는
   마을의 공동우물에서 시암굿 등의 풍물굿도 모두 쳤지만, 지금은 하지
   않는다(전북대 전라문화연구소 · 전라북도 · 임실군 1990 : 209 및 필자
   조사).

구암마을은 마을 앞 물줄기를 경계로 하여 진안군 성수면과 임실군
성수면, 임실군 관촌면, 임실군 백운면 네 개 면이 나누어지는 경계지역
에 위치한 전형적인 산촌이다. 생업은 논농사와 담배 · 고추 · 약초 · 채
소 농사 등이다. 예전에는 40여 호가 살았고, 1980년대 후반에는 26호가
량의 가구수가 있었으나, 2000년대에 들어선 현재 열두 가구에 스무 명
가량이 거주하는 오지마을이다.

이 마을 '도채비굿'의 유래는 산골마을의 안정적인 삶을 근본적으로
위협하는 요소들 가운데 하나인 화재(火災)에 대처하기 위한 것이었다.
이 굿의 유래담을 들어보면, 이 마을 당산이 너무 세서 마을 초가지붕
에 하루에도 서너 곳에서 '도채비불'이 붙곤 했는데, 한번은 이 마을을
지나가던 노승이 그것은 도채비가 불을 놓는 것이니 제사를 지내주면
괜찮을 것이라고 해서 그 뒤부터 마을 어른들이 '도채비굿'을 하기 시작
했다고 한다. 이 유래담에서 확인할 수 있는 바와 같이 구암마을에서
삶의 가장 큰 위협적 요인은 다른 무엇보다도 화재였다.

이 마을굿에서 주목할 것 가운데 하나는 도깨비의 성격이다. 한국의
도깨비신앙에서 도깨비는 요괴성 · 부신(富神) · 풍어신 · 가업수호신 ·
대장신[冶匠神] · 역신(疫神) · 촌락공동체의 당신(堂神) 등으로 매우 다
각적인 성격을 지닌 존재다(장주근 1975 : 109-114).[51] 구암마을 마을굿

의 '도채비'는 이 가운데서 마을수호신의 성격을 지니고 있다. 도채비는 마을의 수호신으로서 외경의 대상이면서도, 마을 사람들이 이 도채비를 "김생원"이라 불렀다는 것으로 보면, 매우 친근한 존재로도 인식되어 외경과 친근함이라는 양면성을 갖고 있다.

구암마을 도채비굿은 음력 10월 그믐날 이루어진다. 농경사회에서 5월제와 10월제의 전통은 마한시대에 농경을 시작하거나 마칠 때[始畢期] 행했던 제귀신 의례로 거슬러 갈 수 있다. 이런 전통의 맥락에서 본다면, 도깨비굿은 농경사회에서 곡물을 수확하고 그에 대한 감사의 제사이자, 마을에 해를 끼치는 도채비를 달래어 보내는 재액퇴치굿의 이중적 성격을 띤다고 볼 수 있다.[52]

한편, 순창군 인계면 탑리 외양마을 제사굿인 '도깨비굿'의 '도깨비'는 구암마을 '도채비'와 달리 역신의 성격을 띤다. 외양마을 도깨비굿의 목적은 그해 마을에 질병이나 돌림병이 침입하는 것을 막고, 마을 주민들이 평안하게 지낼 수 있기를 기원하는 것이다. 이 마을 도깨비굿의 과정을 보더라도 정월 보름 이후 마을 주민들 가운데 여자들이 마을의 사방에 제물을 차려놓고 도깨비를 풀어먹인 뒤 돌려보내는 내용으로 되어 있다. 따라서 도깨비는 곧 마을 주민들의 무병을 위해 쫓아야 할 역

---

51) 김종대는 우리나라에 전승되는 도깨비신앙의 전반적 성격과 면모를 고찰했다. 그에 따르면, 개인적 생활영역과 공동체 마을굿에서 도깨비를 신앙 대상으로 삼는데, 해안을 따라 전승된 도깨비신앙에서는 도깨비가 주로 풍어신격이며, 육지쪽에서 형성된 도깨비신앙에서는 도깨비가 역신(疫神)으로 나타나고 있어 각각 다른 전승형태를 취해 왔다고 한다(김종대 1994 : 221).

52) 전남 영광군 영광읍 우평마을 '당산제'도 먼저 마을에 들어와 살던 도깨비들을 전제로 한다. 즉, 나중에 들어온 인간들이 터를 잡고 살지 못하도록 도깨비들이 집을 부수고 해를 끼치자 지내게 된 것이라고 한다. 어떻게 하면 터를 물려주고 피해를 주지 않겠느냐고 도깨비들에게 묻자, 마을의 5방위에 나무를 심고 음력 10월 14일에 도깨비들을 위한 당산제를 지내되, 도깨비가 좋아하는 메밀묵과 소의 발목(우평이란 소의 모습을 한 터를 뜻하기에)을 제물로 올리라고 요구해서 그대로 당산제를 지내고 터를 잡아 살게 되었다 한다(표인주 1996 : 379-380). 이 마을굿도 10월 추수감사제의 유풍과 재액퇴치굿의 이중적 성격을 띠고 있다.

신으로 여겨진다.[53]

임실군 관촌면 구암마을의 '도채비굿'은 화재 방지와 추수감사를, 순창군 인계면 외양마을 '도깨비굿'은 질병 퇴치를 각각 주요 목적으로 한다. 구암마을의 도채비굿은 마을의 남녀노소가 매우 개방적으로 전 과정에 참여하는 양성형 제의인 것과는 달리, 외양마을의 도깨비굿은 주로 여성들이 주도하는 여성형 제의다. 여성이 주도하는 마을 제사굿은 양성형 마을 제사굿에 견주어 '축귀의례(逐鬼儀禮)'의 성격이 두드러지게 보인다.[54]

4.3.5.2. 속곳춤형

이 유형의 마을굿은 여성사제와 여성참여 등 여성 중심의 마을 제사굿인데, 축귀의례적 성격을 강하게 갖는다는 점에서 앞서 살펴본 순창군 인계면 외양마을의 도깨비굿이나 장수지방의 팥죽제와 동일 계통의 마을굿이라 할 수 있다. 그러나, 공연 방식과 내용에서는 현격한 차이가 나타나므로 별도의 유형으로 구분한다. 다음에 제시하는 정읍시 북면 오류리 원오류마을의 제사굿은 여성들이 단속곳춤을 공연하는 매우 특이한 사례다.

① 음력 정월 보름 또는 2월 1일 가운데 택일하여 마을에서 약 100미터 가

---

53) 도깨비의 역신적 성격에 대해서 장주근은 병자 치유굿인 제주도 영감놀이와 처용설화의 관련성을 통해 논의한 바 있고(장주근 1975 : 114-118), 김종대는 마을 사람 전체를 대상으로 축귀의례를 행하는 육지의 도깨비굿(예컨대 순창 탑리 도깨비굿)의 영향을 받아, 병자를 위한 치병의례/퇴치의례를 행하는 해안·도서의 굿(예컨대 제주도 영감놀이, 진도 도깨비굿)이 전파된 것으로 보고 있다(김종대 1996 : 267-293).

54) 이러한 특성은 앞서 전북 동부 산간지방, 특히 장수에서 많이 조사된 '팥죽제'에서 공유하는 것이다. 순창 외양마을의 도깨비굿이나 장수지역 일대의 팥죽제는 공통적으로 여성들이 주재하거나 적극 참여하는 형태이고, 축귀의례적 성격을 공유하고 있어서, 축귀의례와 '여성의 원리'(Victor Turner 1996 : 219-222) 사이의 상관성을 짐작할 수 있다.

[사진 4-11] 정읍 북면 오류리 마을굿-속곳춤

량 앞에 있는 갯버들나무 당산에서 부녀회가 주도하여 여자들만 참여
하는 형태로 제의가 이루어진다.

② 마을 여성들이 당산에 제물을 차리고, 아랫도리에 '단속곳'만 입은 마을
부녀자들이 소지를 올리며 기원한다.

③ 제사가 끝날 무렵, '당골네'가 하얀 치마 속에 아래 가랑이가 터진 고쟁
이를 입고 '단속곳춤'을 추어 잡귀를 쫓는다(전라북도 1997a : 101).

이 마을 제사굿은 무녀가 속곳춤을 추는 행위로 잡귀를 막아낸다는
점이 특징이다. 이 유형과 흡사한 계통의 마을굿을 완주군 일대에서도
발견할 수 있다. 완주군 봉동읍 둔산리 제사굿에서는 마을 여성들이 당
산제를 지낸 뒤, 마을로 내려와 눈만 가리지 않은 채 속옷을 거꾸로 뒤
집어쓰고 동네를 돌아다니는데, 이것은 동네 잡귀를 몰아내기 위한 것
이라 한다. 완주군 용진면 부평리 제사굿에서도 당산제를 지낸 뒤에 풍
물패가 당산나무 주위를 돈 다음, 마을을 한 바퀴 도는데, 이때 풍물패

162

가 앞서 가면 마을 여자들이 속옷을 뒤집어쓰고 따라간다. 이것도 역시 동네 잡귀를 쫓기 위한 축귀적 의례다.55)

위에서 제시한 세 군데 마을 제사굿은 모두 무당이나 마을 여성들이 '여성의 원리'를 활용하여 잡귀를 쫓아내는 의례를 공통적으로 포함한다. 이들이 축귀성을 획득하기 위한 도구로 사용하는 '속곳'/속옷은 일상에서는 겉으로 드러나서는 안 되는 것이다. 이 속곳춤형 마을굿이 축귀의례적 성격을 지닌다는 점은 도깨비굿이나 팥죽제와 흡사하면서도, 공연 방식에서 금기시된 것을 드러내고 금기시된 행동을 함으로써 강한 축귀 의례성을 획득한다는 점에서 앞의 것들과 다르다.

4.3.5.3. 허제비굿형

이 '허제비굿형'은 마을 액막이를 위하여 일종의 이동형 신체(神體)인 '등신' 제웅을 신체로 하여 행하는 마을굿이다.56) 전북지역에서 이처럼 제웅을 신체로 삼는 제사굿으로는 정읍시 옹동면 매정리 원내동(안골) 마을의 당산제가 조사 보고되어 있다. 원내동마을 제사굿의 절차를 살펴보면 다음과 같다.

① 음력 정월 초사흗날부터 제주는 물론 마을 사람들 모두가 육류나 생선 등을 먹지 않는 등 금기를 지킨다.
② 음력 정월 5일 아침, 원화주(여자)가 제수를 장만하고, 그날 밤에 원화

---

55) 표인주는 마을 여성들이 주도하는 제의가 원래는 무속 사제가 하던 것인데, 당골의 참여가 어려워지자 여성들이 사제자를 선정하여 여성 중심으로 굿을 하게 된 것이며, 이 여성중심 의례가 유교식 제사보다 강하게 축귀 기능을 수행한다고 지적했다(표인주 2000 : 159-161).

56) 제웅은 짚으로 만든 사람의 형상물이다. 마을굿에서 이것은 토지신·잡귀·선원(船員)의 형상을 뜻하며, 액을 감금한 신체(神體)로 버려짐으로써 액을 퇴치하고, 잡귀의 형상으로 불에 태워져 마을을 정화하고, 선원의 형상으로 액을 바다 용왕에게 전하는 전달자 구실을 한다(이주승 1998 : 17-46). 정읍시 옹동면 매정리 원내동의 '등신'은 첫 번째 유형이고, 위도 띠뱃굿에서 띠배에 띄워 보내는 제웅은 세 번째 유형이다.

주 1인, 섭화주(남자) 1인, 축관 1인의 주관 아래 마을 어귀에 있는 천
제당(당집) 앞에서 '천제'를 지낸다.

③ 제를 지낸 뒤, 제관과 마을 사람 몇몇이 모여서 짚을 가지고 사람 크기
의 '등신' 제웅 두 개를 만든다. 이것을 '당산 내외'('할아버지등신'과 '할
머니등신')라고 한다. 밤에 이 등신을 마을 뒷산에 모셔다 놓는다.

④ 초엿샛날인 이튿날 '파제(罷祭)' 지내는 날 아침, 마을 사람들이 풍물을
치며 '등신'을 마을로 다시 모셔오고, 마을 청년들 가운데 하나가 등신
을 모시고 소를 타고서 풍물패와 함께 동네를 한 바퀴 돈다. 이때 마을
사람들 모두와 가축들까지 다 끌고 나와서(이때 집에 그냥 있으면 손
발이 오그라든다는 속신이 있음), 이 '등신'이 마을의 액을 모두 거두어
가도록 기원한다.

⑤ '등신'을 당산나무 앞에 모셔놓고 축문을 읽고 파제를 지낸다.

⑥ 파제를 지낸 뒤 '등신'을 동네 뒷산 밑에 갖다버린다.

⑦ 파제까지 모두 끝나면 마을 사람들이 대동음복을 한다.

⑧ 이후 이장 선출이나 동네 1년 예산 결산 등을 하는 대동회의를 한 뒤,
굿을 모두 마친다(전북대학교박물관 1992 : 20-22).

이 제사굿은 ① 준비 과정, ② 천제(天祭)/대제, ③ 등신 만들기, ④ 등
신의 마을 일주, ⑤ 파제, ⑥ 등신 폐기, ⑦ 뒤풀이, ⑧ 대동회의의 순서
로 이루어져 있다. ④ 등신의 마을 일주는 일종의 '마을돌기'로서 줄다
리기를 하는 마을굿에서 줄 메고 마을을 도는 것과 같은 기능을 하며,
나머지 제의의 절차나 방법도 전북지역의 다른 마을굿들과 그리 다를
바 없다.

그러나, 이 제사굿이 특이한 점은, 중심 제의인 천제와 파제의 신체가
전북지역 마을굿 전반에 걸쳐 나타나는 고정형 신체가 아니라, 인간 형
상으로 만들어진 이동형 신체인 '등신'이라는 점이다. 또한, 원내동마을
제사굿은 그 신체 자체도 독특할 뿐만 아니라 제의 뒤에 이 신체를 처
리하는 방식 또한 전북지역의 다른 마을굿에서 찾아볼 수 없는 특이한

것이다. 즉, 파제를 지낸 뒤 이 '등신'을 마을 뒷산 밑에 갖다버림으로써 마을의 액을 없애고 들어올 액도 미리 막는 것이다. 인간 형상으로 만들어진 신체가 마을굿의 중심 요소가 된다는 점과 그 신체의 처리 방법 면에서 이 제사굿은 전북지역 마을굿의 독특한 유형들 가운데 하나다.

5. 마을굿의 공연적 특성

　공연학의 관점에서 보면, 마을굿은 일종의 문화적 구조 단위로서 '문화적 공연(cultural performance)'(Carlson 1996 : 16)이다. 앞 장에서 주로 논의한 전북지역 마을굿의 구조적 논의를 바탕으로, 이 장에서는 마을굿이 공연학적 관점에서 볼 때 주로 어떠한 공연적 특성들을 지니고 있는지를 논의하기로 하겠다. 마을굿의 공연적 특성을 논의하기 위해, 이 장에서는 서론에서 이미 언급한 바와 같이, 리처드 셰크너가 수립해 놓은 공연을 고찰하는 여섯 가지 관점과, 그에 따르는 방법들을 활용하고자 한다.

　셰크너가 제시한 여섯 가지 관점은 다음과 같다. 첫째, 마을굿이 공연을 통해서 참여자들의 '존재'와 '의식'을 어떻게 변화시키는가, 둘째, 공연에 관련된 참여자들의 '상호작용' 관계는 구체적으로 어떻게 이루어지는가, 셋째, 공연의 긴장성/공연구조는 어떻게 구축되는가, 넷째, 공연의 전체 과정은 어떻게 이루어지는가, 다섯째, 공연지식의 전승과 전파는 어떻게 이루어지는가, 그리고 마지막으로 공연의 가치평가는 어떻게 이루어지는가를 고찰하는 것이다.

5.1. '존재'와 '의식'의 주기적 총체적 변환

우선, 마을굿은 공연을 통해서 한 마을 공동체 구성원 전체의 '존재(being)'와 '의식(consciousness)'을 전체적, 주기적, 지속적으로 변환시킨다는 공연적 특징을 가지고 있다. 여기서 '존재'란 어떤 구체적인 사회적, 문화적 콘텍스트에 처한 인간의 외적인 현존을 말하고, '의식'이란 그런 인간의 내적인 정신적, 심정적 상태를 말한다.

어떤 공연을 통한 '존재'와 '의식'의 변환은 대개 두 층위에서 일어난다. 하나는 일시적으로 변하는 '일시적 변환(transportation)'이고, 다른 하나는 영구적으로 변하는 '지속적 변환(transformation)'이다. 이런 변화가 존재와 의식에 걸쳐 모두 일어나는 경우도 있고, 존재 또는 의식 한 부분에만 일어나는 경우도 있다.

예컨대, 현대 연극의 공연에서 공연자는 '존재'와 '의식' 모두가 '일시적'으로 변환되는데, 청관중은 대개 '존재'는 변하지 않고 '의식'만 '일시적'으로 변환된다. 즉, 공연자는 공연이 이루어지는 동안에만 자신들의 '존재'와 '의식' 모두를 일시적으로 어떤 다른 자아의 '존재'와 '의식'으로 변화시키고, 이때 청관중은 일상적인 '의식'에서 연극 공연이 요구하는 '의식' 상태로 내면 의식을 바꾼다. 여기서는 일시적 변환만 일어난다(Schechner 1993 : 18-27, 183-229).

그와는 달리, 결혼식과 같은 문화적 공연에서는, 신랑 신부가 결혼식이 치러지는 동안뿐만 아니라 그 후에도 계속해서 자신들의 '존재'와 '의식' 모두를 신랑과 신부 또는 남편과 아내의 '존재'와 '의식'으로 변환한 채 살게 된다. 즉 신랑 신부에게는 '지속적 변화'가 일어난다. 그리고 결혼식에 참가한 주례나 사회자 등은 결혼식이 진행되는 동안에만 '일시적'으로 그런 '존재'나 '의식'으로 변환되고, 이 결혼식에 참가한 하객들 또한 그렇다. 즉 이들에게는 '일시적 변화'가 일어난다. 그러므로 결혼식에는 '존재'와 '의식'의 층위에서 '지속적 변환'과 '일시적 변환'이 모

두 일어난다.[1]

이러한 '존재'와 '의식'의 변환이라는 관점에서 볼 때, 마을굿은 여기에 참여하는 사람들의 '존재'와 '의식'을 매우 복합적이고 총체적으로 변환시킨다는 특징이 있다. 즉, 마을굿은 그것에 참여하는 참여자들의 '의식'과 '존재'를, '일시적'으로 그리고 '지속적'으로, 모두 변환시킨다. 전북지역의 마을굿에서 일어나는 '존재'와 '의식'의 변환은, 개인적 삶에서 벗어나, '집단적'인 삶을 영위하는 데 필요한 모든 변환을 가장 다양하게 확장하고 심화해서 구축해놓은 '총체적'인 변환이라고 할 수 있다.

전북지역의 마을굿은 제사굿·노동굿·놀이굿·회의굿·군사굿 등 다섯 가지 표층구조로 존재한다는 점을 앞에서 이미 논의했다. 그렇다면 이 다섯 가지 마을굿 속에서 '존재'와 '의식'의 '일시적' 또는 '지속적' 변환이 구체적으로 어떻게 일어나는가를 살펴보기로 하자.

우선, 제사굿은 제관들의 제사 의식, 풍물패의 풍물굿, 기타 놀이패의 굿놀이, 그리고 이 공연 행위에는 직접 참여하지 않는 구경꾼들의 구경으로 이루어지는데, 여기서 주 공연자들인 제관들과 풍물패 및 놀이패는 이 제사굿의 공연에서 각각 제관, 풍물패, 놀이패 일원으로서 '존재'와 '의식'으로 '일시적'으로 변환된다. 그리고 그것을 구경하는 사람들도 마찬가지다. 이처럼 마을 제사굿의 공연에서는 우선 일차적으로 '존재'와 '의식'의 '일시적' 변환이 일어난다. 그러나, 마을굿 공연에 직접 참여한 사람들만이 일시적으로 '존재'와 '의식'의 변환을 겪는 것으로는, 마을굿 본래의 기능과 구실을 다할 수가 없다.

마을 제사굿은 앞 장에서 살펴본 바와 같이 마을 주민들이 '신–자연–인간 사이의 조화로운 관계'를 수립하는 데 그 본래의 목적과 기능이 있으므로, 이러한 목적이 달성되었을 때 제대로 공연된 것이라 할 수 있다. 마을 제사굿이 그와 같은 본래의 목적을 달성하려면, 거기에 직접

---

1) 이러한 변환의 양상은 결혼식뿐만 아니라 성인식과 같은 대부분의 통과의례에서 쉽게 찾아볼 수 있다.

참여한 참여자들뿐만 아니라 마을 주민들 전체가 '신-자연-인간 사이의 조화로운 관계'를 수립하는 데까지 이르러야 한다.

그래서 마을 제사굿은 마을 공동체 구성원들 모두가 '세속적인 존재'로부터 '신성한 존재'로, 그리고 '세속적 의식'으로부터 '신성한 의식'으로 변환될 때 그 본래의 목적이 달성된다. 마을 제사굿은 하나의 마을 공동체 구성원 전체가 직접적으로든 간접적으로든 다 참여하여 행하고, 공동체 전체의 '운명'이 공연의 성패와 직결되어 있는 것으로 '관습화'한 공연 양식이다. 그러므로 우리나라의 대표적인 문화적 공연 양식들 가운데서 '마을굿'이라는 공연 양식만이, 한 공동체 구성원 전체의 '존재'와 '의식'을 '세속적'인 '존재'와 '의식'으로부터 '신성한' '존재'와 '의식'으로 변환시키는 양식이다.

예컨대, 전북 평야지역 마을 '제사굿'인 '당산제'의 마을 공간구조와 마을굿의 공연 행위 관계를 나타내면 [그림 5-1]과 같다.

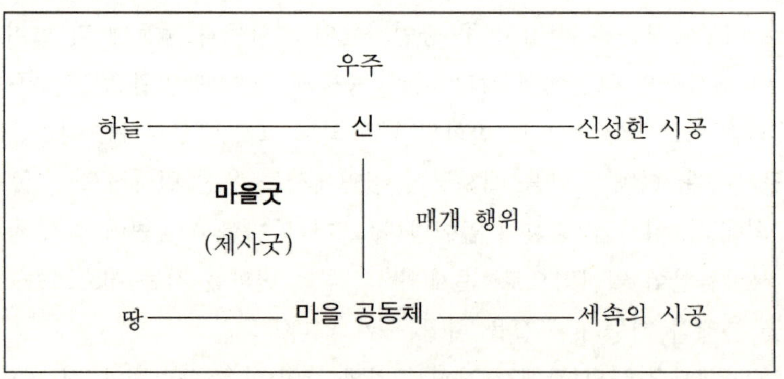

〔그림 5-1〕 전북 평야지역 마을 제사굿의 공간구조와 공연 행위

[그림 5-1]에 나타나는 것처럼, 마을 제사굿은 공연을 통해 '세속의 시공'인 땅의 마을 공동체를 '신성한 시공'인 하늘의 신과 연결지어, 하나의 '성화된' 시공간으로 통일된 '우주'를 만드는 구실을 한다. 그러므

로 마을 제사굿을 수행하기 이전에 타락하고 속화된 '존재'와 '의식'을 가진 것으로 되어 있던 마을 공동체의 전체 구성원들도, 마을 제사굿을 행한 뒤에는 신성한 '존재'와 '의식' 상태로 변환된다.

다음으로, 노동굿인 두레굿에서 참여자들은 '일하는' 존재와 의식으로 변환된다. 예컨대 김제시 만경읍 대동리 원대동마을의 두레굿 굿패 구성을 보면, 좌상·부좌상·수머슴·두레꾼들 등으로 구성되는 '두레패'와 상쇠·수징·수장고·수북·수법고·영기잡이·대포수·새납·창부·무동·양반광대 등으로 구성되는 '두레풍물패'가 합해져서 이루어지는데(주강현 1994 : 326-327), 두레노동패와 두레풍물패가 함께 노동굿을 행함으로써 그들 모두가 '휴식하는' 존재와 의식에서 '일하는' 존재와 의식으로 변환된다. 그런데, 이 노동굿에서는 일하는 존재와 노는 존재가 완전히 갈라진 것이 아니라, 노동패와 놀이패로 이루어진 굿패가 함께 일하면서 놀고, 놀면서 일한다. 일하는 존재와 노는 존재가 노동굿 속에서 공존하는 것이다.

그런가 하면, 마을 놀이굿 가운데 대표적인 칠월 '백중굿'에서는 다시 마을 공동체의 존재와 의식을 '노는' 존재와 의식으로 변환시킨다. 그리고 마을 대동회의굿에서는 '회의(會議)'하는 존재와 의식으로, 마을 군사굿에서는 다시 마을 공동체를 '지키는' 존재와 의식으로 변환시킨다.

이처럼, 마을굿은 마을 공동체 구성원들의 '존재'와 '의식'을 '일시적' 또는 '영구적'으로 변환시키는 것이 아니라, 한 해를 단위로 하여 '주기적'이고 '반복적'으로 변환시킨다는 특징도 가지고 있다. 이러한 '주기적 반복적' 변환은 결국 '존재'와 '의식'의 '총체적' 변환이라는 지평을 향해 열려 있다. 즉, 마을굿은 인간의 '존재'와 '의식'을 공동체적인 삶의 영역으로 확장해 나간 거대한 '총체적' 공연 양식이다. 참여자들의 존재와 의식의 측면에서 본 마을굿은, 신과 우주와 자연의 리듬과 원리에 조화를 이루면서 기본적으로 한 해를 단위로 하여 '주기적으로 반복되는', '총체적인' 공연 양식이라 할 수 있다.

5.2. '참여자들' 전체의 유기적 상호작용망 형성

공연의 전체 과정 속에서, 거기에 관여하는 '참여자들(partakers)'들이 어떠한 상호작용 관계를 형성하며, 어떻게 사회적 관계를 구축하게 되는가를 고찰하는 것이 여기서의 초점이다. 전 세계 각종 공연 양식들을 살펴보면, 거기에는 다양한 '문화'와 공연의 '관습'에 따라, 공연의 참여자들을 공연에 끌어들이거나 공연에서 배척하는 다양한 정도와 방법들이 있다. 서구의 리얼리즘 연극과 같이 '훔쳐보기식'의 '닫힌 구조'의 상호작용에서부터, 한국의 '판소리'와 같이 '열린 구조'2)의 상호작용에 이르기까지, 다양한 정도와 방법이 있다.

마을굿에서 '참여자들' 사이의 상호작용 관계 가운데서 가장 큰 특징은 전체적, 상호교체적, 통합적이라는 점이다. 즉 상호작용이라는 측면에서 마을굿을 보면, 마을굿은 마을 공동체 구성원들 전체를 하나의 유기적인 상호작용망으로 연결하여 작동하게 한다. 우선, 마을 공동체 구성원 전체가 직접적으로든 간접적으로든 모두 마을굿에 참여한다는 점에서, 이 '참여자들' 사이의 상호작용 관계는 매우 '전체적'이다. 전북지역의 문화적 공연 양식들 가운데서, 공동체 구성원들 모두가 하나의 '운명 공동체'로서 긴밀한 상호관계를 갖고 함께 참여하며 수행하고 지속하는 공연 양식은 마을굿을 제외하고는 달리 찾아보기 어렵다. 이처럼 공동체 참여자들이 '전체적인 유기적 상호작용 관계의 망'을 형성한다는 점을 전북지역 마을굿의 중요한 공연적 특성으로 들 수 있다.

또한, 마을굿의 공연 과정은 참여자들의 구실이 여러 가지로 복잡하게 바뀌는 과정이라는 점에서, 마을굿의 참여자들 사이의 상호작용 관

---

2) 여기서 '열린 구조'란 공연 구조 내부 자체에 청관중이 능동적으로 관여할 수 있는 장치가 관습적으로 존재하는 구조를 말한다. 서구 연극의 청관중이 '지켜보는 사람'으로 관습화되어 있는 것과는 대조적인 구조다. 판소리와 같은 공연 양식은 추임새를 통해 청관중이 소리꾼에게 호응을 해줘야만 공연이 비로소 완성되는 빈 부분(blank)이 존재하고 있다.

계는 매우 다양한 '상호교체성'이라는 특징을 갖는다. [그림 5-2]는 마을굿의 이러한 측면을 잘 드러내 보여준다. 이것은 부안군 위도면 대리의 마을 제사굿인 '띠뱃굿' 공연 과정에서, 참여자들이 맡는 역의 상호 중복과 교체가 구체적으로 어떻게 이루어지는가를 나타낸 것이다.

절차	동편 당산굿	원당제	작은당제-동편용왕제-동편당산굿	주산돌기	서편당산굿 - 서편용왕제	용왕제	줄밥/ 가래밥 뿌리기	띠배 보내기	도제
주요 공연자	풍물패	무녀	제관, 풍물패	풍물패	제관, 풍물패	무녀	무녀 마을부녀	마을 주민들	화주
중심 공연	풍물굿	무굿	유교제의 풍물굿	풍물굿	유교제의 풍물	무굿	풍물굿 민요, 춤	춤,노래 풍물	비의 (秘儀)
공간	마을동쪽	뒷산	마을 동쪽	마을 둘레	마을 서쪽	마을 앞	마을 앞	바닷가	산봉우리[峰]
주요 공연자 외 참여자	제관, 화장, 풍물패, 부정없는 마을 남성들	좌동	제관, 풍물패, 마을 주민들	좌동	좌동	제관 풍물패 마을주민전체	좌동	좌동	없음

〔그림 5-2〕 마을 제사굿 참여자들 사이 상호작용 관계의 중복과 교체

지금까지 전북지역에서 공연된 문화적 공연 양식들 가운데 그 어느 것도, 마을굿이 보여주는 것처럼, 참여자들 전체가 다양한 '역할 변환'에서 오는 상호작용 관계의 상호 중복성과 교체성을 보여주는 것은 찾아볼 수 없다. 이러한 점은 전북지역의 마을굿 참여자들의 상호작용 면에서 볼 수 있는 또 하나의 중요한 공연적 특성이라 할 수 있다.

다음으로, 전북지역의 마을굿 참여자들 사이의 상호작용 관계는 매우 '통합적'이라는 특징이 있다. 전북지역 마을굿에서는, 참여자들 모두가 이 마을굿의 전체 공연 과정에서 맡는 역이 다 정해져 있어, 본질적으로 그저 바라만 보는 방관자적 위치에 있는 참여자는 있을 수가 없

다. 마을굿을 준비하고 공연하는 마을 공동체 구성원 전체가 다 그 공연의 성패와 운명을 같이하는 필연적인 '참여자들'이라는 점에서, 참여자들 사이의 상호작용 관계는 아주 '통합적'일 수밖에 없다.

앞에서 예로 든 '띠뱃굿'을 보면, 이 마을 공동체 구성원들은 어린이들을 제외한 거의 모든 마을 주민들이 한 번 이상을 그 굿의 주공연자로 참여하게 되어 있다. 이처럼 한 마을 공동체 구성원들 전체가 마을굿 공연 과정에서 한 번 이상 주요 공연자로 참여하는데, 처음부터 끝까지 주공연자 역을 유지하거나 도중에 그런 역을 다른 사람에게 내어주면서, 그들이 형성하는 그러한 다층적인 참여 관계는 결국 그들 사이의 상호작용 관계를 그만큼 '통합적인' 것으로 만든다.

또한, 전북지역 마을굿의 변이구조/표층구조들인 제사굿·노동굿·놀이굿·회의굿·군사굿 등이 내적으로는 모두 '마을굿'이라는 하나의 기본구조/심층구조로 통합되어 있다는 점도 이러한 전체적이고 역동적인 상호작용 관계의 근거가 된다. 즉, 제사굿에서는 제사조직이, 노동굿에서는 노동조직이, 놀이굿에서는 놀이조직이, 회의굿에서는 회의조직이, 군사굿에서는 군사조직이 각각 그 변이형 마을굿을 주도하지만, 이 조직들은 사실은 서로 분리되어 있는 것이 아니라, 안으로 유기적인 관계로 '통합'되어 있다. 그래서 '제사굿'에서는 제관을 중심으로 한 제사조직에 다른 조직들이 종속되고, '노동굿'에서는 두레패의 '좌상'을 중심으로 하는 노동조직이 중심을 이루면서 다른 조직들이 그 밑으로 들어가며, '놀이굿'에서는 풍물패의 '상쇠'가 이끄는 놀이조직을 중심으로 다른 조직들이 그 속에 종속된다. '회의굿'에서는 마을 어른(최근에는 주로 마을 이장)이 이끄는 회의조직을 중심으로 다른 조직들이 그 속에 종속되며, '군사굿'도 마찬가지다. 이와 같은 방식으로 마을굿의 변이구조들이 작동할 때마다 그 변이구조에 맞는 조직이 굿을 주도하고 다른 조직들은 거기에 종속되는 유연한 관계를 맺고 있어서, 마을 구성원들 사이의 상호관계가 유기적으로 통합될 수 있다.

한편, 마을 공동체 구성원들은 유기적인 상호작용 관계로 통합될 뿐만 아니라, 마을 수호신 및 자연과의 조화로운 상호작용 관계를 추구한다는 점에서도 특징을 찾을 수 있다. 마을굿, 특히 마을 제사굿은 일차적으로 마을 수호신에게 바치는 것이기에 마을 수호신을 '일차적 청관중'으로 하는 공연 행위다. 따라서, 마을굿은 마을 사람들 사이뿐만 아니라, 마을 사람들과 마을 수호신 사이의 조화롭고 원활한 상호작용 관계를 추구하는 공연 양식이라 할 수 있다.

5.3. 공동체 생활 전체의 '흐름'과 '커뮤니타스' 형성

여기서는, 마을굿 공연의 '긴장성(intensity)'/'공연 구조'를 구축하기 위해서 여러 구성 요소들이 어떻게 활용되는가를 고찰하고자 한다. 공연에서의 긴장성은, 공연자와 청관중의 '육체'와 시간·리듬·공간·텍스트·소품·의상 등 모두가 마치 구체적이고 물질적이며 유연한 사물들처럼 에너지를 모으고 하나의 '흐름(flow)'(Victor Turner 1996 : 93)을 만들기 위해서, 일련의 어떤 공연 '패턴' 속으로 짜여져 들어가서 구축된다(Schechner 1993 : 27-34). 이 '긴장성' 구축의 방법은 반복·순환·축적의 패턴이나 비반복적, 기계적, 종결적 패턴으로 이루어진다. 여기서 중요한 것은 그 공연이 구축하고 있는 독자적인 긴장성의 '틀', 즉 공연의 '과정적 구조'를 찾아내는 것이다.

전북지역 마을굿의 '긴장성' 구축 방법에서 중요한 특징은, 구축 방법 곧 공연구조가 매우 복합적, 복선적, 중첩적인 방법으로 구축되며, 그러한 방법을 통해서 마을 공동체 행위의 전반적인 '흐름'과 '커뮤니타스'를 형성한다는 것이다. 이러한 특징들을 차례로 검토해보자.

우선, 전북지역 마을굿의 '긴장성'/'공연구조'는 매우 '복합적'인 형태로 구축된다. 연극적 공연 양식들이 그 공연의 '긴장성'을 구축하는 방법을 보면, 모두 일정한 시공간에서 일회적으로 단지 그 단일 공연 양식으로만 공연되는 반면, 마을굿은 여러 가지 공연 양식들이 복합적으로 결합된 공연구조를 만들어낸다. 즉 전북지역 마을굿은 적어도 정초의 제사굿, 농번기의 노동굿, 농한기의 놀이굿, 연말의 회의굿, 겨울 시련기의 군사굿 등 다섯 가지 변이 양식들이 오랜 기간에 걸쳐 반복적이고 주기적으로 행해져서 마을굿이라는 하나의 복합적 행위의 틀을 구축하는, 복합적인 공연 양식이다.

전북지역 마을굿 공연의 긴장성 구축 방법이 이처럼 복합적이기 때문에, 또한 단선적이지 않고 매우 '복선적(複線的)'이다. 예컨대, 장수군 천천면 삼고리 삼장마을 마을 제사굿을 보면, 남성 굿패가 뒷산 산신제당에서 '산신제'를 지내는 동안, 여성 굿패는 마을 앞 동구의 당산신제당에서 '당산제'/'탑제'를 지내며, 이 양쪽 제의가 끝나면, 이들 두 굿패가 한곳에 모여 '합굿'을 벌인다. 이에 견주어 서해 도서지역의 마을굿은 앞의 [그림 6-2]와 같이, 훨씬 더 복잡한 복선적인 라인들을 따라 공연의 '긴장성'이 구축되고 있음을 확인할 수 있다.

그리고, 공연의 '긴장성'이 매우 '중첩적'으로 구축된다는 점은 전북지역 마을굿의 공연 구조에서 특히 중요한 특징이다. 마을굿에 이러한 중첩적인 특성을 가져오는 공연 요소는 마을 풍물패의 풍물굿이다. 공연학적 관점에서 보면 풍물굿의 반복적, 축적적인 성격(김익두 1995 : 112-116)은 전북지역 마을굿 공연 전체의 '흐름'을 구축하는 데 핵심적 구실을 한다. 전북지역 마을굿은 주요 공연 방법이 풍물굿으로 행해지는 '풍물굿형' 마을굿이라 할 수 있으므로,3) 풍물굿의 중첩성은, 따라서 전북지역 마을굿 공연 구조의 '중첩성'을 낳게 된다.

이러한 '중첩성'은 공연 내용과 구조를 검토해 보아도 분명하게 드러난다. 전북지역 마을굿은 공연 내용과 구조로 보면 제사굿·노동굿·놀

---

3) 제4장 마을굿의 구조·기능·유형에서 4.1.1. 기본구조 참조.

이굿·회의굿·군사굿 등으로 구분할 수 있는 바, 이 모든 변이구조들이 다 '제의적 요소'를 공유하고 있다. 전북지역 마을굿은 앞의 다섯 가지 변이형 마을굿 가운데서 그 어떤 형태를 공연할 때라도, 반드시 마을 제당에서 '제의' 행위가 먼저 수행된 다음에 다른 공연 행위 과정들이 진행된다. 이것은 전북지역 마을굿의 공연 내용에 제의 행위가 필수적인 공통소로 중첩되어 있음을 뜻한다.

이러한 '복합적', '복선적', '중첩적' 구성을 통해서 마을굿은 마을 공동체 구성원 전체가 작동시키는 마을 공동체 전체 행위의 틀에 '흐름(flow)'(Victor Turner 1996 : 93)을 제공한다.4) 그러면, 이 '흐름'의 자질들에 비추어 전북지역 마을굿에서 '흐름' 체험이 구체적으로 어떻게 이루어지는지를 살펴보기로 하겠다.

첫째, 행동과 의식을 융합하는 체험을 하는 동안, 행위자는 자신이 무엇을 하고 있는지는 의식할 수 있지만, 그것을 의식하고 있다는 사실을 의식할 수는 없다. 이와 같이 행동과 의식을 융합하는 체험의 과정은 마을 제사굿에 집중된 제의 행위, 노동굿에 집중된 노동 행위, 놀이굿에 집중된 놀이 행위, 그리고 회의굿의 토론 행위, 군사굿의 진지한 모의군사적 행위들이 도달한 어떤 절정의 순간들에서 형성된다. 그것을 의식하고 있다는 것을 의식하는 순간, 이 '흐름'은 더 이상 자연스럽지 못한 것이 된다.

---

4) '흐름' 체험에는 다음과 같은 여섯 가지 자질들이 따른다. 첫째, 행동과 의식이 하나로 융합되어 행동과 의식의 이중성이 사라진다. 둘째, 이러한 행동과 의식의 융합은 주의를 어떤 제한된 영역에 집중시킴으로써 마음의 '초점화'가 완성된다. 셋째, '자아'가 상실된다. 넷째, 거기에 참여한 사람들은 행동과 그 환경이 잘 조절된 상태 속에 있다고 느끼게 된다. 다섯째, 그 '흐름'을 이룩하는 데 필요한 행동을 위한 일관된 '요건'들을 갖춰야 하며, 일시적이나마 그러한 일련의 행위들을 '기꺼이 수행하는 불신의 중단'이 필요하다. 여섯째, '흐름'은 다른 무엇을 위한 수단이 아니라, 그 자체에 목적이 있다. 식스젠트미할리는 이러한 '흐름'의 상태가 놀이와 스포츠의 다양한 형식들과 놀이를 넘어서 예술과 문학의 창조적 체험 및 종교적 체험에까지 확장될 수 있다고 본다(Victor Turner 1996 : 94-97).

둘째, 이러한 행동과 의식의 융합 상태에서는 어떤 제한된 관심 영역에 주의를 집중시킴으로써, 관련이 없는 것들은 '소음'으로 배제되며, 마음의 방향과 초점이 이미 알려진 어떤 방향 쪽으로 정확하게 맞추어져 '초점화'가 완성된다. 예컨대, 부안군 위도면 대리 마을의 제사굿인 '띠뱃굿' 가운데 '원당제'의 '깃손받기'와 같은 의식에서는 참여자들의 행동과 의식이 오직 무당에게 배서낭을 받는 '쌀점'에만 극도로 집중되며, 다른 것들은 주변화하여 소음이 된다. 그럼으로써 참여자들의 마음이 이 '쌀점'에 집중되고 '초점화'된다. 또, 김제시 만경읍 대동리 원대동마을의 노동굿인 두레굿에서 두레풍물패의 풍물 가락에 따라 두레일꾼들이 논매기 노래를 부르며 논을 매어 나아갈 때도, 두레패 전체는 오직 이 두레 노동과 풍물 가락 및 노동요의 상호 일체감 속에서, 일종의 엑스타시적 초점화를 통한 '흐름'의 체험을 형성한다. 또한 백중 놀이굿에서 마을 놀이패가 풍물 판굿을 벌여 마을 주민들을 그 굿판 안으로 이끌어들일 때, 마을 공동체 주민들은 풍물굿의 '청관중 공연자화 원리'(김익두 1995 : 110-116) 속에서 하나의 '신명'의 '흐름'을 따라 초점화하고, 마을 대동회의굿의 열띤 토론 속에 있을 때, 그리고 마을 수호굿인 군사굿 가운데 '도둑잽이굿'에서 아군 대장인 '상쇠'가 적군 대장 '대포수'를 붙잡아 목을 쳐서 창 끝에 꿰어 하늘 높이 치켜들 때도, 참여자들 모두는 기꺼이 '흐름' 체험의 영역으로 자발적으로 뛰어들어 '초점화'한다.

셋째, 내적 자아에 대한 어떤 특수한 종류의 인식이 상실된다. '통일감·단결성·충만함·수용성' 등이 확장되어, 이 '흐름'은 자아의 밖에 있는 다른 사람들과 자연에까지 이르게 됨으로써, 모든 사람들과 사물들까지 그 '흐름'의 체험 속에서 주관적으로 '하나'라고 느낀다. 예컨대, 마을 제사굿에서 제관이 축문을 읽거나 무당이 소지(燒紙)를 올릴 때, 두레굿에서 논매기 마지막을 장식하는 흥겨운 '만두레' 노동 때와 '장원질놀이'에서, 놀이굿인 대동 풍물 판굿 종결부의 '뒤풀이' 부분에서, 회의굿의 열띤 토론과 그 후의 뒤풀이에서, 이러한 '흐름'이 형성되는 사례들을 극명하게 볼 수 있다. 나아가, 대리마을 '띠뱃굿'의 마지막날 밤 줄다리기가 끝난 뒤 벌어지는 대동 판굿을 보면, 마을 사람들이 풍물굿 가락에 도취되어 굿판 한가운데서 타오르는 모닥불 주위를 돌며 흥에 겨운 춤을 추고, 각종 '탈' 속에 자기 자신을 감춘 채, 엑스타시에 빠져 소리를 지르면서 '신명'의 굿판으로 어우러질 때, 여기서 거의 광란에 가까운 '집단적 자아 상실'의 '흐름' 현상을 보게 된다.

넷째, 마을굿에 참여한 사람들은 행동과 그 행동이 일어나는 환경이 잘 조절된 상태 속에 있다고 느끼게 되고, 그러한 기쁨은 여러 가지 위험과 문제의식을 능가한다. 마을 제사굿에서는 동일한 마을 수호신을 섬기는 마을 주민들 사이에 공유된 '우리 마을'이라는 의식과 그들이 행하는 제의적 행위들의 일체적 '흐름' 속에서 마을 안의 여러 가지 다른 갈등과 문제들이 일시적으로 초월된다. 또한 노동굿의 경우에는 두레굿의 노동 행위와 풍물 가락 및 노동요와 자연의 전일한 융합체의 '흐름' 속에서, 노동의 고통과 온갖 위험 및 재해들을 능가하고 극복할 수 있도록 한다. 한편, 군사굿에서는 모의군사적 마을 방어 행위와 마을 수호에 대한 공동체 의식의 합일로 구축된 '흐름' 속에서, 마을이 당면하게 될지도 모르는 외침의 위험과 두려움을 극복하게 된다.

다섯째, 마을굿의 다섯 가지 변이형들, 즉 제사굿·노동굿·놀이굿·회의굿·군사굿은 '흐름'을 형성하는 데 필요한 행동들의 요건들을 두루 갖추었는데, 그 요건들에 대해서는 앞 장(제4장)에서 이미 자세히 살펴본 바 있다. 전통 마을 공동체에서는 그 '흐름' 속에서 일시적이지만 일련의 규칙과 규범을 따르면서 그것들을 '진실하다'고 믿으며 기꺼이 수행하였으며, 지금도 그것을 어느 정도 '진실하다'고 믿는 마을들에서는 여전히 마을굿을 수행하고 있다.

여섯째, '흐름'은 다른 무엇을 위한 수단이 아니라, 그 자체에 목적이 있다. 마을굿은 물론 마을 공동체 안에서 그것이 수행하는 일련의 구실과 기능들을 가지고 있다. 그러나 이러한 '흐름'의 형성, 즉 마을 공동체 전체를 하나의 '흐름'으로 통합하여, 마을 공동체 주민들로 하여금 그 '흐름' 속에 있는 것 자체가 가장 행복한 것이라고 느끼도록 하는 것이야말로, 마을굿의 가장 근본적이고 근원적인 기능이자 구실이다.

이러한 '흐름'의 체험은 물론 한 개인도 할 수 있다. 그러나 마을굿에서는 이러한 '흐름'을 '집단적, 반복적, 주기적'으로 마을 공동체 구성원 전체가 체험한다는 데 특징이 있다. 즉, 마을굿의 '흐름'이 체험되는 특징은, 어떤 개인이나 가정 구성원들의 개인적, 일시적, 일회적인 차원이 아니라, 마을 공동체 구성원들 집단 전체가 일정한 시기를 주기로 하여 반복해서 수행한다는 점이다.

긴장성 구축 방법에서 나타나는 이와 같은 마을굿 공연의 '흐름'은 결국 '커뮤니타스'의 형성이라는 방향을 취한다. '커뮤니타스'는 어떤 면에서는 '흐름'과 비슷한 자질들을 가지고 있다. 그러나 '흐름'은 한 개인 안에서도 발생할 수 있지만, '커뮤니타스'는 '집단' 속에서 체험된다는 점이 서로 다르다. 따라서 '흐름'은 '커뮤니타스' 속으로 용해되어 들어갈 수 있지만, '커뮤니타스'는 '흐름' 속으로 용해되어 들어갈 수 없다. 또한 '흐름'이 어떤 규칙이나 규범에 따라 유도되는 것을 포함한다면, '커뮤니타스'는 꼭 그런 정해진 규칙이나 규범을 필요로 하는 것은 아니다. 그러므로, '커뮤니타스'는 '흐름' 이상의 것일 수 있다.[5]

각 마을굿에서는 마을굿마다 달리 마련된 공연적 장치에 따라 이러한 '커뮤니타스'의 순간들이 실현된다. 예컨대, 장수군 천천면 삼고리

---

5) 예컨대, 프로야구는 일정하게 정해진 규칙에 따라 작동되는 것이므로, 선수가 홈런을 치거나 득점을 했을 때 선수와 청관중이 느끼는 어떤 짜릿한 기쁨은 일차적으로 일종의 '흐름'과 관련된 것이다. 그러나, 2002년 한국-일본 월드컵 대회에서 한국의 응원단인 '붉은 악마들'이 이루어낸 환희는 분명 일정하게 정해진 규칙이나 규범에 따른 것은 아니었다. 그것은 오히려 정해진 규칙을 파괴하고 넘어서 새로운 공동체의 지평을 열고자 한 자발적인 행위였다. 그러므로, 이러한 행동이 가져오는 것은 '흐름'이 아니라, '커뮤니타스'다. '커뮤니타스'란 사람들이 지향하는 어떤 이상적인 공동의 장에 함께 존재한다고 믿고 느끼게 되는 상태, 또는 그러한 상태가 실현된 것을 말한다.

[사진 5-1] 정읍 산외면 정량리 당산굿-줄로 진 쌓기

삼장마을의 마을 제사굿에서 여성 굿패와 남성 굿패들이 촛불을 휘황
하게 밝힌 마을 동구의 누석탑에서 만나 함께 어우러져 흥겨운 '합굿'을
이룰 때, 정읍군 산외면 정량리 마을 제사굿의 '줄다리기'에서 남성 굿
패와 여성 굿패들이 함께 어울려 하나의 팽팽한 공동체적 긴장성을 형
성할 때, 그리고 부안군 위도면 대리마을 제사굿에서 띠배를 띄워 보내
러 바다로 나갔던 남성 굿패가 포구로 돌아와 포구에서 그들을 맞이하
는 여성 굿패와 함께 어우러질 때, 또는 이 마을 남성굿패가 먼 바다로
고기잡이를 나갔다가 돌아와 포구에서 이들을 맞이하는 여성 굿패들과
'합굿'을 이룰 때, 그러한 '커뮤니타스'의 순간들을 포착할 수 있다. 또한
두레굿에서 두레 노동을 수행하는 장소에다가 한 마을의 두레기를 꽂
아 공동노동의 영역과 공동체 단결심을 표시해 두고서 다른 마을 두레
패들과 경쟁적으로 두레 노동을 수행해 나갈 때, 놀이굿에서 여러 마을
놀이패들이 한자리에 모여 경쟁적인 풍물굿 놀이를 벌일 때, 군사굿에
서 벌이는 아군과 적군의 모의싸움 '도둑잽이굿'에서 아군이 승리하는
장면이 연출될 때 등 모든 마을굿들 속에서 커뮤니타스의 현상과 순간

들이 발견된다.

앞에서 살펴본 것처럼, 마을굿은 매우 복합적, 복선적, 중첩적인 방법으로 공연의 긴장성 또는 공연 구조를 구축한다. 이러한 방법들을 통한 마을굿의 공연 과정은 곧 마을 공동체 행위의 전반적인 '흐름'과 '커뮤니타스'의 형성 과정이라 할 수 있다.

산업사회 이전에는 '제의'가 씨족이나 가문 또는 가족과 같은 총체적 사회의 '흐름'을 형성할 수 있었는데, 후기산업사회에서는 제의가 개인주의와 합리주의의 방향으로 옮겨가면서, 제의를 대신하여 예술·스포츠·게임·오락 등 레저 장르들이 사회의 '흐름' 형성의 기능을 담당해 가고 있다. 노동이 복잡해짐에 따라, 즐겨할 수 있고 선택 가능한 레저 장르들의 영역도 복잡해졌다. 이렇게 되자, 봉건사회의 제의 및 종교극과 같은 보조적 제도들이 현대사회의 중추적인 패턴을 제공해주었다(Victor Turner 1996 : 98). 여기서 강조해야 할 것이, 바로 마을굿이 현대사회에 필요한 '흐름'의 틀과 '커뮤니타스' 형성의 패턴들을 제공한다는 점이다.

5.4. '공연'과 '생활'의 일체화 실현

여기서는 마을굿 공연의 '전체 과정'에서 나타나는 공연적 특징을 파악해 보고자 한다. 공연의 전체 과정은 크게 '준비 과정', '공연 과정', '공연 이후 과정'의 3단계로 이루어지는 '시공간의 연속체'라 할 수 있는데, 각각의 과정이 어떻게 구성되며 어떤 방식으로 결합하는가에 따라 공연 양식들의 특징적인 면이 드러난다.

지금까지 대부분의 공연 연구는 가시적인 형태로 눈 앞에 보이는 공연 행위 그 자체에 주로 관심을 집중해왔다. 공연의 전 과정에서 공연 과정의 행위 자체만을 분리적으로 보는 이러한 시각은, 분화와 해체 지향적인 근현대적 사고의 영향에서 비롯한 것으로 보이는데, 마을굿과 같은 공연 양식은 이와 같은 분리적인 시각으로는 그 전모를 제대로 파악할 수 없다. 따라서 공연의 전 과정이라는 측면에서 본 마을굿의 공연적 특성은, '공연 과정'뿐만 아니라 '준비 과정'과 '공연 이후 과정' 전체가 유기적으로 통합된 관계라는 데서 찾을 수 있다.

제관을 선정하고 제물을 장만하는 제사굿 '준비 과정'에서 만약 그 마을에서 관습적으로 부정하다고 여겨지는 어떤 잘못이 발생하면, 마을 전체에 그 '부정'으로 말미암은 신성성의 침해가 일어나게 되어, 그 결과 마을 전체가 피해와 해악을 입게 된다고 여긴다. 또 노동굿의 준비 과정에서 두레패 구성 등이 잘못되면 한 해 동안의 마을 공동체 경제 생산활동이 타격을 받게 되고, 놀이굿의 준비 과정에서 풍물패의 구성과 연행 능력이 제대로 갖추어지지 못하면 제사굿이나 노동굿의 진지성과 노동적 긴장으로부터 벗어나 집단적 해방과 이완에 이를 수 없으므로 마을 공동체의 집단적 신명과 활기를 회복하기 어려워진다. 이러한 점들은 마을굿 준비 과정이 그 후의 과정, 곧 준비 과정에 연속된 삶의 과정과 필연적인 영향 관계를 맺고 있음을 뜻한다.

'공연 과정'은 마을굿이 실제로 공연되는 과정이다. 마을굿 공연 과정은 앞 장의 기본구조와 변이구조에서 살펴본 바와 같으며, 제사굿·노동굿·놀이굿·군사굿·회의굿은 제의적 요소를 공유하면서도 각각 다른 내용과 과정으로 이루어진다. 우선 지적할 수 있는 것은, 이 다섯 가지 형태의 마을굿 공연 과정에서 나타나는 공통적 특성으로서, 공연 장소가 마을 전체에 걸쳐 있고, 공연 시기가 한 해 동안의 마을 공동체 삶의 과정에 따라 순환되면서 주기적으로 반복되어 나타난다는 점이다. 오늘날 제사굿만이 전승되면서 이러한 특성을 제대로 간직하고 있지만, 공연 과정이 이처럼 공동체적 삶의 차원으로 직접적으로 육박해 들어오는 양식으로는 마을굿 양식이 유일하다고 하겠다.

마을굿의 '공연이후과정'이란 마을굿 공연의 결과나 효과가 마을 공동체 구성원 전체 속으로 퍼져나가고 침투해 들어가며 원래의 삶으로 되돌려지는 과정이다. '공연 이후 과정'은 좁게는 굿이 끝난 직후의 과정이지만, 넓게는 굿이 끝난 뒤부터 그 다음 굿이 벌어질 때까지의 전체 과정을 말한다. 진정한 의미에서 마을굿의 '공연 이후 과정'은 마을굿 공연의 여파가 마을굿의 '참여자들'인 마을 공동체 구성원 전체에 미치는 과정이다. 그래서 제사굿이 끝나면 마을 공동체 구성원들은 신과 자연과의 조화로운 관계 속에서 새로운 한 해를 보낼 수 있게 되고, 노동굿이 끝나면 노동의 생산물을 소유할 수 있으므로 경제적 토대가 마련된다. 또 대동놀이굿이 끝나면 마을 공동체 삶에 집단적 활력과 신명이 확보되고, 회의굿 이후에는 마을 공동체가 당면한 각종 문제들이 해결됨으로써 마을 공동체 안의 갈등 요소가 제거되며, 군사굿 이후에는 마을 공동체가 외침으로부터 보호되어 마을에 평화가 자리할 수 있다.

이 다섯 가지 마을굿 형태들로 이루어지는 전북지역 마을굿의 전체적인 과정을 보면, 이것들이 마을 공동체 생활의 모든 영역에 걸쳐 나타남을 알 수 있다. 다시 말해, 마을굿들의 공연과 마을 공동체 일상의 삶이 서로 긴밀하게 연결된 하나의 과정으로 일체화되어 있다. 하나의 마을 공동체는 앞에서 고찰한 바와 같이 정초의 제사굿, 여름철 농번기의 노동굿, 농번기 이후의 놀이굿, 연말의 대동 회의굿, 한겨울 시련기의 군사굿 등 일련의 마을굿 공연 과정을 통해서 마을 공동체 생활의 주요 과정들을 영위해 나가게 되므로, 결국 마을굿의 공연 과정은 바로 그 마을 공동체 생활의 과정과 통합되어 있다고 하겠다. 이 점이 공연의 모든 과정에서 드러나는 전북지역 마을굿의 전반적인 특징이다.

일반적으로 오늘날의 공연예술들은 모두가 '공연 과정'에 관심이 모아져 있으며, 공연의 준비 과정이나 공연 이후 과정은 별로 중시되지 않는다. 그래서 공연자들은 공연을 보여주고, 청관중은 그 공연을 보고 난 뒤 공연의 과정이 완전히 끝나는 것으로 여겨진다. 이러한 현상의 원인은 공연을 보여주는 사람들의 집단과 공연을 지켜보는 사람들의 집단이 서로 다른 집단으로 분리된다.

그러나, 마을굿의 모든 과정에서 이 두 집단은 분명하게 나누어지지 않는다. 공연하는 사람들과 지켜보는 사람들뿐만 아니라, 그것을 준비하고 공연하고 지켜보고 뒤처리하는 사람들 모두가 한 마을 공동체의 구성원들이며, 그들은 모두 그 마을굿의 ‘참여자들’이다. 공동체의 ‘운명’과 결부된 이 과정들에 구성원들은 직접적으로든 간접적으로든 ‘참여’하게 되어 있다. 그러므로 마을굿에서는 참여자들이 공연자와 청관중으로 분리되지 않고,6) ‘참여자들’로서 유기적으로 ‘통합’되어 있다. 이러한 면모는 마을굿의 공연과 일상생활의 ‘일체화’ 양상을 잘 보여주는 측면이기도 하다. 이것은 마을굿이 단순히 ‘놀이’나 ‘오락’의 차원에서 공연되는 것이 아니라, 한 마을 공동체 전체 삶의 ‘운명’을 결정짓는 ‘생존’과 직결되어 있는 공연이기 때문이다.

마을굿 공연과 공동체적 삶의 과정 사이에 있는 이러한 일치성과 통일성은, 일상 생활과 공적인 공연들이 완전히 ‘분리’되어 있는 오늘날의 현상을 고려해볼 때, 주목할 만한 특성이다. 이것은 ‘공연하는 인간’ 곧 ‘호모 퍼포먼스(homo performans)’로서 인간의 특성을, 삶의 총체적 표현으로서 마을굿의 공연 현장에서 발견한 것이라는 점에서도 그러하다.

5.5. 마을 공동체의 ‘생활 전승’

여기서는 공연 지식이 어떻게 전승되고 전파되는가를 살펴보고자 한다. 공연 지식은 주로 문자전승·구두전승·행위전승7)·현장전승의 방

---

6) 마을굿의 과정에서 보여주는 공연자와 그것을 지켜보는 청관중이 나누어지는 부분이 있다. 그러나, ‘참여자들’ 전체의 유기적 상호관계망 형성에 관하여 앞에서 설명한 바와 같이 분리된 관계가 시종 유지되는 것이 아니고, 이들의 구실은 상호교체적이어서 언제든지 바뀌므로 모두 ‘참여자들’이라 부른다.

7) 여기서, ‘행위전승’이란 어떤 공연 지식을 실제 ‘행동’으로 보여주고 그 행동을 직

법으로 전승되는데, 이 가운데 한두 가지 또는 네 가지 모두가 다 활용되기도 한다. 전북지역 마을굿의 공연지식 전승 방법은 문자전승·구두전승·행위전승·현장전승의 방법을 두루 활용하고 있으나, 이 가운데서 구두전승과 행위전승 그리고 현장전승의 방법에 주로 의존한다.

마을굿에서 '문자전승'의 방법은 마을 제사굿으로서 무당굿의 사설[8] 전승 및 전파와 유교식 제사의 제문(祭文)과 마을굿 관련 회의록 및 결산기록 등 아주 한정된 부분에서만 사용되어 왔다. 마을굿뿐만 아니라, 우리나라 민속 공연은 전반적으로 '문서기록(archive)'에 따른 전승은 거의 찾아보기 어렵다. 그러나, 오늘날에 와서는 마을굿의 현장전승과 전파력이 크게 약화됨에 따라, 이 '문자전승'의 방법이 일부에서 확대되고 있다. 예컨대, 부안군 위도면 대리 마을의 마을굿인 '띠뱃굿'의 무당굿 전승을 보면, 세습무였던 조금례 무당이 사망한 뒤부터는 그녀의 후계자가 조금례 무당의 무당굿 레퍼토리를 전승하기 위해 무당굿 무가 사설을 기록한 것들과 녹음 테이프들 및 비디오 테이프 등을 사용하여 무당굿 지식을 습득하였음을 확인했다.

'구두전승'의 방법은 '행위전승', '현장전승'의 방법과 함께 마을굿 지식 전승과 전파 방법 전체를 지배하는 가장 중요한 방법들 가운데 하나다. 마을굿과 관련된 모든 지식들, 예컨대 마을굿을 위한 '준비 과정', '공연 과정', '공연 이후 과정'과 관련된 모든 지식들이 이 '구두전승'의 방법을 통해 전승된다. 전북지역 마을굿의 모든 과정을 주도하는 공연 요소인 풍물굿의 굿가락과 동작을 전승하기 위해, 기억에 편리한 일상 언어의 음성 상징을 활용하여 '길굿'의 장구가락을 "갱기리사 돈닷돈"(진안 김봉렬) 또는 "김길산 돈닷돈"(임실 양순용)이라는 구음(口音)으로

접 보고 모방함으로써, 공연 지식을 전승해 나가는 방법을 말한다.
8) 일부 무당들 사이에서 전승되는 무경(巫經)이나 필사본 무가를 예로 들 수 있다. 정읍시 옹동면 제내리 전금순 무녀가 소장하고 있는 필사본 무가(전북대박물관 1992)나 전남 해남에서 나온 농악의 진법에 관한 필사본 기록(황도훈 1991) 등이 그 예다.

기억하게 한다든지, ‘삼채굿’ 가락을 “땅도땅도 내땅이다, 조선땅도 내땅이다”(임실 양순용)라는 구음으로 기억하게 한다든지, ‘영산가락’의 특징을 ‘솟짝새 가락’(진안 김봉렬)이라 하는 것 등이 그런 대표적인 예들이다. 이것은 전승자들이 구술성의 원리를 이용하여 기억을 형성함으로써 전승을 쉽게 하는 기억 방법이다(Ong 1995 : 92-107). 또 ‘까치걸음’, ‘나비상’, ‘수박치기’ 등과 같이 동작의 특징으로 주요 동작이나 춤사위의 이름을 표현하여 전승에 편리하도록 하는 것(김익두 1989 : 80)도 그런 면모를 볼 수 있는 사례다.

‘행위전승’의 방법은 마을굿 공연의 전체 과정 가운데 특히 ‘공연 과정’에서 두루 활용되는 방식이다. 즉 마을굿의 ‘공연 과정’과 관련된 지식은 어떤 별도의 과정이나 방법을 통해서 전승되는 것이 아니라, 주기적으로 반복되는 마을굿 ‘공연 행위’ 자체를 통해서 마을 공동체 주민들에게 전승된다. 이 점은 별도의 지식 습득 과정을 통해서 이루어지는 근대 이후의 각종 공연 양식들의 지식 전승 방법과는 다른 점이다.

‘현장전승’이란 공연과 관련된 지식들이 따로 전승되는 것이 아니라, 공연이 이루어지는 ‘현장’에서 공연을 통해서 공연에 참여한 사람들에게 직접 전승되는 방법을 말한다. 전북지역 마을굿의 공연 지식 전승은 거의 대부분이 이런 방식으로 이루어진다. 다만, 전문적인 세습무의 무당굿 지식 전승은 사제간의 ‘도제식’ 전문 교육으로 이루어진다는 점에서 좀 더 전문적인 교육 과정이 존재한다고 하겠으나, 그들의 지식 전승 방법도 ‘사설’의 암기 외에는 거의 모든 것들이 다 스승이 무당굿을 수행하는 현장에서 그 공연 행위를 보고 듣고 기억해서 전승된다.

예를 들어, 전북지역 마을굿에서 가장 필수적인 공연 요소인 풍물굿의 지식 전승 방법을 보면, ‘수장제도’라는 것이 있다. 풍물굿 굿패의 각 파트별 ‘수장(首長)’인 쇠잽이의 ‘상쇠’, 장구잽이의 ‘수장고’, ‘버꾸잽이’/‘소고잽이’의 ‘수버꾸’ 등이 각 잽이들의 ‘수장’인데, 각 파트별로 쇠잽이들은 ‘상쇠’를 수장으로 하여 그 파트의 공연 지식을 공연 현장에서 가장 많이 습득하고, 장구잽이들이나 버꾸잽이들도 그 파트의 수장을 따라 공연 지식을 현장에서 습득한다(김익두 1989 : 79). 이 제도는 공연 지식이 공연 현장에서, 공연을 통해서, 전승된다는 점을 잘 보여준다.

이 공연 지식의 전승 방법 면에서, 탈놀이나 판소리와 같은 한국의 전통 공연예술 양식들 대부분도 마을굿과 같이 '구비전승'과 '행위전승'의 방법을 두루 채용해 왔다. 그러나 그것들은 마을굿에 견주어 '기록전승'의 방법을 더 많이 활용하고 있다. 주로 구두전승·행위전승·현장전승을 통한 마을굿의 공연 지식 전승은 마을굿의 모든 과정을 통해 이루어지므로, 이것은 곧 마을굿의 공연 지식이 마을 공동체 삶의 과정에서 전승되고 전파된다는 점을 말해준다. 이 점은 앞에서 살펴본 것처럼, 마을굿이 마을 공동체 생활 자체와 '일체화'를 이룬다는 점과도 긴밀하게 연관된다.

5.6. 공동체 '생활 효용성'의 미학

공연이 어떻게 생성되고 평가되는가 하는 문제는 공연학의 최종적인 문제로서, 그만큼 중요한 측면이기도 하다. 이러한 측면에서 드러나는 전북지역 마을굿의 특징은 마을굿이 마을 공동체 '생활의 효용성'을 가치평가의 중심 기준으로 삼고 있다는 것이다. 공연 예술들은 예술 자체가 주는 위안과 즐거움에서 우선적으로 가치평가의 근거를 찾는 것과는 달리, 마을굿에서는 마을 공동체의 실제 생활에서 얼마나 '효용가치'를 발휘하느냐를 가장 중요한 가치평가의 기준으로 삼는다. 이러한 차이는 예술적 공연 양식과 제의적 공연 양식이 각각 지향하는 목적의 두 극단을 보여준다(Schechner 1988 : 120).

예컨대, 마을 제사굿은 마을 공동체와 수호신과의 조화로운 관계를 실현하는 데 기여하는 정도에 따라 공연의 가치가 결정되고, 마을 노동굿은 마을 공동체 노동현장의 결속력 및 '흐름' 형성력과 노동 효율성 등에 따라 공연의 가치가 결정된다. 놀이굿은 마을 공동체 구성원들의 집단적 신명과 활력의 고취, 그리고 제의적, 노동적, 군사적 긴장과 고통의 해소에 얼마나 기여하는가에 따라 가치가 결정된다고 할 수 있으며, 회의굿은 마을 공동의 문제 해결 능력에 따라, 그리고 군사굿은 마을 공동체의 마을 수호적 능력에 따라, 각각 가치평가의 중요한 근거들이 마련된다.

또한, 마을 공동체의 여러 가지 문제와 갈등들을 공동으로 해결하기 위해, 마을 주민들 전체가 공동으로 참여해서 마을굿이 '생성'되고, 공연이 이루어지는 동안과 이루어진 이후에 마을 공동체 구성원 전체가 공연에 대해 '가치평가'를 하며, 그 가치평가가 마을 공동체 전체의 '운명'과 관련되어 있다는 점도 가치평가와 관련해서 지적할 수 있는 특징이다. 한 공동체의 구성원 전체가 공연의 '생성'에 참여하고, 한 공동체 구성원 전체가 그 공연을 '가치평가'하는 문화적 공연은 현재 전북지역에서 전승되는 전통 공연 양식들 가운데서 마을굿밖에 없다.

마을굿에 대한 가치평가는 두 단계로 이루어진다. 마을굿이 수행되는 공연 '현장'에서 참여자들이 내리는 가치평가와, 마을굿이 끝난 뒤에 마을 주민들이 내리는 평가가 그것이다. 전자든 후자든 마을굿의 가치평가는 어떤 특정한 전문적인 평가자가 공연 뒤에 내리는 것이 아니라, 공연이 이루어지는 동안 거기에 참여한 참여자들이 바로 그 공연 현장에서 내린다는 특징이 있다. 이것은, 마을굿 공연에서는 공연 과정과 그에 대한 가치평가의 과정이 따로 나누어지지 않는다는 점, 그리고 공연자와 가치평가자/비평가가 따로 분리되지 않는다는 점을 말해준다.

끝으로, 마을굿의 가치평가에서, 가치평가의 기준이 '예술미학'에 있는 것이 아니라, 그것을 공연하는 참여자들 전체의, 또는 그것을 공연하는 공동체 전체의 '생활 미학'에 있다는 점을 지적할 필요가 있다. 마을굿은 '미적 체험'을 위한 것이 아니라, '생활 체험' 자체를 안전하고 보람 있게 영위하기 위한 것이기 때문이다. 여기서는, 예술과 삶이 따로 '분리'되는 것이 아니라, 빅터 터너가 말한 것처럼 일종의 '무대극'과 '사회극'의 상호 관계(Victor Turner 1996 : 101-145)와 비슷한 형태로 서로 긴밀히 '통합'된다. 여기에, 하나의 공연 양식으로서 마을굿이 가지고 있는 특징과 미래에 대한 가능성이 담겨 있다. 이러한 가능성과 잠재력을 계승하고자 한 것이 1970~1980년대의 '마당극' 또는 '마당놀이'다.

6. 현대적 변화와 재창조

　전북지역 마을굿은 다른 공연 양식들과 마찬가지로 사회-문화적 상황과 맥락에 따라 변화되고 재창조된다. 이러한 변화와 재창조를 통해서 마을굿은 그 자체의 현대적 의의와 가치를 존속시키고 드높일 수 있다.
　여기서, '현대적 변화'란 마을굿이 전승되고 있는 마을 '현장'의 사회-문화적인 맥락의 변화에 따라 마을굿 자체가 겪게 되는 변화를 말하며, '재창조'란 마을굿 양식을 바탕으로 해서 그것을 현대적인 새로운 형태와 양식으로 바꾸는 작업을 가리킨다. 이 장에서는 이 두 측면에 초점을 맞추어, 전북지역 마을굿의 현대적인 '변화'와 '재창조'의 양상과 의미를 살펴보고자 한다.
　마을굿과 같은 문화적 공연 양식은 개인적인 창조물과는 달리 연속성(continuity), 변이성(variation), 선택성(selection)이라는 세 가지 본질적 특성을 갖는다(Karples 1973 : 3). '연속성'은 과거와 현재를 이어 전통을 보존하는 성질이고, '변이성'은 개인 또는 집단의 창조적인 충동에 따라 연속되는 것에 변화를 가하는 성질이며, '선택성'은 어떤 공연 양식이 어떤 공동체 안에서 전승되도록 하기 위해서 그 전승자들에게 선택받은 것들은 보존하고 그렇지 않은 것들은 버리는 성질을 말한다.
　문화적 공연 양식이 갖는 이 세 가지 성질은 각각 독립되어 있는 것이 아니라 서로 맞물려 있다. 문화적 공연 양식은 늘 변화하면서 지속된다. 특히 마을굿과 같은 문화적 공연 양식들의 '텍스트'는 어떤 개인에 따라 문자전승되는 것이 아니라, 그것을 가지고 자신들의 삶을 만들어 가는 마을 공동체 구성원들에 따라 주로 구비전승·행위전승·현장전승되므로, 그 텍스트가 콘텍스트에 따라서 늘 변한다. 이것이 바로 문화적 공연 양식의 '변이성'이다. 그러면서도 이러한 양식의 '변이'는 개인의 창작처럼 자유롭지 않고, 공동체 사회 집단에 따라 많은 제약이 가해진다. 즉 그것을 전승하는 집단이 '선택'하여야만 지속적 전승이 가능하다. 이것이 바로 문화적 공연 양식들의 '선택성'이다. 문화적 공연 양식들은 그것이 속해 있는 사회의 이러한 결정력에 종속되어 있다. 즉 공동체 집단 전승에서 일어나는 선택은 집단의 관습과 문화를 반영하며, 공동체 구성원들은 거기에 부합하는 것만을 선택하는데, 이러한 선택은 그 사회 구성원들의 의식적인 합의뿐만 아니라, 그들의 무의식적인 합의에 따라서도 결정된다(김익두 1989 : 31-2).

결국, 전통적인 공연 양식들은 이러한 '연속성', '변이성', '선택성'을 반드시 공유하게 되며, 마을굿도 필연적으로 이러한 속성을 지닐 수밖에 없다. 즉, 일종의 문화적 공연 양식인 마을굿도 고정 불변한 것일 수 없으며, 그것을 전승하는 공동체의 변화에 따라 변화한다. 그 변화는 필연적으로 이러한 연속성과 변이성 및 선택성을 동반하면서 이루어진다. 그러므로, 만일 이러한 '변화'가 이루어질 수 없다면, 마을굿은 삶의 현장에서 생명력을 잃고, 점차 소멸되고 말 것이다.

이러한 시각에서 볼 때, 오늘날까지 전북지역 마을 공동체의 현장에서 살아남아 전승되는 마을굿은 분명 고정불변한 채 전승되어온 것이 아니라, 그것을 전승해온 마을 공동체의 변화와 더불어 '변화'를 거듭해온 결과의 산물이다. 여기서는 전북지역 마을굿 변화의 양상을 전반적인 변화와 특정한 전승 현장의 변화로 나누어 살펴보고자 한다.

6.1. 마을굿의 전반적인 변화

전북지역 마을굿의 현대적인 변화는 제사굿·노동굿·놀이굿·회의굿·군사굿의 다섯 가지 층위에 걸쳐서 일어나고 있다. 따라서, 전북지역 마을굿의 현대적인 변화를 전반적으로 논의하기 위해서 다섯 가지 마을굿의 변화를 모두 살펴보고자 한다.

우선, 제사굿은 변화의 정도가 가장 적은 편이며, 지금도 어느 정도의 고정된 틀을 유지한 채 제사굿 형태를 존속시켜 오고 있다고 볼 수 있다. 마을 제사굿은 지금도 마을 공동체 구성원 전체가 관여해서 마을 공동으로 수행하는 마을굿의 기능과 구실을 가장 강하게 수행하는 마을굿이다. 노동굿·놀이굿·회의굿·군사굿 등은 마을의 전승 현장에서는 거의 사라졌거나 사라지고 있는 상황이다. 이러한 현상은 앞(3장)에서 살펴본바, 오늘날 전승되는 마을굿이 거의 다 마을 제사굿 형태인 데서도 분명히 드러난다. 즉, 현재의 마을굿 전승은 제사굿으로서 마을굿 기능만은 비교적 강하게 수행하고 있는 상태이며, 그래서 현재는 제사굿만이 하나의 마을굿으로서 명맥을 어느 정도 유지한다고 하겠다.

다음으로, 노동굿 즉 '두레굿'은 전승 현장에서는 거의 사라지고 없다. 가장 큰 원인은 경제·노동·생산 행위의 현대화와 기계화에 있다. 특히, 전북지역 육지부에서 이앙기 사용으로 말미암은 모내기 집단노동의 소멸과 제초제 사용으로 말미암은 논매기 집단노동의 소멸은 마을 노동현장에서 노동굿의 소멸을 가져온 핵심적인 요인이다. 실제로 해방 이후 마을 공동체 삶의 현장에서 노동굿은 완전히 소멸한 상태다.

마을 노동굿은 마을 주민들이 공동으로 하나의 노동집단을 이루어 마을 공동체 단위로 경제 노동 행위를 구성하던 시절의 산물이다. 그런데, 이러한 집단노동 행위 자체가 노동현장에서 사라져버렸기 때문에, 노동굿은 더 이상 마을굿으로서 현장에서 존속할 수 없게 된 것이다. 이제 노동굿은 다만 그것을 체험한 적이 있는, 아주 일부 고령의 제보자들 머리 속 '기억'의 창고에만 기억 전승으로 남아 전해지고 있다.

　노동굿으로서 '두레굿'은 오늘날 전승 현장에서 사라졌지만, 일과 놀이를 통합하는 노동굿의 기능은 변화된 다른 형태로 노동현장에 나타났다. 그러한 예를 1970년대와 1980년대에 주로 문화패들이 노동현장에서 공연한 마당극에서 찾아볼 수 있다(놀이패 신명 1989). 일터에서 공연되는 마당극은, 노동현장의 문제를 해결하려는 정치적 성격이 강하게 투사되어 놀이적 측면을 억압하는 결과를 낳기도 했으나, 놀이와 더불어 일함으로써 공동체적인 결속감을 다지는 노동굿의 기능을 수행했다.

　마을 놀이굿은 전통적인 방식을 어느 정도 유지하는 가운데 그 전승이 약화되고 있다. 정초에 제사굿이 끝난 정월 대보름 무렵을 중심으로 벌이던 놀이굿은 지금도 일부 농어촌 마을에서 약화된 채로나마 이루어지고 있다. 그 방식은 이전의 방식에서 크게 벗어나지 않아, 마을 풍물패가 풍물을 잡고 집집을 돌며 '마당밟이'를 한 다음, 마을 광장에 모여 '판굿'을 벌여 함께 먹고 마시고 춤추고 노래하며 노는 방식이다. 여름철 농번기가 끝난 뒤의 놀이굿은 노동굿 소멸과 함께 거의 다 사라졌으며, 일부 마을에서는 놀이굿에 따르는 제의적 절차 없이 마을 공동의 잔치를 행하기도 한다.

　이러한 마을 놀이굿의 또 다른 변화는 놀이굿의 기능을 수행하는 다른 형태로 변형된 것이다. 마을 단위 또는 소지역 단위의 '문화관광 놀이'가 그런 형태의 예다. 마을 주민들이 마을 공동체 안에서 풍물굿을 중심으로 굿판을 벌여 노는 놀이굿을 버리고, 각 마을 단위나 지역 단위 또는 각종 '계(契)' 단위로 그룹을 지어 주로 농한기나 어한기에 관광을 겸한 놀이 여행을 떠나는 것이다. 이러한 현상은 마을굿의 관점에서 보자면 종래 마을 놀이굿의 전승현장이 약화되고 소멸되자, 일종의 '유동적'인 놀이 형태로 '변화'된 것으로 볼 수 있다.

　회의굿은 모두 마을의 '행정조직' 구조로 통합되고 개편되었다. 이에 따라 일종의 마을굿 형태로 수행되던 마을 대동회의굿은 마을이장 또는 개발위원장이나 어촌계장 등을 중심으로 하는 마을 단위 행정조직과 긴밀한 연관을 가지는 회의구조로 전환되면서, 종래의 제의적인 성격을 수반하는 마을 대동회의굿을 지금은 거의 찾아볼 수 없다. 다만 아직도 마을 제사굿을 전승하여 수행하고 있는 마을들에서는 제사굿을 전후한 시기에 마을 대동회의굿을 행하는 경우가 있다.

군사굿은 앞서 살펴본 바와 같이 기존의 전통사회에서도 일찍이 오래전에 온전한 형태가 사라지고, 마을 풍물굿 속에 잔영으로만 남아 있다. 그래서 마을굿 가운데서 오늘날 전승 흔적을 찾아보기가 가장 어려운 것이 바로 이 군사굿이다. 그러나 지금도 이른바 연예농악 형태로 행해지는 풍물굿의 편제 구성과 내용 속에서, 특히 '판굿' 속에서 일부 그 흔적들을 찾을 수 있다.

6.2. 마을굿 전승현장의 변화

오늘날 전승현장에서 존재하는 문화적 공연 양식들은 다음 세 가지의 변화된 형태로 있다. ① 오직 공동체 내부 구성원들만의 문제 해결을 위한 제의적-사회적 형태, ② 외부 관광객들의 참여가 허용되지만, 공동체 자체의 공동체 자체를 위한 사회적-놀이적 형태, 그리고 ③ (비록 공동체 내부 구성원들이 거기에 존재한다고 할지라도) 주요 목적이 관광 수입에 있는 놀이적-상업적 형태가 그것이다.

어떤 전승현장에서 여러 가지 변화된 형태로 존재하는 하나의 문화적 공연 장르에 대해서는 미셸 앤더슨(Michelle Anderson)의 분류를 참고할 만하다. 그녀는 아이티 섬(Haiti)에서 관찰한 '보던(Vodun)'이라는 전통 공연물에 대해 다음과 같이 세 가지의 변화된 형태를 지적했다.

그것은 (비록 그녀가 거기에 있었다고 할지라도) '오직' 아이티 사람들만을 위한 제의적-사회적 형태와, 아이티 사람들과 관광객들을 위한 사회적-연극적 형태, 그리고 (비록 이런 다른 종류의 사건들을 연구하는 아이티 사람들이 거기에 있다고는 할지라도) '오직' 여행자들만을 위한 연극적-상업적 형태의 세 가지다(Schechner 1993 : 37).

앤더슨은 이 세 가지 형태의 공연 양식이 오늘날의 모든 권위 있는 '보던' 공연 양식들을 이루고 있다고 말한다. 앤더슨이 제시한 이 세 가지 형태의 보던 공연 양식은, 오늘날의 전승현장에서 마을굿의 변화를 고찰하는 데도 유효하고 적절한 관점을 제시한다. 여기서는 앤더슨의 관점에 따라, 오늘날 전승현장에서 전승력을 가장 강하게 유지하고 있는 마을 제사굿의 현대적인 변형들을 고찰하고자 한다.

먼저, 앤더슨의 관점에서 오늘날의 전북지역 마을 제사굿을 고찰해 보면, 그것들을 크게 ① 제의적-사회적 형태, ② 사회적-놀이적 형태, ③ 놀이적-상업적 형태라는 세 가지 유형으로 나눌 수 있다. 전북지역의 마을굿들 가운데서 이러한 세 가지의 현대적 변형을 유형별로 사례를 들어서 살펴보면 다음과 같다.

대표적인 사례로, ① 제의적-사회적 형태는 동부 산간지역인 장수군 천천면 삼고리 삼장마을 마을굿, ② 사회적-놀이적 형태는 서부 평야지역인 부안군 보안면 우동리 우동마을 마을굿, ③ 놀이적-상업적 형태는 서해 도서지역인 부안군 위도면 대리 마을굿을 들 수 있다. 이것들을 차례로 검토하면 다음과 같다.

6.2.1. 제의적-사회적 형태

동부 산간지역 마을굿인 장수군 천천면 삼고리 삼장마을 마을굿의 사례는 앞 장의 구조와 유형에서 살펴본 것처럼, 최근 20여 년 사이에 상당한 변화를 일으킨 예다. 우선, 20여 년 전에는 마을 주민 남녀가 거의 대등한 비중으로 주도하는 '양성형' 마을굿이었던 것이, 최근에 와서는 여성 주도의 '여성형' 마을굿으로 변화했다. 남성이 주도해왔던 '산신제'를 여성들이 맡게 됨으로써, 이 마을굿의 제사굿인 '산신제'와 '탑제/팥죽제'를 모두 여성들이 주도하게 되었다. 그러나, 이처럼 제사의 주도권이 '양성형'에서 '여성형'으로 변화하고, 굿의 규모도 상당히 축소되었지만, 이 마을굿은 여전히 마을 주민들이 마을 공동체의 평안과 안녕을 위해서 수행하는 제사굿의 성격을 보존하고 있고, 제사굿을 수행하는 마을 사람들도 제사굿의 제의성에 대한 믿음을 강하게 가지고 있다.

30여 년 전 이 마을의 제사굿 전승에 심각한 위기가 있었다. 본래 있었던 제탑(祭塔)을 새마을운동 때 없애면서 마을 제사굿도 중단된 것이다. 그러나 그 뒤 마을에 우환이 계속되자 다시 마을 앞에 누석탑을 쌓고 제사굿을 복원했다. 이 점은 이 마을 제사굿을 지금까지 지속시킨 한 원인으로 작용해 왔다. 이러한 마을 주민들의 집단적 '경험'은 마을 남성들에게보다는 특히 여성들에게 더 많은 영향을 미친 것으로 보이며, 그러한 영향의 결과 이 마을굿이 양성형 마을굿에서 여성형 마을굿으로 변화되었다고 생각된다.

한편, 일반적인 요인으로서, 현대의 부단한 사회적 변화 속에서 지금도 이 마을굿이 제사굿으로서 본래 성격을 어느 정도 유지할 수 있었던 것은, 마을굿을 파괴할 수 있는, 마을 외부의 사회적, 문화적 영향과 문명적인 세례를 다른 마을보다 비교적 덜 받은 데에도 원인이 있다고 보아야 할 것이다. 근대 이후 문명의 영향력이 어떤 방법으로 어느 정도나 작용하였는가 하는 것이, 전통 농어촌사회 마을굿의 유지와 변화에 결정적인 요인이 되고 있다.

어쨌든, 삼장마을의 제사굿은 제사굿을 가장 전통적인 형태로 보존하고 전승하는 대표적인 마을굿들 가운데 하나이며, 그런 의미에서 지금도 순전히 마을 주민들이 그들 자신들만을 위한 '제의적-사회적' 형태로 마을 제사굿을 전승하고 있다.[1)

6.2.2. 사회적-놀이적 형태

서부 평야지역인 부안군 보안면 우동리 원우동 마을굿은 '당산제형' 마을굿으로, 전북 서부 평야지역의 다른 마을굿들에서도 볼 수 있는 바와 같이, 마을 제사굿에 '줄다리기'와 같은 마을 대동놀이가 발달해 있다. 이 줄다리기는 오늘날 전승되고 있는 원우동 마을굿이 정월 보름 '놀이굿'의 성격을 유지하도록 하는 요인이다. 이 개방적 대동놀이 때문에 마을 사람들뿐만 아니라 외지인들의 참여가 비교적 더 자유롭게 이루어질 수 있고, 또 외지인들에게도 널리 알려져 있어서 외지인들의 참여가 늘고 있다.

현재 전승되는 우동리 마을굿에서는 보름날 아침에 행하는 제의 절차가 매우 간소해졌고, 제의 뒤에 이어서 하는 '줄다리기'에는 마을 사람들뿐만 아니라 외지에서 온 방문객들의 참여도 점점 더 자유롭게 이루어짐으로써,[2] 원우동 마을굿은 '사회적-놀이적' 형태의 마을 제사굿으로 전승되고 있음을 알려준다.

이와 비슷한 사례들 가운데 이보다 좀 더 '사회적-놀이적' 형태로 변화한 사례를 하나 더 들어보자면, 같은 부안군 지역에 있는 부안읍 내요리 돌모산 마을굿을 들 수 있겠다. 최근에 행해진 돌모산 마을굿을 현지에서 관찰한 결과,[3] 외지에서 온 참여자들이 단순히 '구경꾼'에 머물지 않고, 마을 사람들과 함께 적극적으로 제사굿 놀이의 일원이 되는 것을 볼 수 있었다. 특히, 서울의 어느 대학 민속학과 남학생들 여러 명은 마을 주민들과 함께 줄다리기를 하고, 줄다리기가 끝난 뒤에는 함께

---

1) 최근 연구자들의 마을굿 참관이 늘어가는 상황에서도 제의적-사회적 형태를 고수하는 마을에서는 외부인의 참관을 철저히 금한다. 특히 전북 산간지역에서 이런 현상을 볼 수 있다.
2) 필자는 이 마을 제사굿을 모두 1994년 정월 보름, 1998년 정월 보름, 2001년 음력 정월 보름 등 모두 3회에 걸쳐 참여 관찰했다.
3) 2002년 음력 1월 16일(양력 2월 17일) 현지 관찰.

그 줄을 메고 '마을돌기'를 하였는데, 이때 마을 아주머니들을 줄로 감기도 하고 줄에 올라 태우기도 하는 등 짓궂은 장난을 쳤으나, 마을 사람들은 이를 아무런 거리낌 없이 받아들였을 뿐만 아니라 유쾌한 행동으로 여기기도 했다. 외지에서 온 이 청년들은 줄다리기에 적극 참여함으로써 오히려 놀이적 활기를 불어넣은 중요한 '참여자들'이 되었다.[4]

최근 농어촌 마을에서는 마을에 거주하는 젊은 연령층의 인구가 감소하면서 마을 제사굿을 연행하고 전승할 인력이 부족하다는 문제가 심각하게 대두되었다. 이러한 상황에서, 마을굿에 적극 참여하는 외지인들이 마을굿 전승의 변화를 이끄는 중요한 존재로 떠올랐다. 따라서 이들로 말미암은 마을굿의 현대적 변화와 그 의미에 주목할 필요가 있다. 적극적으로 마을굿에 참여하는 외지인들은, 농어촌 마을 거주 인구의 감소로 전승 기반이 크게 약해지고 있는 마을굿을 '제의적-사회적' 형태에서 '사회적-놀이적' 형태로 변화시켜 전승시키는 데 중요한 원동력의 하나로 작용하기 때문이다.

6.2.3. 놀이적-상업적 형태

서해 도서지역인 부안군 위도면 대리의 마을굿은 앞의 두 사례보다 널리 잘 알려진 마을 제사굿이다. 최근에는 이 '띠뱃굿'이 행해지는 음력 정월 초사흗날이면, 관련 분야의 연구 학자들과 학생들을 비롯하여 관광객, 사진작가, 신문사와 방송사 취재진 등 수많은 외부인들이 이 굿을 보기 위해 섬으로 들어간다. 외부인들의 출입을 엄격하게 금지하고 마을 주민들이 까다로운 금기를 지키며 행했던 마을 제사굿이, 외부에

---

4) 마을굿이 사회적-놀이적 형태로 변화하는 이러한 현상은 주로 평야지역에서 볼 수 있다. 정읍시 산외면 정량리 원정마을의 당산제와 줄다리기는 규모 면에서 마을의 차원을 넘어 인근 마을 사람들과 외지인들이 함께 참여하는 축제로 확장되고 있다.

널리 알려지고 외부인들이 유입되면서 '제사굿'으로서 본래 속성이 크게 속화한 것이다.

띠뱃굿이 이처럼 전국적으로 널리 알려져 주목을 받게 된 것은 1985년 국가중요무형문화재로 지정된 뒤로 보인다. 마을 사람들이 자신들의 평온한 삶을 지탱하기 위해서 능동적으로 수행하지 않으면 안 되었던 이 마을 제사굿은, 무형문화재로 지정된 이후, 국가의 재정 지원을 받아서 행해지기 때문에, 마을 사람들 자신들의 삶의 평안과 풍요를 위해서라기보다 국가적 지원 때문에 수행하지 않으면 안 되는 수동적인 마을굿으로 변했다. 이러한 상황은 결국 이 마을 제사굿을 마을 주민들이 자신들을 위해서 '행하는 것(doing)'으로부터 불특정한 외부인들에게 보여주기 위해서 하는 '보여주는 것(showing doing)'(Schechner 2002 : 22)으로 변화시켰다. 이와 같은 일련의 문화-사회적 전승 맥락의 변화로 말미암아, 오늘날 행해지는 '띠뱃굿'은 제사굿의 성격은 약해지면서 '놀이적-상업적'5) 형태로 변화했다.

전형적인 어촌 마을의 마을굿인 '띠뱃굿'이 제사굿으로서 갖는 '제의적-사회적' 성격을 많이 잃어버리고, '놀이적-상업적' 형태로 속화한 것은, 이 밖에도 어업 노동의 기계화와 현대화로 제사굿에 대한 의존도가 크게 낮아지게 된 데도 큰 원인이 있다. 그리고 기독교 교회가 들어오면서 이 마을 제사굿이 하던 제의적 기능을 기독교가 대신하게 되었다는 점도 이러한 변화의 중요한 원인으로 작용했다. 이러한 현상은 인근의 다른 섬에서도 분명하게 나타난다. 예컨대, 고군산열도의 무녀도에서는 기독교인들이 늘어나면서, 이 섬의 마을 제사굿인 '당제'가 없어지고, 배를 진수할 때 드리는 '뱃고사'를 기독교식 예배로 대신한다(국립문화재연구소 2000a : 81).

앞에서 살펴본 것처럼, 1)은 아직도 마을 공동체 내부 구성원들만을

---

5) 여기서 '상업적'이란 마을굿이 금전적 이익을 추구한다는 뜻이 아니라, 마을굿의 전승 행위가 정부의 보조금 문제와 밀접하게 관련되어 있다는 점을 지적한 것이다.

위한 '제의적-사회적' 형태의 마을굿을 보여주는 사례이며, 2)는 마을
공동체 내부 구성원들과 외지인을 위한 '사회적-놀이적' 형태를 보여주
는 사례이고, 3)은 마을 공동체 외부에서 오는 외지인들을 위해 하지 않
을 수 없는 '놀이적-상업적' 형태를 보여주는 마을굿 사례다. 전반적으
로 볼 때, 오늘날 별로 알려지지 않은 마을굿들은 비교적 '제의적-사회
적' 성격이 더 남아 있고, 정보매체들로 말미암아 지역적으로 알려진 마
을굿들은 '사회적-놀이적' 성격이 강해지는 경향을 보이며, 정보 매체들
에 의해 전국적으로 알려진 마을굿들은 '놀이적-상업적' 성격이 좀 더
강하게 나타남을 알 수 있다.

6.3. 재창조

전북지역 마을굿은 전승현장에서 사회-문화적인 맥락의 변화에 따라
그 전승이 변화될 뿐만 아니라, 현대적인 양식으로 '재창조'되기도 한다.
여기서는 전북지역 마을굿이 현대적인 공연 양식으로 재창조된 사례와
양상을 살펴보고자 한다.

마을굿 공연 양식이 현대적인 공연으로 재창조된 사례를 '마당극'에서
찾아볼 수 있다. 1984년 12월 1~2일 이틀 동안 전주의 놀이패 '녹두'가
놀이판 '녹두골'에서 공연한 마당극 〈땅풀이-계화도〉를 구체적인 예로
들어 그 재창조의 양상을 살펴보기로 하겠다.

우선, 작품 전체의 내용 구성을 보면 다음과 같다.

① 첫째 과장 : '땅풀이' 과장
  풍물패가 놀이판에 등장하여 '마당밟이' 방식으로 놀이판 안에 설정된
  마을의 제당인 '당산나무'를 돌면서 자기가 태어난 마을과 땅에 대한
  애착의식을 풍물가락과 춤 그리고 모방적인 동작으로 보여준다.

② 둘째 과장 : '수몰'과 '이주' 과장

섬진강댐이 완성되면서 수몰민이 된 마을 사람들이 보상도 제대로 받지 못하고 고향에서 쫓겨나 새 간척지 계화도로 이주하는 사정을 이 지역 토착 노동요와 풍물가락·춤·대사·신체동작으로 보여준다.

③ 셋째 과장 : '땅뺏기놀이' 과장

계화도로 이주 배정을 받은 섬진강 수몰민들은 계화도 땅에 정착을 하려 하지만, 지주·브로커·공무원·계화도 간척지 개발사업소장 등이 그들의 땅을 헐값에 무참히 빼앗는 과정을 역시 풍물가락과 춤·대사·신체동작으로 보여준다.

④ 넷째 과장 : '화리' 과장

이 지역에서 성행해온 일종의 소작제도인 '화리(禾利)' 제도로 다시 한 번 착취를 당하는 계화도 이주민들의 참상을 역시 풍물가락과 춤·대사·신체동작을 통해서 보여준다.

⑤ 다섯째 과장 : '이사굿' 풀이

견디다 못한 계화도 이주민들이 이곳에서 다시 다른 곳으로 지향 없이 떠나가는 모습과, 그러한 역경을 딛고 이곳에서 끈질기게 살아가는 사람들의 모습을 역시 풍물가락과 춤·대사·신체동작으로 보여준다. 마지막에는 이곳 농민들이 마을기와 농기를 들고 풍물을 울리며 모두 어우러져 하나가 된다.

⑥ 마무리 과장 : '뒤풀이'

공연장에 모인 사람들이 미리 준비한 술과 음식을 함께 나누어 먹으면서 풍물을 울리며 어울려 논다(박남준 1985 : 209-231).

이 작품의 전체 구성을 보면, 마을굿의 구조 가운데서 특히 마을 '회의굿'의 구조를 원형으로 활용하는 것을 확인할 수 있다. 즉, 이 마당극 작품은 이른바 '개발논리에 따라서 자기의 생활 터전인 전통의 마을로부터 타의적으로 쫓겨난 전북지역 사람들의 삶의 문제 해결'이라는 주제를 하나의 공연 양식으로 표현하기 위하여, 이 지역의 전통적인 문화적 공연 양식인 마을굿의 마을 대동회의굿 구조를 활용하고 있다.

빅터 터너의 관점에서 본다면, 이 마당극 작품은 '사회극(social drama)'의 기본구조인 '위반(breach)'-'위기(crisis)'-'교정(redress)'-'재통합(reintegration)'/'분리(schism)'의 4단계 구조 가운데서 '교정 단계'에 속하는 기능을 하는 사회적 장치로서 작동되고 있다. 그러면, 실제로 이 작품이 어떻게 마을 '회의굿' 양식을 계승하고 있는가를 구체적으로 검토해보자.

회의굿의 내용 구조가 '①제의-②회의-③뒤풀이'의 과정으로 되어 있다는 점은 앞(제4장)에서 논의했다. 이러한 마을 '회의굿'의 내용 구조와 마당극 〈땅풀이-계화도〉의 내용 구조를 비교하면 다음과 같다.

우선, 〈땅풀이-계화도〉의 첫째 과장은 마을 회의굿의 ① 제의 과정에 해당하며, 마당극의 둘째 과장부터 다섯째 과장은 마을 회의굿의 ② 회의 과정에 해당하고, 마무리 과장은 마을 회의굿의 ③ 뒤풀이 과정에 해당한다고 볼 수 있다. 둘 사이의 이러한 상응관계는, 결국 마당극 작품 〈땅풀이-계화도〉가 사실은 이 지역 토착인 전통마을 '회의굿'의 구조를 활용하여 현대적인 마당극 양식으로 재창조된 것임을 말해준다.

이 재창조 과정에서 가장 크게 달라진 것들 가운데 하나는, 마을 회의굿의 ② 회의과정과 그 과정의 내용이 이 '전북지역의 현대인들이 당면한 현실문제에 대한 연극적인 논의'의 형태로 변화했다는 점이다. 또 이것이 공연되는 사회-문화적인 맥락도 한 마을 공동체에서 전북지역으로 바뀌었으며, 공연 장소도 전통 농어촌의 마을 공간에서 대도시의 '극장/놀이판'으로 바뀌었다. 그리고 공연자들도 마을 주민에서 전문적인 놀이패로 전환되었고, 청관중 또한 마을 주민에서 극장의 관객들로 바뀌었다. 공연자와 청관중이 같은 공동체 구성원이 아니며 분명하게 구분되는 집단들이라는 것도 달라진 점이다.

마을굿은 한 마을 공동체 구성원들의 삶을 이루어나가는 공동체의 집단적인 행위의 틀이었으나, 그것을 현대적인 양식으로 재창조한 이 마당극은 도시화된 현대사회의 개인들을 상대로 해서 그러한 도시화와 현대화로 말미암아 생긴 사회적인 갈등과 문제들을 논의하는 일종의 한국사회 전체의 '반성적 거울(reflexive mirror)' 곧 사회극의 '교정' 기제로 강화되고 있다.

어떤 사회의 갈등이나 문제를 교정하는 양식은, 그 사회 집단의 규모나 노동의 사회적 경제적 분리의 진보 정도에 따라, 형식들이 달라진다.6) 좀 더 단일한 사회에서 제의와 같은 양식을 통해 이루어지던 '반성적 거울'의 구실을, 복잡한 사회가 되어 가면서는 예술·대중오락·놀이·연극 등의 다양한 문화적 공연 장르들이 맡게 되었고, 그러한 반성적 공연 양식들을 통해서 현대인들은 그들이 속해 있는 사회에 대한 진지한 반성의 기회를 갖게 되었다.

이러한 관점에서 보면, 전통사회에서 '마을굿'이 담당했던 '교정 양식'의 기능을 산업화·도시화된 근대 이후의 우리 사회에서는 마당극과 같은 '예술극'이 맡게 되었다고 볼 수 있다. 이렇게 보자면, 〈땅풀이－계화도〉와 같은 마당극 작품은 지역 공동체가 당면한 문제나 갈등들을 논의하고 해결해가는 현대적인 '반성'의 양식을 마련하기 위해 이 지역의 전통적인 공연 양식이었던 마을 회의굿을 현대적인 방식으로 '재창조'한 것이라고 할 수 있다. 바로 여기에서 이 마당극 작품의 현대적 의의를 찾을 수 있다.

이러한 시각에서 검토해본 마당극 〈땅풀이－계화도〉는 전통 마을굿 양식을 현대적인 공연 양식으로 완전히 '재창조'한 것이다. 이 지역의 문화적 정체성을 드러내주는 마을굿이라는 공연 양식이, 이 지역에서 발생한 문제를 반성하는 현대적인 공연 양식의 창조적인 토대를 마련

---

6) 좀 더 단순한 사회에서는 법과 제의 두 가지가 그러한 교정의 형식이었다면, 복합적인 산업사회에서는 법률적 제도들뿐 아니라 예술을 비롯한 사회의 각종 공연 장르들도 사회극의 '교정' 단계에 근거를 두고 있다(Victor Turner 1996 : 181-184).

해 주고 있다는 점은 중요한 의미가 있다.

전북지역 마을굿이 현대적인 공연 예술 장르로 재창조된 사례를 춤에서도 찾아볼 수 있다. 전북지역 마을굿에서 춤의 요소를 예술작품으로 재창조한 '마을춤'이라는 형식이 바로 그러한 예다.[7] 사실, 모든 마을굿에는 춤과 동작의 요소가 포함되어 있지만, 특히 춤의 요소가 강하게 드러나는 마을굿이 있다. 예컨대, 정읍시 북면 오류리 원오류마을 마을굿의 '단속곳춤'은 마을굿의 중요한 공연 요소다.

어떤 지역에 살고 있는 사람들이, 자기 자신들의 삶의 터전에서 발생한 문제를 해결하려 하거나 창조적 욕구를 표출할 때 자기 자신들이 살고 있는 삶의 터전에서 생성되고 발전되어온 전통적인 공연 양식을 활용해서 표현한다는 것은, 지역문화의 계승과 재창조 및 발전의 바람직하고도 올바른 방향이다.

마을굿이 점차 구체적인 삶의 현장에서 벗어나고 있기 때문에, 마을 구성원들이 일련의 공연자이자 청관중으로, 즉 '참여자'로서 맺었던 상호작용 관계가 약해지고, 공연자는 마을 사람들로 청관중은 외부인으로 점점 바뀌고 있다. 삶의 흐름과 필요에 따라 어느 정도 단순하고 고정된 공연 텍스트가, 오늘날 공연기획이나 텍스트 창작에 점차 더 많이 의존한다는 점이 공동체의 '문화적 공연'으로서 마을굿의 공연과 전승의 입지를 좁히고 있다. 따라서 변화된 삶의 리듬과 패턴에 알맞은 마을굿의 창의적인 변형 작업이 필요하다.

---

7) 〈김경주의 마을춤으로 보는 전북 5경〉(김경주 안무, 2001년 12월 20일, 전주 소리문화의전당 모악당 공연)에서 공연된 '익산 지게놀이춤', '남원 닭과 지네춤', '완주 줄다리기춤', '정읍 단속곳춤', '고창 모양성 답성놀이춤' 등은 모두 마을굿에서 춤의 요소를 모태로 재창조한 작품들이다.

7. 결 론

필자는 앞에서 전북지역 마을굿을 대상으로 하여, 그 개념을 새롭게 확장하여 규정하고, 전승 현황을 파악한 다음, 하나의 '문화적 공연'으로서 그 구조와 공연적 특성을 밝혔다. 그리고 현대적 변화와 재창조 양상을 고찰하고 그 의미를 살펴보았으며, 이런 과정의 논의를 통해서 마을굿의 종교적 의미보다 문화-사회적인 의미에 주목하려고 했다.

이 책에서는 전북지역 마을굿을 면밀히 관찰한 결과, 마을굿을 제의적 행위만으로 한정하여 보는 관점으로는 마을굿의 전모를 밝힐 수 없다는 인식에 이르렀고, 그래서 마을굿의 개념을 '마을 공동체 주민들이 자신들의 문제를 해결하기 위하여 일정한 장소에서 주기적으로 행하는 일련의 제사적, 노동적, 놀이적, 회의적, 군사적 행위'로 확장하여 규정했다. 즉, 마을굿은 제의적 행위를 기본으로 하는 일련의 노동적, 놀이적, 회의적, 군사적 요소들 전체를 두루 포괄하는 개념이라고 본다.

전북지역 마을굿을 구체적으로 논의하기 위해 전북지역 마을굿의 현황을 종합하였고, 그 전승에서 나타나는 특징을 다음의 일곱 가지 측면에서 살펴보았다. 지역별 분포로는 산간지역 마을굿 전승이 평야지역보다 두드러지며, 공연 시기로는 연초 신년의례로서 제사굿뿐만 아니라, 한여름 노동굿과 칠월 칠석이나 백중 놀이굿 등 마을굿의 변이형들이 드러난다. 공연 장소로 보면, 마을의 모든 영역이 제의와 놀이의 특별한 장소로 재배치되고 재구조화된다. 주요 공연자는 제관·무당·풍물패 모두 다 또는 일부가 마을 주민들과 함께 공연 주체로 참여한다. 공연 내용과 방법 면에서 일반적인 전북지역 마을굿은 풍물굿형 마을굿이다. 마을굿의 목적은 제액·초복·풍농·다산 등을 기원하는 것과 마을 공동체 정체성의 확인 및 확보에 있다. 마지막으로, 마을굿 제의의 지역별 특징적 표지로서, 동부 산간지역의 '산신제', 서부 평야지역의 '당산제', 서해 도서지역의 '용왕제'가 있다.

다음으로, 전북지역 마을굿의 공연적 구조·기능·유형을 살펴보았다. 확장된 마을굿의 개념으로 전북지역 마을굿의 구조를 살펴보면, 전북지역 마을굿은 마을 공동체 생활의 근본적인 행위의 틀이며, 구조적으로 기본구조/심층구조와 변이구조/표층구조로 이루어져 있고, 변이구조/표층구조는 마을굿의 기본구조/심층구조가 마을 공동체 생활의 각 콘텍스트에 따라 구체화된 제사굿·노동굿·놀이굿·회의굿·군사굿으로 변이되어 작동된 것이다. 또, 이 변이구조들은, 마을 공동체의 집단적 동질성을 확인하고 확보하는 '커뮤니타스'를 구현하는 핵심적 기능을 바탕으로 각각의 기능을 수행하는데, 제사굿의 기능은 신-자연-인간 사이의 갈등을 해결하여 조화로운 관계를 수립하는 것이고, 노동굿은 노동과 놀이의 일체화로 마을 공동체 삶의 경제적 토대를 확보하는 것이며, 놀이굿은 일상생활의 고통과 긴장을 해소하는 것이다. 그리고 군사굿은 외침으로부터 마을 공동체를 지키고, 회의굿은 마을 공동체 당면 문제들을 민주적으로 해결하는 자치의결기구로서 기능한다.

제사굿을 중심으로 마을굿의 유형을 분류하면, 전북지역 마을굿은 신내림에 따라 임재형(臨在型)이 일반적이고, 수행 범위에 따라 단일형이 보편적이며, 확장형은 평야지역에 주로 나타난다. 주요 사제자의 성별에 따른 유형인 여성형·남성형·양성형이 각각 동부 산간지역, 서부 평야지역, 서해 도서지역의 지역적 특성과 관련된다는 점도 지적했다.

각 지역별 유형의 특징을 표지하는 제의에 따라, '평야형'은 '당산제형', '산간형'은 '산신제형', '도서형'은 '용왕제형'으로 유형화할 수 있다. 이 밖에도 이 유형 분류에 속하지 않는 특수형 마을굿들이 있다.

전북지역 마을굿의 공연적 특성에 대해서는 리처드 셰크너가 제시한 여섯 가지 공연학적 관점에 따라 논의하였으며, 그 특성들은 다음과 같이 요약할 수 있다. 첫째, 마을굿 참여자들의 존재와 의식의 변환은, 집단적 삶을 영위하는 데 필요한 모든 변환을 가장 다양하게 확장하고 심화해서 구축해놓은 '총체적'이고 주기적인 변환이다. 둘째, 참여자들 전체가 다양한 '역할 변환'에서 오는, 상호작용 관계의 중복성과 교체성을 보여주는 상호작용망을 형성하고 있다. 셋째, 마을굿은 매우 복합적, 복선적, 중첩적인 방법으로 공연 구조를 구축하며, 이러한 방법들을 통한 마을굿의 공연 과정은 곧 마을 공동체 행위의 전반적인 '흐름'과 '커뮤니타스'를 형성하는 과정이다. 넷째, 마을굿의 '공연'과 마을 공동체 일상의 '삶'이 서로 긴밀하게 연결된 하나의 과정으로 일체화되어 있다. 다섯째, 전북지역 마을굿의 공연 지식 전승은 주로 구두전승과 행위전승 그리고 현장전승으로 이루어지며, 공연 지식이 마을 공동체 삶의 과정에서 전승된다. 여섯째, 가치평가의 기준을 마을 공동체 '생활의 효용성'에 둠으로써 '생활 미학'을 실현한다.

오늘날 전북지역 마을 공동체 현장에서 전승되는 마을굿은 분명 그 전승현장의 사회-문화적 콘텍스트의 변화와 더불어 변해온 결과다. 전북지역 마을굿의 전반적인 변화 양상을 보면, 제사굿 이외의 변이형 마을굿들은 거의 현장에서 사라지고, 제사굿이 마을굿으로서 명맥을 유지해가고 있다. 놀이굿은 변형된 다른 형태로 전승되면서 커뮤니타스 형성의 기능을 하고 있다. 마을굿 전승현장에서 나타난 변화는, (1) 마을 공동체 내부 구성원들만을 위한 '제의적-사회적' 형태, (2) 마을 공동체 내부 구성원들과 외지인이 참여하는 '사회적-놀이적' 형태, (3) 마을 공동체 외부에서 오는 외지인들을 위해 하지 않을 수 없는 '놀이적-상업적’ 형태로 나타난다. 전승에서 일어난 변화뿐만 아니라, 마을굿이 현대적인 공연 양식으로 재창조된 사례로, 마을 회의굿 구조를 원용한 마당극 〈땅풀이-계화도〉와 마을굿에서 춤의 요소를 무대 예술화한 마을춤을 들었다.

이상에서 논의한 전북지역 마을굿은 과거의 문화유산일 뿐만 아니라, 오늘날의 현실에서도 변용되어 그 생명력을 지속해온 현대적인 공연 양식이다. 만일 그러한 의의와 가치를 여기서 발견할 수 없다면, 이것은 죽은 양식이고 논의할 가치도 없게 된다. 전북지역 마을굿의 현대적인 가치가 어디에 있는가 하는 문제는, 이것을 보는 사람의 각도에 따라서 다를 수 있겠지만, 여기서는 주로 그 문화적 가치와 의의를 크게 네 가지 측면에서 가늠해 보고자 한다.

첫째, 한국적 공동체 생활의 전범(典範)을 제시해준다. 마을굿이 마을 공동체 안의 문제와 갈등을 해결하고 집단적 동질감, 즉 ‘커뮤니타스’를 확보하는 공연 양식이라는 점은, 공동체성이 파괴되고 개인의 소외 문제가 심각하게 대두되는 현대사회에서 그러한 문제들을 극복하고 ‘커뮤니타스’를 지향해 나가고자 할 때 중요한 ‘참조항’이 될 수 있다. 즉 마을굿은 공동체 의식을 영위할 수 있도록 하는 요소들을 통해 오늘날까지도 공동체사회의 ‘커뮤니타스’를 형성해줄 수 있는 양식이다.

둘째, 한국적 공연 양식의 원형적인 모델을 제시한다. 마을굿은 그 지역을 넘어서 한민족 전체의 문화적 정체성을 표현할 수 있는 ‘민족적’ 공연 양식을 추구하는 데 중요한 원형적 양식이다. 또한 한국적 공연 양식의 민족적 원형으로서 가치뿐만 아니라, 한국적 정체성을 지닌 새로운 음악·춤·연극과 그 밖의 미래지향적이고 실험적인 공연 양식을 모색하는 데도 원형적 양식으로 활용될 수 있다. 이 양식을 통해, 분리된 공연자와 청관중을 유기적 상호작용 관계로 통합함으로써, 현대인이 갖는 삶의 소외의식을 극복하고, 공동의 문제를 같이 생각하고 해결할 수 있는 방법을 암시받을 수 있다.

셋째, 어떤 공연 문화의 지역적 원형을 제시한다. 전북지역 마을굿은 전북지역 문화의 정체성을 드러내는 지역적 공연 양식의 '원형'으로서 의의와 가치가 있다. 전북지역의 주요 전통적 공연 양식으로 무당굿·연예 풍물굿·판소리·시나위 음악·살풀이춤 등을 들 수 있는데, 마을굿은 공연 방식이나 내용 면에서 이것들을 두루 포괄하는 가장 근원적인 양식이다. 따라서, 앞으로 전북지역에서 지역적 '정체성'을 드러내는 지역적 공연 양식을 추구하기 위해서는, 반드시 이 '마을굿' 양식을 먼저 탐구하고 계승할 필요가 있다.

넷째, 문화 해석의 새로운 패러다임을 제시한다. 지금까지는 주로 제사굿으로서 벌어지는 마을굿에만 논의가 한정되어 왔으나, 마을굿을 마을 공동체 생활의 모든 영역에 걸쳐 나타나는 제사굿·노동굿·놀이굿·회의굿·군사굿이라는 다섯 가지 굿으로 확장하여 봄으로써, 마을굿을 중추적인 공동체 행위의 틀로 하는 마을 공동체 삶의 '과정'으로서 의미를 발견할 수 있다. 이러한 점은 종래의 관점에서는 보지 못했던 것으로, 마을굿 해석의 지평을 확대하고 심화하는 길을 열어주었다는 점에서 의의가 있다.

이 책은 전북지역 마을굿만을 논의의 대상으로 하였지만, 여기서 취한 시각과 방법은 인근 지역을 비롯한 다른 지역의 마을굿을 해석해 나가는 데도 유효할 것으로 생각된다. 경기지역·영남지역·강원지역의 마을굿에 나타나는 무당굿이나 탈놀이 등을 별개의 독립된 공연 양식으로 분리하거나 해체하지 않고, 마을굿의 확장된 시야로써 모두 '마을굿'이라는 하나의 틀 속으로 통합하여 봄으로써 마을굿 연구의 새로운 방향을 제시할 수 있다. 다른 지역 마을굿들과의 비교 고찰을 통해, 전북지역 마을굿의 특성을 더욱 분명히 하고, 한국 마을굿의 위상을 정립해 나가면서 그 속에서 새로운 의미들을 찾아내는 일은 후속 과제로 남겨 둔다. 이러한 작업은 공동체굿으로서 마을굿을 고을굿 및 나라굿과의 상호관계 속에서 살펴나가는 일과 함께 할 때 그 성과를 더욱 높일 수 있을 것이다.

이 책에서 취한 공연학의 연구 관점과 방법은 분명히 도전적이고 새로운 것이기는 하지만 아직 형성단계에 있기 때문에 거기서 오는 논의의 한계가 있다. 마을굿의 공연적 특성을 좀 더 면밀하고 다양하게 드러내지 못한 것도 이 책의 한계다. 그럼에도, 이 책은 기존의 마을굿 연구를 새로운 차원에서 통합하고 '굿' 문화의 다양성과 총체성을 포착하고 조망해본 점에서 의의가 있다. 이와 같은 연구를 통해서, 다양한 종류의 공연에 따라 작동되는 '과정'으로서 존재하는 사회를 새롭게 인식하고, 인간 상호간의 끊임없는 상호작용의 토대 위에서 '호모 퍼포먼스(homo performans)'로서 자기 자신을 이해하고 표현하는 길을 모색해 나갈 수 있을 것이다.

전북지역 마을굿 현황

Ⅰ. 전북지역 마을 제사굿 현황표1)

시·군	읍·면	리	마을	제의명칭	제의시기	대상신	제당위치	제당형태	제의주관자	제차	제의비용	제후행사	현행여부	기타
무주	무주	내도	산의실	산제 짐대당제	1월 2일 산제 1월 15일 짐대제	산신 당산	가막골(산신당) 마을 앞/중앙	바위 짐대	연장자 중 생기 복덕 있는 자 4명	산제(소지)-거리제-짐대제(풍물)	공동거출		존속	산제 제관만 참여 짐대제 동민 참여
무주	무주	오산	왕정	산제 거리제	1월 2일 밤 10시경	산신	마을 뒤 마을 입구	산제당 숲거리누단	제관, 집사	산제-마을 동구 거리제	용답소출	대동회의-음복	중단	
무주	무주	오산	오산	산제 거리제	1월 2일 자정	산신	마을 뒤	산제당	제관 1, 축관 1 집사 1	금기-진설-독축-동구 거리제		음복-회의-1년 결산	존속	
무주	무주	읍내	다양	산제	1월 3일 산제 1월 14일 깃고사	산신		산제당	정결한 사람 (산주)	금기-제사-깃고사(풍물)				목적: 잡귀침입 방지
무주	무주	대차	서면	당산제 거리제	1월 1일부터 14일 중 택일 밤11시	당산 (6개소)	마을의 동서남 북쪽	당산나무 神主石	각 당산마다 제관 2명씩	금기-제물진설-각호소지-거리제		음복-대동회의-풍물	중단	화재맥이로 지냄
무주	무주	가옥	가림	산제	1월 1일 밤	산신	마을 뒷산 새골 마을 앞	산제단 누단(돌탑)	위토답 경작자	금기-산제(소지)-당산제-풍물	위토답 소출	제주집에서 음복-회의		
무주	설천	청량	음평	산신제	섣달 그믐날 밤 12시	산신	마을 뒤		부정 없는 사람 (제관 1, 축관 1)	금기-제관, 부제관만 제사		다음날 놀고 음복	중단	
무주	설천	심곡	관동	산(신)제	1월 14일 밤 12시경	산신(영험한 호랑이)	마을 왼쪽 끝 마을 앞 내 건너	산지당 돌탑	생기복덕 맞는 연장자 부부	금기-헌작-재배-소지-비손-간단한 제사	당산답 소출	보름 제관집 음복-풍물	존속	간단한 제사/돌탑과 수구맥이에서
무주	설천	심곡	원심곡(깊은골)	산(신)제	1월 15일 새벽	산신 하당	마을 뒤 골짝 마을 앞	산지당 음나무	연장자 중 제관 1, 집사 1	금기-호별소지-비손-하당제		하당 주변에서 음복	존속	당집 있음
무주	설천	심곡	대평	산제	1월 2일 새벽	산신	마을 뒷산 중턱 마을 앞	산지당(돌단) 하당(누석단)	원산제 1, 짐꾼 1	금기-각호소지-하당산제(축-소지)	동네기금		재개	
무주	설천	심곡	배방	산신/당산/거리제	1월 2일 밤 12시경	산신 당산	마을 뒷산 동네 중앙	산지당 당산	유사 1, 독관 1	금기-산제(소지)-당산제-거리제	동답도지	대동음복-풍물-놀이	존속	당집 있음
무주	설천	삼공	당골	산(신)제 용왕제	1월 2일 밤	산신(령)	마을 뒤 골짝 마을 어귀	산지당 돌탑	생기복덕 맞는 이 제관 1, 집사 1	금기-소지-비손-제사(돌탑)-용왕제	동답소출 호별각출	이튿날 풍물-대동음복	존속	산제당 건물 있음

---

1) 이 현황표는 제1장에서 소개한 선행 연구자료를 바탕으로 하고 필자의 현장 조사자료를 보충하여 정리한 것이며, 날짜는 따로 표시가 없으면 모두 음력이다.

시·군	읍·면	리	마을	제의명칭	제의시기	대상신	제당위치	제당형태	제의주관자	제차	제의비용	제후행사	현행여부	기타
무주	설천	삼공	삼공	산신제	1월 2일 밤 10시경	산신	냇가 건너편 산 중턱	큰 바위 밑 돌단	깨끗한 사람 선정	금기-재배-산신 소지 2장	동네재산	제관집에서 풍물-음복	존속	보름/2월 1일 농기 꽂고 내리며 풍물
무주	설천	두길	눈들 (臥石)	산신제 거리제	1월 1일 자정 1월 3일 낮	산신(안양반) 당산	마을 뒤 마을 입구	산제당(산) 돌무더기(거)	제관 1	금기-산신제(제관) -거리제(개방)	동답소출 공동기금	마을회의 및 결산	중단	산신격/여신 (할머니)
무주	설천	두길	방재	당산제	12월 20일		마을 뒷산	동굴	제관 1	금기-제사(샘물로 밥을 지어서)				
무주	설천	두길	하두	산신제	섣달 그믐 밤	산신(령)	마을 뒷산 골짜기	나무	깨끗한 사람 (제관 1)	금기-소지-재배- 헌작-	공동거출	그날 낮에 음복	중단	교인이 늘어 중단
무주	적상	사천	길왕	산(신)제	1월 3일 새벽 1시경	산신	마을에서 1km 떨어진 곳	산지당	정갈한 사람 제관 1	금기-축 올려놓음 -소지-윗당산제	산지답 소출	제관집에서 음복	존속	윗당산/산지당 위쪽
무주	적상	사천	서창	당산제	1월 2일 밤 11시	할아버지당산 할머니당산	산성산 중턱 마을 앞길	소나무/입석/ 느티나무	제관 2	금기-당산 3곳에 각각 제사(소지)	제수전 소출/추렴	음복-풍물 은 중단됨	존속	할아버지당산 산제당 있음
무주	적상	사천	구억	당산제	1월 2일 밤 12시~새벽 1시	산신	마을 서북쪽 산 아래	당산나무 (산제당)	제관 2	금기-진설-초헌-독 축-아/종헌-소지	공동추렴	음복-풍물- 여흥		당집 있음
무주	적상	사천	마산	동제	1월 2일 자정	산신(할아 버지)	마을 옆 당할매산	산신당	산신답(위토답) 경작자	금기-진설-소지	산신답 소출	다음날 제주 집에서 음복		산신도 있음
무주	적상	사산	마산	동제	1월 2일 밤 자정	당산		산신당	위토답 경작자	금기-산신당에 가 서 소지 올림		제주집에서 음복-여흥		
무주	적상	괴목	상조	산신제	1월 3일 밤 11시경	산신(령) =호랑이신	마을 옆산 소나무 숲속	산제각	제관 1	금기-진설-각호 별 소지	마을기금			
무주	적상	북창	내창	산제 당산제	1월 14일 밤	산신	마을 뒷동산 마을 밑	산제당 정자나무	제관1, 집사1	금기-풍물-산제- 당산제-풍물		제주집에서 음복-회의	존속	현재 풍물은 중단된 상태
무주	적상		옥수골	산제	1월 2일 해진 후	산신=당산 할아버지				제관 1	풍물 치며 회관 모 임-풍물-산제		풍물 치고 놈	중단	당산할아버지= 짐대장군
무주	적상		상가	산신제 당산제	1월 14일 밤 오후 4시경	산신	마을 입구 마을 뒤 계곡	당산나무 바위 옆 숲	제관 1, 집사 1	금기-산산제(2명 만)-당산제	마을기금	풍물굿패가 주도 놀이		제당 근처까지 마 을사람들 동행

시·군	읍·면	리	마을	제의명칭	제의시기	대상신	제당위치	제당형태	제의주관자	제차	제의비용	제후행사	현행여부	기타
무주	안성	사전	효자촌	산제	1월 3일 밤 11시경	산신	마을 왼쪽 산중턱	산제당 (바위제단)	제주 2	금기-진설-재배-소지-헌작-비손	균등히 부담한 돈	제주집에서 음복-풍물	존속	
무주	안성	사전	사전	산제	1월 14일 밤	산신 하당	마을 뒤 마을 앞	산제당 하당	깨끗한 사람	산제(소지축원)-하당에서 제사		제주집에서 음복	존속	
무주	안성	사정	하산 대정내	산제	1월 2일 밤	산신 (호랑이)	마을 뒤쪽	산제당 (바위제단)	산제 모시는 분 선정	금기-진설-재배-소지-헌주-절	공평히 모은 기금	제주집에서 음복	존속	
무주	안성	장기	신촌	동제	1월 15일 저녁		마을 산날망		생기복덕 맞는 이(제주 1, 축관 1)	금기-제당에 밥 지어 제사-소지		다음날 음복-여흥	존속	
무주	안성	금평	두문	동제	1월 4일 자정	당산 하당	동네 윗길 옆 마을 앞	단(壇)		당산제(소지)-동구하당 거리제		제주집 음복 -지신밟기		
무주	안성	덕산	덕곡	풍암제 당산제	1월 15일 새벽 1시경	산신 당산(2곳)	덕유산 황골 마을 뒤/입구	바람바위 당산나무	제관 1, 축관 1	금기-풍암제(독축-소지)-앞뒤 당산제	각호거출	동회-풍물 대동음복	중단	풍암제/산제 당산제/개방적
무주	안성	덕산	수락	산제 탑제	1월 14일 밤	산신(령)	마을 뒤쪽 마을 앞	당산봉(돌단) 돌탑7기	제주 1	금기-진설-재배-소지-탑제	마을기금	제주집에서 음복-풍물	존속	돌탑은 풍수비보책
무주	안성	덕산	정천	산제 탑제	1월 14일 밤	산신	뒷산 뒷당산 마을 입구	입석(제단) 돌탑5기	제관 7	금기-뒷당산제(재배-독축-소지)-탑제	당산답 소출	제주집에서 풍물-음복	존속	
무주	안성	공정	통안	산신제	1월 14일 밤 자시(12-1시)	상당산 하당산			깨끗한 사람	금기-호주소지		다음날 대동음복	중단	새마을운동 후 중단
무주	안성		도촌	샘굿 후 산제	1월 14일 밤	산신	마을 북동쪽 뒷산 아래	소나무 (당산나무)		제사		보름날 회관 음복-풍물		
무주	부남	굴암	하굴암	산신제 (동제)	1월 2일 밤늦게	산신	마을 뒷산 산제당골	소나무 밑 (제단 있음)	생기복덕 있는 이 (제관 1, 집사 1)	금기-축원소지-용왕제(소지)-거리제		제주집에서 음복-여흥	재개	1986년 재개
무주	부남	대소	대소	산신제	1월 3일	산신	마을 뒤	산제당	회의에서 지명 받은 사람	금기-제사(축원 소지)	위토답 소출	다음날 음복	중단	
무주	부남	고창	고창	동제	1월 1일 밤	산신	마을 뒤 매봉산 마을 앞 당산	산신당 당산나무	제주 1, 집사 1	진설-소지 3번-당산제(소지)		음복 후 즐김		

시·군	읍·면	리	마을	제의명칭	제의시기	대상신	제당위치	제당형태	제의주관자	제차	제의비용	제후행사	현행여부	기타
무주	부남	장안	교동	산신제	1월 1일 아침	산신	마을 뒤	산신당	제관	산신제(제관만 참여)		음복-풍물	중단	
무주	부남	장안	장안	산신제	1월 1일	산신	마을 뒤	솔밭	깨끗한 부녀자	금기-제사(여자)-마을풍물(남자들)				
무주	무풍	현내		당산제(旗절놀이)	1월 15일	할아버지당산 할머니당산	윗마을 아랫마을	누석단	궂은 일 없는 사람 3명	당산굿-당제-기절-줄다리기-풍물		풍물	중단	일제시대 중단
무주	무풍	현내	고도	산제	섣달 그믐날	산신		산신당	깨끗한 사람	금기-제사(진설-호청소지)		음복	중단	6·25 뒤 중단
무주	무풍	현내	원평	산제	섣달 그믐날 자시	산신			궂은 일 없는 사람	금기-제사(제관만 참여)				목적:마을평안
무주	무풍	금평	금평	산신제	섣달 그믐 아침부터 3일	산신	마을 뒤	산제당	깨끗한 사람 (제관 1)	금기-풍물 치며 마을돌기-제사		대동음복		
무주	무풍	철목		산제	1월 15일 자정 이후	산신	마을 뒤		깨끗한 사람 3명	금기-제사(제관만 참여)				
무주	무풍	삼거	원삼거리	산신제	정월 보름날	산신	마을에서 1km 떨어진 골짜기	편평한 돌단	매해 선정 또는 최병도씨	금기-재배-소지-비손-당산제	호당거출	제관지에서 음복-풍물	존속	당산제/마을앞 다리 건너(나무)
무주	무풍	삼거	상오정	산신제	섣달 그믐날 밤 12시 이후	산신	마을에서 800m 떨어진 골짜기	산지당(산왕신위패)	생기복덕 맞고 정결한 사람 2명	금기-진설-재배-소지-선왕당제	마을기금	제관집에서 대동음복	재개	선왕신제는 마을에 잡귀 침입 방지

시·군	읍·면	리	마을	제의명칭	제의시기	대상신	제당위치	제당형태	제의주관자	제차	제의비용	제후행사	현행여부	기타
장수	장수	노곡	신리 (새몰)	당산제	1월 3일 새벽	당산	마을 뒷산	소나무	할머니 1명	금기-제사	공동거출		존속	마을에서는 할머니 지원
장수	장수	노곡	대리 (큰몰)	당산제	1월 15일 10시	당산	마을 앞	나무 여러 그루	나이 많고 깨끗한 사람	제사(농악도 같이 함)	거출	농악	중단	현재 농악도 중단
장수	장수	노하	판둔	당산제	1월 15일 저녁 5시	당산	마을 입구 오른쪽	귀목나무	이장	제사	거출		중단	
장수	장수	노하	신기 (새터)	당산제	1월 1일 10시	당산	마을 뒷산	소나무	마을 어른 선출 (지금은 윤번)	제사 (쇳소리 금지)	거출		존속	간혹 지냄. 본래 농악 없음
장수	장수	노하	노하	당산제 (중천제)	1월 3일 10시	당산	마을	동쪽 논	깨끗한 사람 (제관, 축관)	금기-제수장만-제사-제물묻기	거출		존속	1970년대 솟대/목장승 있었음
장수	장수	대성	원대성	산신제 당산제	1월 3일 새벽4 1월 15일저녁7	당산	마을 앞 마을 뒤	느티나무	깨끗한 사람 (제관, 제물집)	일반 제사와 같이 제 지냄	거출		존속	산신제는 제관 혼자 지냄
장수	장수	덕산	덕산	당산제	3월 3일 새벽	당산	마을 뒷산	귀목나무	깨끗한 사람 (제관)	금기-제사	거출		존속	
장수	장수	동촌	동촌	당산제	1월 3일 밤 12시	윗당산 아랫당산	마을 뒤쪽 마을 입구	귀목나무	깨끗한 사람 (제관 1, 축관 1)	금기-제사(분향-헌작-독축-소지)	거출	음복	존속	무당의 권고로 지내게 됨
장수	장수	선창	음선	산제 조탑제	1월 3일 저녁 6시	산신 위/아래당산	마을 입구 오른쪽	소나무 조탑 2기	회의에서 지정 (제관 1, 축관 1)	산제(소지축원)-풍물패합류-탑제	당제답	음복-굿판	존속	과거에 무당 주도/탑제 모두 참여
장수	장수	송천	구락	당산제	1월 3일 밤 12시	뒷당산 중간당산	마을 뒷산 마을 중앙	소나무 귀목나무	부정 없는 분	금기-제사	전담기금	풍물치며 마을 돌기-음복	존속	
장수	장수	송천	원송천	당산제	1월 3일 밤 12시	산신 앞/뒤당산	남쪽 주령/마을 안/동구	날맹이/괴목나무/조탑	마을전담 짓는 5가구가 차례로	금기-제사	전담기금	남자들끼리 음복	존속	부녀자는 팥죽제 (5일 이후)
장수	장수	송천	이교 (진다리)	당산제	1월 3일 저녁 7시	앞/뒷당산 (산신)	마을회관 앞 마을 뒷산	귀목나무	깨끗한 사람	금기-제사	전담기금		존속	
장수	장수	송천	용추동 (용소골)	당산제	1월 2일 저녁	당산	마을 중간	귀목나무	깨끗한 사람 (제관)	금기-제사	거출	풍물치며 팥죽제	존속	여자들이 동네돌며 팥죽 뿌림

시·군	읍·면	리	마을	제의명칭	제의시기	대상신	제당위치	제당형태	제의주관자	제차	제의비용	제후행사	현행여부	기타
장수	장수	용계	안양	당산제	1월 3일 밤9시	뒷당산(상) 앞당산(하)	마을 뒤 숲 마을 앞	귀목나무 조탑	부정 없는 사람	금기-윗당산제→ 아랫당산제	동네 청년회	음복	존속	
장수	장수	용계	용계	당산제	1월 3일 저녁 7시	당산	마을 입구	귀목나무 (제단 있음)	70세 노인	금기-제사(일반제사와 비슷)	전담기금	풍물 치며 동네 돈다	존속	제의 전에 제관 집부터 풍물침
장수	장계	금곡	금곡 (쇠끄미)	산제-당산제	1월 3일 저녁	당산	마을 입구 오른쪽 논	느티나무	나이 지긋한 분	금기-제사	거출	음복 후 하루 즐김	중단	
장수	장계	금덕	호덕	샘굿	2월 2일 저녁 7시	당산	마을 입구	샘터	2집씩 돌아가며 (부정 없는 연장자)	금기-제사	거출	풍물 치며 마을 돌기	존속	샘굿에 쓴 금줄 1년간 보관
장수	장계	명덕	반송	당산제	1월 15일 밤 12시	당산	마을 뒤	반송나무	부정 없는 사람	금기-제사	거출	사물놀이	중단	
장수	장계	명덕	평지	당산제	1월 1일 밤 12시	당산	마을 뒤	귀목나무	부정 없는 사람	금기-제사(돼지머리를 묻음)	거출		중단	
장수	장계	명덕	양삼 (삼거)	당산제	1월 3일 새벽	당산	마을 입구 좌측	동산	깨끗하고 단정한 사람	금기-제사 (제관 혼자)	거출		중단	새마을운동 이후 중단
장수	장계	명덕	원명덕	당산제	1월 3일 밤 12시	산신 (堂할머니)	마을 가운데 마을 뒤	소나무 나무(고사)	깨끗한 사람 (제관 1, 집사 1)	금기-제사(원당산-당산-조탑순)	거출	보름에 마당밟이	중단	아래당산=당산신(누석단)
장수	장계	무농	무농 (모랭이)	산제-당산제	1월 2일 밤 10시경	산신령 (당산 3곳)	마을 뒤 마을 서쪽 끝	바위 2곳 느티나무	부정 없는 사람 (제관, 집사)	금기-제사	마을답		존속	원래 무당이 제주였음
장수	장계	삼봉	탑동 (탑골)	산신제 당산제	1월 14일 저녁	윗당산(산신) 아랫당산	마을 뒷동산 마을 앞	소나무 연화대석	제관, 축관	금기-제사(뒷당산→앞당산)	거출	풍물-음복	존속	
장수	장계	대곡	성곡	당산제	9월 9일 유시	당산신	마을 입구	누석조탑 한 쌍	부정함이 없는 청년 중 선정	제물 준비-제사 (독축 포함)	산제답 소출			청년들 주관
장수	장계	오동	원오동	당산제	1월 1일 새벽 1시경	큰당산 작은당산	북쪽 석밭골 마을 입구	노송 조탑 1쌍	제관 1, 축관 1	주당산제→조탑당산제	거출			큰당산=주당산 조탑=수구맥이
장수	계남	궁양	양지	당산제	1월 3일 밤 11시	앞당산 뒷당산	마을 입구 마을 중턱	팽나무 서나무	깨끗한 사람	금기-제사	공동마련	음복-농악	존속	

시·군	읍·면	리	마을	제의명칭	제의시기	대상신	제당위치	제당형태	제의주관자	제차	제의비용	제후행사	현행여부	기타
장수	계남	신전	음신	당산제	1월 15일 밤 8시	당산	마을 입구	귀목나무	70세 이상의 깨끗한 사람	금기-농악치며 알림-제사	거출	농악	중단	조탑 허문돌로 교회종탑 만듦
장수	계남	신전	양신	당산제	1월 3일 저녁 7시	상당산 하당산 2	마을 입구	상수리나무 군락	70세 정도의 노인이 차례로	금기-굿치며 알림-제사(농악)	거출	음복-풍물-놀이	존속	
장수	계남	침곡	요전	당산제	10월 1일 저녁	앞당산 뒷당산		귀목나무 참나무	깨끗한 노인	금기-제사	거출		중단	
장수	계남	침곡	사곡	산제 (산신제)	1월 2일 저녁	당산	마을 뒤 마을 입구	소나무 느티나무	부정 없는 사람	금기-제사(당산 2곳-샘굿)	거출		존속	
장수	계남	원촌	파곡	당산제 조탑제	1월 3일 새벽 2시	당산	위쪽 뒷동산 마을 앞	소나무(壇) 조탑	제관 내외와 축관	금기-헌작-분향-축문-소지	전답기금	음복-대동 회의	존속	
장수	계북	농소	연동	당산제	1월 3일 새벽 1-2시	당산	마을 안	느티나무	나이 드신 깨끗한 어른 2명	금기-제사	거출	동네잔치	중단	지낼 사람이 없어 중단
장수	계북	농소	농소	산신제-안당산제	1월 1일 새벽	산신(령) 당산	동편 동산 마을 앞	노송 괴목	깨끗한 사람 (제관, 축관)	금기-제사(산제→안당산제)	거출	다음날 모두 음복-여흥	존속	축문 있음
장수	계북	양악	양악	큰산제 산제	1월 3일 밤 12시	윗당산 아랫당산	마을 안	바위	깨끗한 사람 (제관 2명)	금기-제사	거출	농악-제관 집에서 음복	존속	윗당산은 공동 아랫당은 개인
장수	계북	월현	월전	산신제	1월 3일 새벽	당산	마을 앞산 중턱	당산묘	구일답 짓는 분	금기-제사	구일답		중단	구일답-자손 없는 집에서 내놓음
장수	계북	임평	백암	산제	1월 3일 밤 12시	당산	마을 앞산 중턱	바위	궂은 일 없는 사람 1명 선정	금기-제사(진설-호청소지)	거출	농악-제관 집서 음복	존속	
장수	계북	임평	내림	산신제	1월 3일 밤 12시	산신	마을 뒷산 중턱	소나무	깨끗한 사람	금기-제사	거출	제관집에서 농악-음복	중단	
장수	계북	양악	당저 (당산밑)	당산제	1월 3일 자시	웃당산(산신) 아랫당산	마을 동쪽 끝	소나무 5 숲속제단	제관(현재 당제답 경작자)	축원소지(웃당산 제→아랫당산제)	당산답 소출	제물음식으로 잔치	존속	위=할아버지당 아래=할머니당
장수	번암	교동	상교 (윗다리꼴)	당산제	1월 15일 저녁	당산	마을 입구	당산나무	깨끗한 사람 (여자 포함)	금기-제사	공동부담	농악-여흥	중단	궂은 일 있을 때 지냄

시·군	읍·면	리	마을	제의명칭	제의시기	대상신	제당위치	제당형태	제의주관자	제차	제의비용	제후행사	현행여부	기타
장수	번암	교동	금천(쇠내)	당산제	1월 15일 저녁 7시	당산	마을 입구	당산나무 조탑	부정 없는 사람	금기-제사	거출		중단	새마을운동 때 폐지
장수	번암	국포	하북	당산제	1월 7일 오전 10시	당산	마을 입구	느티나무	부정 없고 연세 높은 어른(2명)	금기-제사	거출		존속	
장수	번암	국포	도장	당산제	1월 1일 또는 1월 15일	당산	마을 입구	느티나무	깨끗한 노인	금기-제사	거출		중단	
장수	번암	국포	상북	당산제	1월 15일 밤 10시	당산	마을 입구	느티나무	깨끗한 사람 돌아가며 선정	금기-제사	당산답		존속	
장수	번암	대론	대론(큰논실)	당산제	1월 15일 밤 10시	당산	마을 옆	소나무	깨끗한 사람 (제관 1~2명)	금기-제사	거출	농악-여흥	존속	
장수	번암	대론	수척(수작골)	당산제	1월 3일 오전 7시	당산	마을 입구 동구 좌우	소나무 장승2	깨끗한 사람 (제관, 축관)	금기-제사-아랫 당산제(장승제)	공동부담	오후에 농악 치며 즐김	재개	장승제-남녀 참여
장수	번암	사암	원사암	당산제	1월 3일 밤 8시	할아버지/ 할머니당산	마을 뒤 마을 앞	서나무 큰 바위	부정 없는 사람	금기-샘굿-동네 돌기(농악)-제사	산제답 소출	줄다리기	존속	인구감소로 농악/줄다리기 중단
장수	번암	지지	광대	당산제	1월 15일 밤 12시	앞당산 뒷당산	마을 안	느티나무	부정 없는 사람 돌아가며 선정	금기-제사	당산답 소출		존속	
장수	번암	지지	삼거	당산제	2월 1일 밤 12시	당산	마을 입구	밤나무	나이 지긋한 분	금기-제사	당산답 소출	마당밟이- 샘굿	존속	
장수	산서	마하	원홍	당산제	1월 3일 밤 10시	산신	마을 입구	귀목나무	생기복덕 있는 분(제관, 제물집)	금기-제사	거출	음복-농악치 며 마을돌기	중단	
장수	산서	마하	평촌	천제	1월 2일 자정부터		마을 앞 냇가	다리 주변	생기복덕 있는 분(제관 1, 축관 1)	금기-풍물치고 마을돌기-제사	거출	마을사람들 같이 어울림	존속	원래 당산제 현재 천제
장수	산서	봉서	고산골	당산제	1월 14일 밤 9시	당산	마을 오른쪽	참나무 (제단 있음)	깨끗한 사람 (축관 포함) 3명	금기-제사(독축초 헌-아헌-종헌)	거출	음복	존속	
장수	산서	봉서	신기	당산제	1월 14일 밤 9시				나이 지긋한 부녀자	동네 부녀자들 제물장만-제사	거출		존속	원래 고산골과 같이 지냈음

시·군	읍·면	리	마을	제의명칭	제의시기	대상신	제당위치	제당형태	제의주관자	제차	제의비용	제후행사	현행여부	기타
장수	산서	쌍계	양신	당산제	1월 14일 밤 8시	앞당산 뒷당산	마을 입구 마을 서쪽	귀목나무	나이 지긋한 분	금기-제사	거출		존속	
장수	산서	오성	성재	당산제	1월 3일 저녁	당산	마을 입구 오른쪽	귀목나무	안정환 씨	금기-제사	거출	음복	중단	매굿도 했음
장수	산서	오성	방화	당산제	1월 3일 저녁	앞당산(소실)/뒷당산	마을 뒤쪽	귀목나무	깨끗한 사람	금기-농악치며 동네돌기-제사	거출	1년결산-내년예산짜기	중단	
장수	산서	학선	동고	산신제	1월 3일 저녁 7시	산신	마을 뒤편	뒷동산	깨끗한 사람 2명 (제관,제물집)	금기-제사	당산답 소출	마을돌며 농악	중단	
장수	산서	오산	초장	조탑제	1월 3일 저녁 →3월3일오전		마을 입구 양쪽	조탑 1쌍 (좌우:암수)		금기-독축(불교식) -가구별소지	마을주민 거출		존속	축문은 박종록 씨.
장수	천천	남양	이방	산신당	1월 3일 오전	앞당산(소실)/뒷당산	마을 왼쪽 마을 뒤편	귀목나무	깨끗한 사람	금기-마을돌기-제관소지	거출		존속	
장수	천천	봉덕	고금	당산제	1월 3일 새벽 1시	당산	마을 뒤 언덕	귀목나무	최고령자 (제물집 따로)	금기-제사	동답	음복	존속	
장수	천천	삼고	삼장	당산제 (팥죽제)	1월 3일 또는 7일 저녁 8시	할아버지 당산	마을 입구	조탑	깨끗한 사람	풍물치며 마을돌기 -팥죽뿌리기-제사	거출	팥죽음복-풍물-놀이	존속	부녀자들 주도 과거 무당 주관
장수	천천	삼고	운곡 (금실)	당산제 (팥죽제)	1월 3일 저녁	윗당산(산신) 아랫당산	마을 동쪽 마을 입구	괴목나무	깨끗한 사람 (부녀자 주관)	풍물치며 당산에가 팥죽올림-소지	거출	팥죽뿌리기 -풍물-놀이	존속	위-할아버지당 아래-할머니당
장수	천천	연평	신기	당산제	1월 3일 밤 12시	堂姑할머니	마을 서북쪽 구렁이동산	당집	깨끗한 여자 (제주)	당고사로 지냄	거출		존속	당할머니 전설 (농사짓게 함)
장수	천천	오봉	오옥	당산제	1월 3일 밤 10시	당산	마을 입구	조탑 2기	부정 없는 사람	금기-제사(농악 같이 함)	거출		존속	
장수	천천	용광	용신 (용암)	당산제	1월 3일 밤 12시	당산할매	마을 좌측 언덕	귀목나무	깨끗한 사람	금기-제사	거출		중단	기우제 지냄
장수	천천	와룡	하신 (하리)	당산제	1월 3일 밤 9시	당산	마을 앞 도로 건너편	귀목나무	깨끗하고 부정 없는 사람	금기-제사	공동거출	음복-여흥	존속	

시·군	읍·면	리	마을	제의명칭	제의시기	대상신	제당위치	제당형태	제의주관자	제차	제의비용	제후행사	현행여부	기타
장수	천천	와룡	중상 (중리)	당산제	1월 3일 밤 9시	당산	마을서 500m 떨어진 곳	참나무	부녀자들	촛불 켜고 절함 -뫼굿-소지	거출		존속	
장수	천천	월곡	반월	당산제	1월 3일 밤 12시	당산	마을 오른쪽	산	2집씩 묶어 매해 심지 뽑기	제사-마을사람 이름 전부 적어 소지	당산답 소출	숲쟁이에서 농악-거리제	존속	거리제=팥죽제 (동민 모두 참여)
장수	천천	장판	장척 (장자울)	당산제	1월 3일	산신 할머니당산	마을 뒷동산 마을 동쪽	귀목나무 조탑당산	제관 1, 축관 1, 집사 1	금기-웃당산제- 조탑에서 중천제	거출		존속	비정기적으로 지냄
장수	천천	장판	판둔 (너듬이)	당산제 (팥죽제)	1월 15일 밤 8시	주당산 하위당산	마을 앞 동구 밖	나무 조탑자리	무당	주당산제-우물제 -팥죽제(소지)	거출	동구와 조탑에 팥죽 뿌림	존속	마을부녀자 중심
장수	천천	춘송	송탄	당산제	1월 2일 저녁	당산	마을 뒤쪽 언덕 절벽	당산터	나이 많고 깨끗한 사람	금기-제사	거출	마을회관에서 음복	존속	
장수	천천	춘송	새재 (조신)	당산제	1월 3일 저녁 5시	당산	마을 뒷동산 언덕	귀목나무	조짜서 3집씩 5년 동안 맡음	금기-제사	거출	마을회관에서 음복	재개	
장수	천천	춘송	장항 (노루목)	당산제	1월 3일 저녁	당산 산신	마을 앞	언덕	깨끗한 동민+무녀	마을공동 당산제 +무녀의 당산제	거출		재개	신내림 받은 무녀 있음
장수	천천	춘송	봄골 (춘동)	당산제	1월 3일 저녁 5시	당산	마을 입구 우측	당산숲의 참나무	이장	금기-제사	공동재산	마을사람들 음복	존속	

시·군	읍·면	리	마을	제의명칭	제의시기	대상신	제당위치	제당형태	제의주관자	제차	제의비용	제후행사	현행여부	기타
진안	진안	가림	사옥	당산제	1월 15일	당산	마을 입구 오른쪽	서나무	연장자	마을사람 모두 참여				
진안	진안	가림	은천	당산제 (거북제)	1월 15일	당산	마을 뒷산 마을 앞	사자골샘물 돌거북/나무	이장 또는 연세 높은 분	금기-풍물치며 제비거출-제사	거출		중단	
진안	진안	가막	상가막	산신제	1월 3일 밤 12시	산신	마을 뒷산 감투봉	산신제당	깨끗하고 용기 있는 사람*	제관 혼자 지냄 마을에선 풍물	거출	마을 총회	중단	*제사 때 호랑이가 와 앉기 때문
진안	진안	가막	하가막	산제	1월 3일 새벽		마을 뒷산	소나무 +바위제단	깨끗한 사람	제관 혼자 지냄 마을에선 풍물	동네땅 도조		중단	새마을운동 때 중단
진안	진안	구룡	석곡 (돌고개)	당산제	1월 3일 새벽 4-6시	당산	마을 입구	정자나무	마을회의에서 제관 선정	분향-초/아/종헌-재배-소지-음복	마을기금	대동음복-결산-풍물	존속	
진안	진안	단양	내사양/외사양	당산제 (산신제)	1월 2일 밤	윗당산 아랫당산	마을 뒷산	당산나무	깨끗한 집 최고령자	금기-위/아랫당각 제사-합류	리유림		중단	10여 년 전 수해 당산나무 소실
진안	진안	단양	내사양/외사양	용왕제 (방죽제)	1월 1일과 7월 백중	용왕	저수지 제방	저수지	잘 아는 사람 (김두식 씨)	제물장만-각호소지	거출		존속	
진안	진안	단양	내사양	탑제	1월 9일 오후 4시	할머니탑/할아버지탑	마을 입구	탑	마을 최고령자	각집 번갈아 제물장만-풍물-소지	호당거출		존속	길을 내면서 탑 1기 소실
진안	진안	단양	외사양	길산제 (다리제)	1월 9일 저녁 6-7시경		마을 입구	첫 번째 다리	김두식 씨	제물장만-각호소지	각호거출		존속	목적-교통사고 방지
진안	진안	단양	원단양	당산제	1월 3일 밤	윗당산 아랫당산	회관 앞 마을 오른쪽	느티나무 마을숲	깨끗한 사람 선정	금기-제사	각호거출		중단	아랫당 소실
진안	진안	물곡	원물곡	팥죽제	1월 7일 오후 5시경	당산	마을 뒷산 마을 중심부	상하산지당 나무	깨끗한 사람 선정	금기-제사(산지당→당산→회관)	각호거출 부녀회돈		중단	
진안	진안	물곡	종평	거북제 팥죽제	섣달 그믐 밤 정월 열엿새	거북당산	마을 앞/뒤	거북이형 조탑 2기	깨끗한 고령자 부녀자(팥죽제)	위아래 거북제-팥죽제(남자/풍물)	마을재정 각호거출		존속	
진안	진안	반월리	산수동	당산제	1월 15일 밤	당산	마을 입구	마을숲 속 당산나무	깨끗한 사람	소지	각호거출		중단	새마을운동 때 당산(제) 소멸

시·군	읍·면	리	마을	제의명칭	제의시기	대상신	제당위치	제당형태	제의주관자	제차	제의비용	제후행사	현행여부	기타
진안	진안	반월	원반월	당산제	1월 2일 밤	당산	마을 뒤 장등	소나무	깨끗한 사람 (제주,화주 3-4명)	제물장만-제사	동네땅 임대료	대동회의-결산	중단	새마을운동 때 중단
진안	진안	연장	원연장	당산제	섣달 그믐	상/중/하당	마을 뒷산/마을 숲	소나무/밤나무/돌탑	깨끗한 사람	제사-소지	각호거출		중단	하당 탑제/1월 7일/모두 참여
진안	진안	오천	외오천	당산제	1월 1일 저녁	당산	마을 청풍정	나무 5~6그루	부녀자들(마을사람 모두 참여)	금기-제사(여자)/풍물(남자)-소지	각호거출		존속	
진안	진안	정곡	개실	당산제	섣달 그믐 초저녁	당산	마을 앞/마을 뒤	숲/다리 돌탑/샘	나이 많고 점잖은 분	풍물 가다듬고 준비-금기-제사	동제답 걸립거출		중단	제주와 마을사람 모두 참여
진안	용담	옥거	상거	산신제	동짓달 회의 열어 손없는 날 결정	산신	상거리 진산 솔뫼	산제당	깨끗한 사람 (제관 1)	금기-(강신-헌주-재배-독축-소지)	걸립기금		존속	굿치는 것 금지 비의적 제의
진안	용담	월계	원월계	산제 당산제	1월 3일 밤 11시경	산신 당산	마을 뒷산 마을 앞	산제당 자라혈	깨끗한 사람 (제주 1)	금기-산제→당산제(유교식)	동네기금		존속	
진안	용담	월계	와정	당산제	1월 3일 밤 12시	당산	마을 앞	정자나무	제관 1, 축관 1, 유사 1	금기-제사(독축 포함)	동네전답 기금		중단	
진안	용담	와룡	원와룡 (호미동)	당산제 거리제	1월 3일 오후 6시경	당산	마을 뒤	산제당	깨끗한 사람 선정	금기-(진설-강신-헌주-재배-독축-소지)	마을기금		존속	거리제(1월7일)에서 풍물침
진안	용담	호계	호암	당산제	1월 3일	당산	마을 앞 강변		마을 회의에서 제관 1명 선정	금기-제사	걸립기금		재개	2월 1일 영등제
진안	용담	호계	대방동	산제	1월 3일→1월 2일 저녁 7시	산신	마을 앞산 중턱	산제당	제관 1, 이장	금기-(진설-헌주-재배-독축-소지)	거출 또는 마을기금		존속	1월 16일 팥죽제 10월초 장승제
진안	용담	송풍	회룡	산신제 탑제	1월 3일→ 섣달 그믐	상당산 하당산	마을 뒷산	상하산제당 (노송+바위)	제관, 유사 1	금기-위아랫당산 순으로 제사	동네기금	이장집에서 음복	존속	2월 1일 영등할머니달에 탑제
진안	용담	송풍	방화	산신제	1월 3일 저녁	산신	마을 앞	정자나무	이장	간단한 제사			재개	원래는 산제당에서 지냈음
진안	용담	송풍	·노온	산신제	1월 3일 밤	산신	마을 뒷산	큰 소나무 (현재 고사)	깨끗한 사람	간단한 제사			재개	

시·군	읍·면	리	마을	제의명칭	제의시기	대상신	제당위치	제당형태	제의주관자	제차	제의비용	제후행사	현행여부	기타
진안	안천	신괴	지사	산신제 용왕제	섣달 그믐 새벽 1시	상/중/하당	마을 뒤 마을 앞	산제당/바위/나무	제관 1, 유사 1	상/중/하당순으로 산신제-용왕제	거출		존속	용왕제/부녀자중심(동구저수지)
진안	안천	백화	율현 (밤고개)	산신제 탑제	1월 3일 오후 2시	당산	마을 뒷산 마을 입구	옛 제사터 탑 2기	정갈한 사람	산신제 후 풍물 울리며 탑제	마을기금	마을회관에서 동네잔치	존속	
진안	안천	노성	노채	산신제	1월 14일 저녁	당산	다래골/방아실	산신당/터	깨끗한 사람	제사				현재 2월 1일 굿치고 농점
진안	안천	노성	장등 (진등말)	산신제 거리제	1월 3일 11시-12시	당산	마을 뒷산 마을 앞	소나무 당산나무	제주부부, 축관 밑집(제물집)	금기-산신제(소지 축원)-거리제	공동자금 거출	잔치	중단	제의 동안 마을에서 풍물굿
진안	동향	능금	상능/하능	깃고사 (깃고제)	1월 3일 10시경	천신		농깃대	궂은 일 없는 고령자(제주 1)	능길회관 앞에 기세우기-독축	공동답 소출	음복-잔치-대동회의	존속	축문 있음
진안	동향	능금	추동	당산제	1월 3일 밤 12시경	당산	마을 앞	당산나무	깨끗한 사람이 번갈아(제주 2)	제물장만-독축-가구소지	마을기금	모두 모여 즐겁게 놈	존속	
진안	동향	대량	상양지 하양지	산신제	1월 2일 밤	산신	마을 뒷산 두억봉 아래	솔밭(원래 산제당)	동네 아주머니	제물진설-가가호소지	공동기금		존속	창녕성씨 집성촌
진안	동향	성산	상향	산제 탑제	1월 15일 어두워질 무렵	산신	마을 뒷산 바위 밑	샘	경건한 사람 (제주 1, 축관 1)	금기-각호소지	각호거출		중단	탑제 중단
진안	동향	성산	하향	산신제 탑제	1월 2일 밤	산신	마을 뒷산 바위 밑	샘	깨끗한 사람 (제주 1, 밑집 1)	금기-독축-소지	동네논 도지		중단	해방 이후 중단
진안	동향	성산	섬계	산신제	1월 3일 밤 10시이후	산신	마을 뒷산	산제당	제주 부부	금기-독축-가가호소지	거출		중단	제주만 지냄
진안	동향	신송	고부	산신제	1월 3일 밤 9시경	산신	마을 뒷산	소나무	제주 부부	금기-제물준비-소지	호당거출		중단	
진안	동향	신송	호천	산신제	1월 3일 밤	산신	마을 뒤쪽	산신제당	깨끗한 사람 3명 (제주, 축관 등)	금기-제사(소지)	동네돈		중단	
진안	동향	자산	대야	산신제 당산제	1월 3일 밤 12시 이후	산신 당산	마을 뒷산 마을천 건너	산제당샘 정자나무	맘 좋고 성실한 사람(제주 1)	산제당(소지)-샘 굿-당산제	각호거출		존속	

시·군	읍·면	리	마을	제의명칭	제의시기	대상신	제당위치	제당형태	제의주관자	제차	제의비용	제후행사	현행여부	기타
진안	동향	자산	상중노	탑제	1월 14일 저녁 6시경	당산	마을 입구	돌탑 왕바위	번갈아 맡음	왕바위제→탑제순 (풍물, 소지)	마을재정		존속	
진안	동향	자산	용암	산신제	1월 3일 11시경	당산	마을 뒷산 골짜기	바위	깨끗한 사람	금기-밥 직접 지어 제사	동네자금	다음날 음복	중단	
진안	동향	자산	하노	산제 탑제	1월 3일 또는 5일(탑제 15일)	산신	마을 뒷산 소나무 밑	샘	깨끗한 고령자 (제관,축관,집사)	독축-소지	마을답 도지		중단	탑제-부녀자 주관
진안	동향	자산	봉곡	당산제	1월 15일	뒷당산 앞당산 2	마을 뒷산 마을 앞	소나무 느티나무	깨끗한 사람 (제주 1)	제물장만-제사	동답소출 걸립		중단	
진안	상전	월포	항동 (구시골)	당산제-다리고사	1월 1-15일 사이 택일	당산	마을 입구 마을 안	귀목나무	무녀 주관	당산 2곳 오가며 풍물-독경-소지	거출		존속	
진안	상전	월포	금지	당산제	1월 3일(또는 1월 16일) 저녁	당산	마을 앞	괴목나무 3	깨끗한 고령자 (제관 1)	금기-초/아/종헌-독축-소지-음복	걸립 마을공금	여자들이 팥죽뿌리기	존속	
진안	상전	주평	원가막	산제 고목제	1월 3일 밤 11시경	당산	마을 입구 수구맥이숲	고목나무 조탑(장승)	깨끗한 사람 (제관 1, 화주 1)	금기-산제(-마을 풍물)-고목제	각호거출	제관집에서 축원-음복	중단	고목제는 부녀자 주도
진안	상전	주평	지사	당산제	1월 3일 오전	당산	마을 뒤편	노거수 3	깨끗한 사람 (제관 1)	금기-당산굿침-제사	각호거출	대동음복-지신밟기	존속	팥죽제 병행
진안	상전	주평	회사	당산제 팥죽제	1월 3일	당산	마을 뒤편	고목나무	깨끗한 사람	금기-제사(당산제-팥죽제)	각호거출	마당밟이	존속	
진안	상전	갈현	중기 (중터)	당산제 팥죽제	1월 3일	당산	마을 뒤편 방애실	터	깨끗한 사람 (제관 1)	금기-제사(당산제-팥죽제)	각호거출	마당밟이	중단	수구맥이숲 당산나무 소실
진안	상전	용평	오리목 (부항)	당산제	1월 1일 밤 9시경	상/중/하당산(할머니)	운장산 산줄기	당산나무	깨끗한 사람 (제관 1)	금기-제사(소지-독축)-마을 풍물	각호거출	음복-걸립	존속	현재 하당산만 거행
진안	상전	수동	내송	산제 당산제	1월 3일 해질 무렵 오후 5시경	당산	마을 뒷골 계곡	산제당	깨끗한 사람 (제관 부부)	산제(마을풍물)-당산제-팥죽제	동네자금	팥죽음복	존속	산제:남성 주도 팥죽제:여성 주도
진안	상전	수동	외송	산제/당산제/팥죽제	1월 3일 오전	당산	마을 가운데	귀목나무	깨끗한 사람	풍물치고 제사 (당산제-팥죽제순)	거출	음복	존속	요즘 여자들이 주관

시·군	읍·면	리	마을	제의명칭	제의시기	대상신	제당위치	제당형태	제의주관자	제차	제의비용	제후행사	현행여부	기타
진안	백운	노촌	미비	당산제	섣달 그믐 밤 12시	당산	마을 뒤	당산바위	제관 1, 축관 1, 헌관, 밑집	풍물치며 오름-독축-각호소지	호당거출		존속	
진안	백운	노촌	원노촌	당산제	섣달 그믐 밤늦게부터 정월 초하루	산신	마을 뒤쪽 재실 옆	당산나무	헌관 1, 집사 1, 축관 1, 제주 1	금기-제사-독축-각호소지	공동분담	음복	존속	풍물놀이, 지신 밟기 소멸
진안	백운	덕현	내동	산신제	3월 3일 또는 4월 8일	산신	마을 뒷산	느티나무	마을 부녀자	제물준비-제사	각호거출		존속	
진안	백운	덕현	윤동	당산제	1월 15일	당산	마을 앞	느티나무	연령 많고 부정 없는 사람	제물장만-제사	풍물쳐서 거출		존속	
진안	백운	동창	동신	당산제	1월 15일	당산	마을 앞	당산나무	마을 부녀자	제물장만-제사	마을논 소출		존속	
진안	백운	동창	석무	당산제	1월 15일 저녁	당산	마을 입구	당산나무	마을 어른 또는 이장이 제주	제물장만-각호소지	마을논 소출		존속	
진안	백운	반송	원반	당산제 (도깨비제)	1월 6일부터 8일 사이 택일	당산	모정 아래		부녀자 주도	풍물치며 동네돌기-제사(제물:묵)	호당거출		중단	도깨비가 묵을 좋아한다 함
진안	백운	백암	번암 (번바우)	당산제	1월초에서 보름 사이 택일	당산	마을 뒤편	정자나무	정갈한 사람	제물준비-간단한 제사			존속	
진안	백운	백암	상백	깃고사	2월 1일 (깃발 생일)			광무원년에 만든 깃발	마을 사람들	술맥이놀이 같이 지냄			존속	
진안	백운	백암	중백	조탑제	정월에 날을 받아서 지냄	당산	마을 위/아래	조탑	동네 부녀자들	제물장만-각호소지	호당거출		재개	새마을운동 때 중단. 화재맥이
진안	백운	신암	대유	탑제 (당산제)	1월 15일 오전 10시	당산	마을 입구	서나무 돌탑2기	부녀회	제물준비-각호소지	호당거출		재개	6.25 때 중단
진안	백운	임신	원신암	당산제	1월 3일 밤	앞당산 뒷당산	마을 안	괴목나무	깨끗한 사람 (제주 1, 밑집 1)	제물준비-독축-소지	각호거출		중단	6.25 이후
진안	백운	운교	신전	당산제	1월 15일 밤	당산	마을 앞	느티나무	이장	제물준비-각호소지	각호거출		존속	

시·군	읍·면	리	마을	제의명칭	제의시기	대상신	제당위치	제당형태	제의주관자	제차	제의비용	제후행사	현행여부	기타
진안	백운	운교	주천	조탑제	1월 15일 안에 택일	당산	마을 입구	탑 1기	마을 부녀자 주관	제물준비-각호소지(남자:풍물)	각호거출		재개	새마을운동 때 중단
진안	백운	평장	상동	당산제	1월 14일 저녁	당산	마을 입구 천변	느티나무	나이 많은 분	제물준비-각호소지	각호거출		존속	
진안	백운	평장	평가	조탑제	1월 14일 저녁 8시경	당산	주천 가는 길목 왼쪽	조탑	나이 드신 깨끗한 사람	제물준비-독축-각호소지	각호거출		재개	
진안	성수	도통	광음	당산제	1월 3일	당산	마을 저수지 아래 샘	당산나무	나이 많은 어른 (제주)	제물준비-제사	각호거출		중단	
진안	성수	도통	산주	산신제	1월 3일, 3월 6일 (2회)	당산	마을 뒷산 마을 앞	서당골바위 뒷너덜우물	마을 부녀자	산신제 1(여성)-산신제 2(남녀)	거출		존속	
진안	성수	외궁	원외궁	당산제 탑제	1월 15일	당산	마을 입구	마을 숲 탑 1기	마을 부녀자	이장이 제물장만-소지	각호거출		중단	
진안	성수	용포	포동	당산제	절에 가 날짜를 받음 (15일 안)	당산	마을 앞	당산나무	깨끗한 연장자	제물준비-각호소지	각호거출		존속	깨끗한 사람 모두 참여
진안	성수	좌포	산내	산신제 당산제	1월 3일 저녁 1월 15또는16	당산	마을 뒷산 4봉 중	삼봉 날망	제관 1, 축관 1, 밀집 1	금기-제사 금기-독축기원	마을자금		중단	
진안	성수	좌포	양산	당산제	1월 3일 저녁	당산	마을 한가운데	당산나무	부녀자 주관	제물준비-각호소지	각호거출		존속	깨끗한 사람 모두 참여
진안	성수	좌포	산수동	당산제	정월 보름안에 택일	뒷재 당산배기	마을 뒤편 마을 가운데	느티나무	깨끗한 사람 누구나	풍물패(男)+부녀자들소지(祝생략)	각호거출		존속	당산제 앞서 억센 풍물
진안	성수	중길	달길	산신제 무제	1월 3일 밤부터	당산	마을 뒤 만덕산 중턱	바위 개울	나이가 많고 깨끗한 사람	제물준비-제사	각호거출		중단	
진안	마령	강정	원강정	당산제	1월 2일 밤 12시	앞당산 뒷당산	마을 앞 마을 뒷산	귀목나무 거북바위	제관 1, 밀집 1 삼헌관	금기-지신밟기-제사-헌식-독축	당산답 소출	마을회의	존속	
진안	마령	계서	서산	당산제	1월 3일 해질 무렵	당산	마을 뒷산	산지당 터	이장	깨끗한 사람 모두 참여-소지축원	거출		존속	10여 년 전부터 지내기 시작

시·군	읍·면	리	마을	제의명칭	제의시기	대상신	제당위치	제당형태	제의주관자	제차	제의비용	제후행사	현행여부	기타
진안	마령	계서	오동	고목제	1월 3일 저녁 6-7시	당산	마을 입구	느티나무	깨끗한 연장자 (주로 부녀자)	마을사람 모두 참여-각호소지	거출		존속	당산제는 중단
진안	마령	덕천	신동	당산제	1월 3일	당산	마을 입구	느티나무	마을 부녀자들	남자들은 풍물 부녀자가 제의	거출		중단	교회신자 증가로 중단
진안	마령	덕천	안방	당산제	1월 3일 낮	당산	마을도로변	느타나무	깨끗한 사람 (제관 : 주로 이장)	제물준비-각호소지	마을기금		중단	
진안	마령	덕천	판치	당산제	1월 15일	당산	마을 뒷산	느티나무	깨끗한 사람 (주로 이장)	금기-제사(마을사람 모두 참여)	풍물쳐서 거출		중단	마을 입구에 장승과 짐대
진안	마령	동촌	서촌	당산제	1월 3일 저녁	윗당산 아랫당산	마을 뒤쪽 마을 입구	느티나무	마을 부녀자들 (제관은 이장)	제물장만-제사	동네자금			
진안	마령	동촌	원동촌	조탑제	1월 3일 저녁 5-6시경	당산	마을 오른쪽 숲	조탑형 선돌	깨끗한 사람	제물장만-마을사람 모두 참여	동네자금		존속	
진안	마령	평지	원평지	당산제	1월 2일 밤 10-11시경	윗당산 아랫당산	마을 앞들	은행나무 돌탑	깨끗한 사람 (제주, 삼헌관)	금기-풍물치고 감-독축-소지	거출		중단	6.25 무렵 중단
진안	부귀	거석	금평	산신제 거리제	1월 14일 밤 9-10시경	당산	마을 뒷산 아래	터	오룡리 윤씨보살	제물준비-산신제(소지)-거리제	거출	마을회관에서 여흥	존속	동네 부녀자 참여
진안	부귀	거석	상거석	당산제	1월 3일 저녁	당산	마을 뒤쪽	소나무숲	나이 많으신 분	제물준비-독축-소지	마을기금		중단	
진안	부귀	두남	원두남	당산제	1월 14일 오후 8시경	당산	마을 왼쪽끝	당산나무 2 누석단	대주 1, 축관 1, 집사 2	금기-진설-유교식제의-풍물	공동기금	대주집 음복-지신밟기	존속	배 형국이라 오릿대(짐대) 세움
진안	부귀	두남	삼봉	탑제	1월 14일 저녁	당산	마을 입구 마을 숲속	돌탑 1기	깨끗한 사람 (번갈아 맡음)	제물준비-각호소지	동네기금		존속	
진안	부귀	두남	신기	당산제	1월 14일 저녁	당산	마을 안	솔밭 돌탑	깨끗한 사람	제물준비-각호소지	각호거출		존속	
진안	부귀	두남	회구룡	산신제 탑제	1월 14일 밤	당산	마을 뒷산 마을 오른쪽	바위 탑 1기	깨끗한 사람 (번갈아 맡음)	제물준비-각호소지	마을기금		존속	제주 혼자 제지냄

시·군	읍·면	리	마을	제의명칭	제의시기	대상신	제당위치	제당형태	제의주관자	제차	제의비용	제후행사	현행여부	기타
진안	부귀	봉암	미곡	당산제	1월 14일 밤	당산	마을 뒷산		깨끗한 사람 (제관 등 3-4명)	제물준비-독축-소지	호당거출		중단	장승,오릿대, 돌탑 있었음
진안	부귀	봉남	소태정	산신제	1월 3일 10시경	상탕 하탕	마을 뒷산 한량봉	소나무 바위	깨끗한 사람	금기-제의(각호소지)-마을 풍물	호당거출		중단	제주 혼자 제 지냄
진안	부귀	세동	우정	당산제	섣달 그믐날 밤	당산	마을 앞쪽	느티나무	이장	제물준비-제의	동네기금		중단	
진안	정천	모정	여의곡 (여시골)	산제 거리제	1월 3일	큰당산 작은당산	마을 남쪽	당산봉	당산제관 1 거릿제제관 2	당산제(남자 주도)-거리제(남녀 주도)	호당거출		재개	
진안	정천	모정	두곡 (머리실)	산신제 당산제	섣달 그믐	당산	마을 옆 산계곡	산제당		금기-진설-독축-각호소지-	호당거출	음복-풍물 치고 논다	존속	
진안	정천	모정	망덕	당산제	1월 3일 (또는 3월 3일)	당산			깨끗한 집 사람	제물준비-제사	호당거출		존속	여자들 주관
진안	정천	모정	모곡 (모실)	당산제 길산제	1월 3일 (또는 1월 6일)	당산	다른 마을로 가는 길목	고갯길	부정이 없는 집 사람	제관 혼자 당산제-공동참여 길산제	호당거출	마을회관 대동음복	존속	서낭제 대신 길산제 지냄
진안	정천	봉학	상조림	탑굿	2월 1일	당산	마을 입구 양쪽	돌탑 2기	깨끗한 상노인	제물준비-제사	호당거출	마당밟이	존속	
진안	정천	월평	상초 (웃새내)	당산제 탑제	1월 3일 오후 1월 15일	당산		당산나무 돌탑	깨끗한 사람	금기-제물준비-당산제-탑제	호당거출		중단	
진안	정천	월평	하초 (아랫새내)	당산제 고목제	1월 3일 밤 1월 7일 저녁	당산	마을 입구 수구맥이숲	돌탑, 입석, 나무 복합체	제주 1, 축관 1, 집사 2	금기-유교식 제사(마을풍물)	공동기금 거출	풍물패 따라 회관서 음복	존속	고목제:마을 중앙 당나무/여성 주도
진안	정천	월평	원월평	당산제	1월 3일 아침	당산	신촌/중촌/하촌마을 3곳	돌탑	깨끗한 사람 (유사, 축관)	제물준비-금기-유교식 제사	호당거출		재개	마을에 재앙이 있어 1993년 부활
진안	정천	갈룡	갈거	큰산제 길산제	1월 3일 새벽	당산	마을 뒤 계곡 마을 앞 길가	神樹와 제당 돌탑	제관 2명이 각각 큰산제, 길산제	유교식 큰산제-풍물-길산제(소지)	호당거출	음복	재개	큰산제-폐쇄적 길산제-개방적
진안	정천	갈룡	농산	산신/당산/사직제	1월 2일	당산	마을 뒤 계곡 마을 앞 모정	나무+제단+당집/사직제당	제관 1, 축관 1, 집사 1, 화주 1	금기-유교식 절차로 산신/당산/사직제	동네자금 호당거출		존속	부녀자:팥죽제

시·군	읍·면	리	마을	제의명칭	제의시기	대상신	제당위치	제당형태	제의주관자	제차	제의비용	제후행사	현행여부	기타
진안	정천	갈룡	무거	당산제	1월 3일 새벽 3시	당할머니	마을 가운데	선돌	깨끗한 사람	금기-풍물함께 감-재배-독축-소지	호당거출	마을회관에서 음복	존속	
진안	정천	망화	이포	거리제	1월 3일 오전 10시		마을 입구 삼거리		경주최씨 집안의 상어른	금기-마을주민 참여하여 제사	호당거출	대동음복	중단	
진안	주천	주양	괴정	거리제	1월 7일 저녁 ('사람날')		주천농협 창고 앞	귀목나무	노인정 회장 또는 이장	마을사람 모두 참여-소지축원	마을기금		재개	
진안	주천	용덕	미적	탑제	1월 3일과 10월 보름	당산	마을 입구 오른쪽	탑 1기	깨끗한 사람	제관이 대표로 지냄	호당거출			
진안	주천	용덕	산제/대촌/도촌	산제 탑제	1월 3일과 10월 3일	당산	마을 뒷산	큰 소나무 (현재 조탑)	깨끗한 어른 (제관,축관,유사)	세 마을 돌아가며 제사	마을기금	노인당에서 잔치	존속	산제,대촌,도촌 연합 산제
진안	주천	운봉	안정	탑제 산신제	섣달 그믐날 새벽 3시경	당산	마을 앞 동네 앞산	탑 2기 바위	운이 좋은 사람	제물준비-제사	호당거출	다음날 아침 대동음복	중단	
진안	주천	운봉	양명	산신제 당산제	1월 2일 새벽	당산	저수지 위쪽 마을 앞	바위 서나무	깨끗한 사람	산제(풍물치며 올라감)-당산제	호당거출		존속	폐쇄적 산신제 개방적 당산제
진안	주천	신양	광석 (난들)	거리제	1월 3일 저녁		마을회관 앞		깨끗한 사람 (제주)	각자 집에서 가져온 음식을 제물로 지냄				
진안	주천	신양	금평 (벌들)	거리제	1월 3일 저녁	지신	마을회관 앞	큰 바위, 굴나무	깨끗한 사람 (유사:음식준비)	풍물치며 모두 참여-독축	마을기금	결산	존속	
진안	주천	신양	성암 (날망뜸)	거리제 산신제	1월 3일 오후 6시		마을회관 앞 마을 뒷산	거리 소나무	깨끗한 사람	성의껏 준비한 음식으로 지냄	마을기금		존속	
진안	주천	신양	봉소 (남정자)	산제 거리제	1월 1일 새벽 1월 3일 저녁	당산	마을 뒤 봉소골	나무 밑	제관 2-3인/ 이장	산제(제관주도)-거리제(이장주도)			존속	거리제에서 풍물침
진안	주천	대불	내처사	탑제 당산제	1월 3일 밤 8-9시경	당산	마을 앞	큰 나무	깨끗한 사람	풍물치고 마을 사람들이 먹고 놈			중단	
진안	주천	대불	외처사	당산제	1월 3일 저녁	당산	마을 다리	당산나무	깨끗한 사람	제물준비-제사	호당거출		존속	

시·군	읍·면	리	마을	제의명칭	제의시기	대상신	제당위치	제당형태	제의주관자	제차	제의비용	제후행사	현행여부	기타
진안	주천	대불	중산	당산제	10월 3일 저녁 8시경	당산	마을 한가운데	당산나무	무당	금기-꽹과리치며 무당이 주도	호당거출			
진안	주천	대불	신기	당산제	1월 3일 초저녁	당산	마을 뒷산 마을 앞	바위 나무, 선돌	깨끗한 사람 (제관 1, 축관 1)	세 당 순서대로 제사 지냄	호당거출	마을회의	존속	이동시, 제사 지낼 때 풍물
진안	주천	무릉	선암, 어자, 강촌	산신제/ 거리제	1월 3일, 10월 4일/ 10월 14일	상당/하당 (산신령)	강촌 뒷산(산) 마을 입구(거)	산제당 (나무+제단)	제주, 축관, 유사 3명	엄숙한 유교식 산신제-개방적 거리제	거출 대동돈	동네잔치 경비정산	존속	세 마을이 번갈아 지냄

시·군	읍·면	리	마을	제의명칭	제의시기	대상신	제당위치	제당형태	제의주관자	제차	제의 비용	제후행사	현행 여부	기타
임실	임실	대곡	상리	당산제	3월 3일 초저녁	앞당산 뒷당산	마을 입구 마을 뒤		깨끗한 사람 (옛날엔 무당)	풍물패와 제주가 제당에 가서 제사	추렴	풍물-음복	존속	현재 뒷당산만 모심
임실	임실	현곡	연화	당산제	1월 15일 밤 12시			당산나무	이장 또는 마을어른	이장집 또는 마을 어른집에서 제사	각호부담			당산나무에서 지낼 때도 있음
임실	청웅	향교	암포	당산제	1월 9일 저녁 7시경				논농사 짓는 이 중 깨끗한 노인	금기-제사	당산답 소출	다음날 여흥-풍물		
임실	운암	선거		당산제	1월 3일 밤 8시경	당산			깨끗한 사람 (대개 이장, 반장)	풍물치며 당산에 오름-독축-제사	거출	굿치고 음복 -마당밟이		
임실	신평	용암	죽치	산제/등제(燈祭)	1월 3일 밤 9시경	산신 당산	마을 앞산 물황산	범바위	깨끗한 사람 (제관)	산제(제관주도)- 용왕제-당산제- 등제			산제 존속	당산제,등제는 풍물치며 함.
임실	성수	도인		당산제	1월 15일	당산	마을 가운데	당산나무	유식하고 깨끗한 노인	금기-풍물치며 제물 이동-유교식 제사				
임실	관촌	상월		팥죽제	1월 19일 저녁 7시경		마을 앞 개울가		마을 부녀자들	풍물치며 팥죽뿌 리며 마을돌기-제 사		제물 일부를 개울가에 던짐		제물 : 팥죽
임실	관촌	운수	구암	도채비굿	10월 그믐날 초저녁 무렵	당산	마을 아래쪽 입구	당산나무	깨끗한 사람 또는 이장	제물(메밀떡 외)- 풍물 함께 개방적 제의	거출	풍물-여흥- 음복	존속	도채비가 메밀 을 좋아한다 함.
임실	강진	방현		당산제	1월 13일 오후 7시경	당산	동네 뒤 밭	큰 돌	깨끗한 사람	금기-간단한 제사			중단	
임실	강진	필봉	상필봉	당산제	1월 15일	윗당산 아랫당산	마을 위 언덕 마을 입구	느티나무	깨끗한 사람 (지정된 제관)	금기-유교식 제사	정부지원	들당산굿- 조왕굿-샘 굿	존속	농악으로 축제 분위기 조성
임실	덕치	일중		당산제	1월 14일 밤	천령할머니 당산할아버지	마을 뒷산 마을 앞	가묘 당산나무	제관 1, 축관 1 기수 1, 풍물 5	풍물치며 당산 감-독축-제사	공동추렴			

시·군	읍·면	리	마을	제의명칭	제의시기	대상신	제당위치	제당형태	제의주관자	제차	제의비용	제후행사	현행여부	기타
순창	순창	백산		당산제	1월 14일 밤	당산	마을 뒷산	당산나무	부정이 없는 사람 선출	금기-매굿치고 당산 감-천룡제		농악		
순창	인계	탑리	외양	도깨비제	1월 17일 밤	당산	마을 입구	당산나무(3곳)	제일 정결한 부녀자	금기-제사(3곳)-풍물-동네돌기	호당거출	제주집에서 먹고 논다	존속	여자들만 참여
순창	인계	쌍암		당산제	1월 13일	할아버지당 할머니당산	마을 뒤 마을 앞	당산나무	깨끗한 사람	금기-농악-상/하당 산제사-마을돌기				
순창	풍산	죽전	죽전(대밭)	산제 당산제	1월 15일	상당산/할아버지/할머니	마을 뒷산 마을 입구	당산나무(3)	제관 2명(화주1, 헌관1)	금기-풍물치며 돌기-산제→당산제	호당거출		존속	산제는 상당산에서 지냄
순창	풍산	반월	월산	당산제	1월 14일 저녁	당산 철룡신7분	마을입구	당집 선돌 3기	제관 겸 축관 1, 보조자 1	풍물로 알림-샘굿-철룡신께 제사	호당거출	풍물치며 하루를 즐김	존속	
순창	금과	모정	외모	당산제	1월 15일	당산(각시 서방 또는 내외간)	마을 안쪽 논둑	선돌	여자무당	무당이 마을을 대표하여 지냄				풍수비보책 돌탑 2기 있음
순창	팔덕	청계	대숲몰	당산제	1월 14일 밤	할아버지/큰/작은할머니당	동네 앞/가운데/서편	당산나무	깨끗한 사람	금기-농악대굿-당산제(3곳)				
순창	팔덕	월곡	외월	천제/당산제/동청제	정월 대보름 전날 오후 6시경	천룡할아버지/당산할머니	마을 뒤 마을 앞	소나무 목조 당집	화주 1, 축관 1, 집사 1	天祭(기제사같이)-당산제-동청제	거출	풍물-음복	존속	각 제의 사이 풍물 울림
순창	팔덕	구룡	입석	당산제 천룡제	1월 15일	할아버지/할머니당산	마을 안	당산나무(돌탑 근처)	생기합덕 맞는 사람+삼헌관	금기-굿치며 선돌돌기-당산제-천룡제	공동비용		중단	입석 5기:풍수비보 기능/전설
순창	팔덕	서흥	백암	당산제	1월 14일	할아버지/할머니당산	마을 앞 마을 뒤	당산나무	제만	할머니→할아버지당→영감샘→할머니샘			존속	
순창	팔덕	장안		당산제	1월 14일 밤	당산	마을 입구	당산나무	제관 1, 축관 1, 헌관 1	금기-농악-천룡제-당산제-헌식	각호거출		존속	
순창	복흥	반월	자포	당산제	2월 1일	할아버지/할머니당산	마을 입구	입석	이장 포함하여 손없는 사람 2명	줄제작-당산돌기-줄다리기-줄감기-제사	마을기금	회관서 음복-지신밟기	존속	암수두 줄/줄다리기 전에 걸궁
순창	복흥	동산		당산제	1월 15일 저녁	당산할머니 서낭신	마을 가운데 마을 앞	나무/고인돌/돌탑		풍물치며 제당에 가서 제사지냄				

시·군	읍·면	리	마을	제의명칭	제의시기	대상신	제당위치	제당형태	제의주관자	제차	제의 비용	제후행사	현행 여부	기타
순창	복흥	금월	대각	짐대 당산제	2월 1일	짐대당산	마을 앞 개울 둑	소나무 짐대 3기	마을 남자들	짐대제작-짐대세 우기-풍물-잔치		마을총회 일년 결산	존속	화재맥이
순창	복흥	정산		짐대 당산제	2월 1일 아침	짐대당산	마을 앞 논	암짐대(3) 숫짐대(3)	마을 남자들	짐대깎기(전날)- 세우기(아침)-고 사	12월 총회 때 배분		중단	면소재지임. 화기진압 짐대
순창	복흥	석보		장승짐대당 산제	2월 1일 15일	윗당산 가운데당 산	마을의 남/서/북쪽	장승과 오리짐대		아침 일찍 장승과 짐대 제작-풍물굿	공동기금	마을회관에 서 마을잔치	존속	격년제/ 화재맥이 기능
순창	복흥	서마	추령	추령 장승제	1월 15일					당산제- 달집태우기				장승촌 생김
순창	구림	운남	남정	탑제	1월 15일		마을 인근 뒷산	돌탑	제관 1 (깨끗한 사람)	금기-당산제-탑제 (풍물 울림)	마을기금	2-3일간 풍물치며 놈	중단	
순창	구림	구암	사곡	당산제	1월 3일 이후 첫 경일(庚日)		마을 가운데	천제단	생기복덕 들고 부정이 없는 이	진설-분향-초헌- 독축-아/종헌-소 지	성의껏 거출		존속	제의 시작 전에 풍물을 침
순창	구림	금창	금상	탑제	2월 초하루 (영등날)	탑할머니 (=영등할 머니)	마을 입구	돌탑, 짐대 함께 있음	제관 1 (대개 고령자)	오리짐대제작-짐 대세우기-풍물-제 사	걸립	음복 동네잔치	존속	짐대 제작(남자) 배 형국 비보책
순창	구림	월정	오정자	천룡제/당산 제/탑제	1월 14일 초저녁	천룡할아 버지,할머 니 외	마을 뒤쪽 마을 앞	천룡당(松)/ 당산나무	화주 1, 축관 1	금기-철룡제(폐쇄 적)-당산제(개방) -탑제			존속	천룡2→당산1→ 선돌1→돌탑1

시·군	읍·면	리	마을	제의명칭	제의시기	대상신	제당위치	제당형태	제의주관자	제차	제의비용	제후행사	현행여부	기타
남원	운봉	장교	장교	당산제	1월 3일 밤 11시	할아버지/할머니당산	마을 뒤쪽/마을 입구	소나무/벗나무	청렴한 어른 2명 축관, 헌관	금기-제사	당산답	조용히 마침	존속	할아버지=원당산 할머니=날당산
남원	운봉	신기	신기	당산제	1월 2일 밤 10시	할아버지/할머니당산	마을 뒷산	토석원형단/느티나무	깨끗한 부부	금기-굿치며 마을돌기-제사	당산답 추렴			
남원	운봉	동천	동상	당산제	1월 2일 밤 11시	할아버지/할머니2	마을 안	수목	깨끗한 사람	제사	걸립 공동기금	음복-마을 회의		두 할머니를 할아버지당에 합침
남원	운봉	동천	동하	당산제	1일 1일 밤 12시	할머니당산	마을 중앙	귀목나무	깨끗한 사람 15명	제사(마을사람들 전체)	당산세 추렴	동네잔치	존속	농악 사라짐 보름 줄다리기
남원	운봉	서천	서하	당산제	2월 1일 낮 12시	큰당산/작은(날)당산	마을 입구	귀목나무,집대터,돌장승	깨끗한 사람=제주	금기-큰당산제-날당산-장승제	마을 창고세	공동음복-마을총회	존속	농악대 참여
남원	운봉	서천	서남	당산제	1월 15일 저녁 6시	당산	마을 중앙	나무	깨끗한 사람 3명	금기-제사	상인들 추렴	농악	존속	
남원	운봉	북천		당산제	1월 3일 밤 11시	당산	동구 밖 좌우	남녀 장승 2기	깨끗하고 부정 없는 사람	금기-제관/풍물패 (당산→장승순)	구판장 기금	제관집에서 음복-결산	존속	짐대 소실
남원	운봉	임리	임리	당산제	1월 2일 밤 12시	중당산 하당산	마을 입구 마을 뒤	귀목나무	깨끗한 사람 (50대 이상)	금기-제사	공동답	다음날 잔치 (현신제)		현재 상당산 없어짐
남원	운봉	주촌	주촌	당산제	1월 3일 밤2시 7월 15일 낮12	당산	마을 뒷산	귀목나무	깨끗한 사람	금기-제사	공동전답	마을어른께 세배-음복	존속	
남원	운봉	공안	수철	당산제	1월 2일 밤	당산	마을 중앙	귀목나무	깨끗한 어른 (60세 이상)	금기-제사	공동마련	동네잔치 (음복)	존속	
남원	운봉	용산	용산	당산제	1월 2일 밤 11-12시	할아버지/할머니당산	마을 뒷산 마을 입구	소나무 벗나무	자식 없는 부부 (요즘은 이장)	금기-제사	거출		존속	
남원	운봉	산덕	산덕	당산제	섣달 그믐 밤 12시	할머니당산	마을 입구	흙무덤	이장	금기-제사	공동답		존속	간소화됨
남원	아영	의지	율동 (밤골)	당산제	섣달 그믐 밤 11시	상당산 하당산	마을 뒷산 마을 입구	소나무	제관 부부	금기-제사(일반 제사와 같이)	거출		존속	

시·군	읍·면	리	마을	제의명칭	제의시기	대상신	제당위치	제당형태	제의주관자	제차	제의비용	제후행사	현행여부	기타
남원	산내	백일	백일	당산제	1월 1일 저녁	윗당산/아랫당(소실)	마을 뒷산 마을 입구	소나무	제관 1, 축관 1, 보조자 1	금기-(진설-절-독축-절-소지-음복)	동답소출	대동음복-합동세배-결산	존속	윗당=할아버지 아랫당=할머니
남원	산내	백일	원백일	당산제	1월 1일	당산		귀목나무	깨끗한 사람 (제관 2명)	제사	마을공동기금		존속	일제때 당산 베어 진후 다시심음
남원	동	서무	서무	당산제	1월 14일 밤 12시	할머니당산	마을 뒷산	소나무	깨끗한 사람 (제관 1, 축관 1)	금기-제사(당산/우물에서 굿침)	공동기금 당산답	다음날 음복-회의	존속	제사 전 큰샘을 치운다.
남원	동	성산	성산	당산제	1월 14일 밤 12시	상/중/하 당산	성황지(城皇池) 옆	느티나무	깨끗한 사람 (제관 외 1명)	금기-제사	공동답		재개	현재 하당산에서만 지냄
남원	동	상우	하우	당산제	1월 15일 밤	앞당산 뒷당산	마을 입구 마을 뒤쪽	느티나무	깨끗한 사람		공동기금		존속	필요할 때마다 행함.
남원	주천	장안	외평(뱃들)	당산제	1월 2일 밤	상당산 하당산	마을 안	감나무/짐대(소실)	깨끗한 사람	금기-제사(당산까지 굿치며 감)	당산답	풍물굿-대동음복	중단	
남원	주천	장안	무수동	당산제	1월 2일 밤 혹은 1월 3일	당산	마을 뒤	소나무	자식이 없는 깨끗한 사람	마을제사	공동기금	음복	중단	
남원	주천	배덕	덕촌	당산제	1월 3일 저녁	뒷당산 앞당산	마을 뒤 마을 앞	당산나무	집사, 제관 3명 (현재 여성 주관)	제사(점친 결과가 나쁠 때)	공동기금 마련	샘굿-각집 막걸리털이		평년엔 굿패가 당산굿만 침
남원	주천	송치	동송 서송	당산제	1월 1일 밤	작은 당산 큰 당산	마을 중간 마을 입구	귀목나무	깨끗한 연장자	제사	추렴	농악-음복	중단	10년 전 중단
남원	주천	주천	하주	당산제	1월 1일 저녁	당산	마을 입구	방솔나무	품행 단정한 여자	제사	공동기금	마을여자들 모여 음복	존속	
남원	주천	덕치	갈재(노치)	주산제	1월 1일 밤 12시	할아버지/할머니당산		소나무+토석단/바위	축관 1, 헌관 1, 밑집(제물집) 1	금기-제사		대동음복-합동세배		
남원	주천	호경	내촌	당산제	2월 1일 영등 할머니 오는날	아랫당산 윗당산	마을 안	솟대(짐대) 산신당터		제물준비-굿침-제수를 묻음		풍물 치며 당굿		화재방지 기원
남원	주천	용궁	외룡	당산제	1월 16일 새벽 1시	윗당산 아랫당산	마을 입구 마을 안	느티나무	생기복덕 있는 사람 선택	금기-제사(현재 총회만 함)	마을기금	당산굿-음복-총회	중단	위/할아버지 아래/할머니

시·군	읍·면	리	마을	제의명칭	제의시기	대상신	제당위치	제당형태	제의주관자	제차	제의비용	제후행사	현행여부	기타
남원	아영	갈계	갈계	당산제	1월 2일 밤 11시	상/중/하 당산	마을 안	토석원형단	깨끗한 마을어른 4명	금기-제사	당산답	합동세배-음복	존속	현재 중당산에서만 지냄.
남원	아영	봉대	봉대	당산제	1월 2일 밤	할머니(앞) 할아버지(뒤)	마을 입구	괴목나무+岩/소나무	깨끗한 사람	금기-제사	공동마련	합동세배-음복	중단	
남원	아영	일대	일대	당산제	1월 2일 밤	할아버지(위) 할머니(아래)	마을 뒤쪽	소나무	깨끗한 사람 (제주 2명)	금기-제사	마을기금 거출	합동세배-마을회의	존속	현재 할아버지 당산만 있음
남원	아영	성리	상성	당산제	1월 2일 밤	상(소실)/중/하당산	마을 뒷산 마을 가운데	소나무 아카시아	깨끗한 사람	금기-제사	마을기금 거출	농악놀이	존속	홍부제와 같이 지냄
남원	아영	성리	하성	당산제	1월 2일 밤	상당산(소실) 하당산	마을 안	느티나무	깨끗한 사람	금기-제사	마을기금 거출		존속	
남원	아영	인풍	매산	당산제	1월 2일 밤	상당산 하당산	마을 들판뒤 마을 앞	넓적한 돌 석단	깨끗한 사람	금기-제사	공동부담	농악-음복	존속	
남원	아영	아곡	아곡	당산제	1월 3일 밤	당산	마을 뒤 가운데	소나무 (소실)	생기복덕 있는 사람 2명/축관	제사	동네전담		존속	당산자리에 제단만 남음
남원	아영	아곡	당동	당산제	1월 3일 밤 12시	당산	마을 안	느티나무	깨끗한 사람	금기-제사	동네전담		존속	
남원	산내	장항	장항	당산제	1월 2일 밤 12시	산제당/중당산/하당산	마을 뒷산 마을 앞	소나무/소나무+누석단	깨끗한 사람 (제관 1, 축관 1)	금기-제사(중당산부터 모두 참여	거출	대동음복-밤새 논다	존속	하당=할머니당산에서 굿침
남원	산내	장항	원천	당산제	1월 1-3일 (택일) 밤 10시	윗당산 아랫당산	마을 입구	당산나무	깨끗한 사람	금기-위아랫당 불밝힘-샘위굿	공동기금 마련		존속	제의 전 14일간 당산에 호롱불
남원	산내	대정	매동	당산제	1월 3일 밤 12시	할아버지당/할머니당 2	마을 뒷산/복지회관 옆	나무/누석단/암체	깨끗한 부부	금기-제사	공동마련	음복	존속	제물 장만에 신령약수터물 씀
남원	산내	대정	소년대	당산제	1월 3일 새벽 1시	당산	마을 뒷산	병풍바위	깨끗한 사람 (제관 부부)	금기-제사	공동기금		존속	
남원	산내	입석	삼화	당산제	1월 3일	할아버지/할머니당산	마을 입구	느티나무 (+조산)	이장, 깨끗한 사람 4명	제사	마을전담		존속	지신제,거리제 함께 지냄

시·군	읍·면	리	마을	제의명칭	제의시기	대상신	제당위치	제당형태	제의주관자	제차	제의비용	제후행사	현행여부	기타
남원	주생	제천	제천	당산제	1월 3일 밤	당산	마을 입구	느티나무	깨끗한 사람	금기-제사	거출		중단	15년 전 중단
남원	주생	지당	소지	당산제	1월 5일 밤	당산	마을 뒷산	당산나무(소실)	깨끗한 사람 5명	금기-제사	공동기금	농악	중단	소지/대지마을 번갈아 지냈음
남원	주생	지당	대지	당산제	1월 5일 밤	당산	마을 뒤	당산나무(소실)	깨끗한 사람	금기-제사	공동기금	농악	중단	
남원	주생	영천	유매	당산제	1월 3일 밤 12시	당산	마을 뒷산	소나무밭	공동답 짓는 분	제사	당산답			
남원	주생	상동	상동	당산제	1월 3일 밤	세 당산	마을 좌/우측 마을 중앙	감나무(소실)	부정 없는 깨끗한 사람	금기-제사	공동거출	농악-음복	중단	새마을운동 당시 중단
남원	금지	방촌	방촌	당산제	1월 3일 밤 10시	원당산(소실) 앞/뒷당산	마을 안 마을 뒤	포장친 영호 흙무더기	깨끗한 사람 (제관 등)	금기-제사(풍물 치며 감)	마을전답	대동음복-마을회의	중단	원당산:할아버지/할머니당산
남원	금지	택내	내기	당산제	1월 15일 새벽 1-2시	당산	마을 뒷산	소나무	깨끗한 사람	금기-제사	공동마련	음복	중단	
남원	금지	상귀	상귀	당산제	3월 3일 낮 12시	할머니당산	마을 앞	느티나무	나이가 많고 깨끗한 사람	제사	당산답/거출		존속	
남원	대강	강석	강석	당산제	1월 14일 밤 12시	할아버지/할머니/손자	마을 뒤/마을 입구	느티나무	깨끗한 사람 (축관, 화주)	금기-제사	거출	동네 돌며 굿친다	재개	할아버지/할머니당산만 존속
남원	대강	평촌	평촌	당산제	1월 14일 밤 12시	할아버지/할머니당산	마을 동쪽/서쪽과 위쪽	소나무/느티나무	깨끗한 사람 (축관,헌관,화주)	금기-샘굿-굿치며 당산 오름-제사	거출	음복	존속	굿패 구성 : 징 1,꽹 2,북 1,큰 기
남원	대강	풍산	곡촌	당산제	1월 15일 낮 12시	당산	마을 입구	느티나무	깨끗한 사람 3명	금기-제사	공동기금		존속	당산에서 활을 쏴 '射場'이라 함
남원	대산	운교	하운	당산제	1월 2일 밤 11시	당산	마을 뒤편	무덤 형태	깨끗한 사람 3명 (제관,축관,헌관)	금기-굿쳐서 제를 알림-제사	마을기금		존속	
남원	대산	운교	왈길	당산제	1월 2일 밤 10시	상당산 하당산	마을회관 위 마을 입구	소나무숲 느티/정자목	깨끗한 사람 (현재 이장주관)	금기-제사	공동답		존속	새마을운동 뒤 축문 없어짐

시·군	읍·면	리	마을	제의명칭	제의시기	대상신	제당위치	제당형태	제의주관자	제차	제의비용	제후행사	현행여부	기타
남원	대산	금성	감성	당산제	1월 3일 저녁	당산	마을 입구	소나무	깨끗한 사람	제사	공동답		중단	남녀노소 참여
남원	대산	풍촌	독산	당산제	1월 7일 밤	당산	마을 입구	귀목나무	생시 부합하는 사람 3명	제사-제물묻기	공동답		존속	
남원	대산	풍촌	감동	당산제	1월 2일 밤	큰당산 아랫당산	마을 입구	소나무 귀목나무	깨끗한 여자 5명	제사	공동기금 마련	농악을 하며 즐김	중단	여자들만 지냈음
남원	사매	관풍	풍촌	당산제	1월 1일 밤 (→현재 中伏)	할머니/할아버지당산	마을 입구 정자 좌/우	귀목나무	깨끗한 사람 2명(제관,축관)	금기-제사	공동거출	술멕이, 농악	존속	궂은일 없는 마을사람 참여
남원	사매	대신	상신	당산제	1월 15일 밤 9시	당산	마을 옆	정자나무	깨끗한 사람	일반제사와 흡사	마을기금	굿치고-모여 음복	존속	예전에 축이 있었음.
남원	덕과	만도	안동네	당산제	1월 15일 낮	당산(산신령)	마을 입구	느티나무	깨끗한 사람	금기-제사	쌀 1되씩 거출		중단	
남원	덕과	덕촌	덕동	당산제	1월 15일 낮	당산	마을 뒤	느티나무	깨끗한 사람	샘굿(축문낭독)-제사(일반제사)	마을공동기금		존속	주민의 날 겸해서 함.
남원	보절	진기	내동	당산거리제	1월 15일 낮	당산	마을 중앙	당산나무(제단 있음)	깨끗한 사람 3명	금기-제사	공동거출		존속	
남원	보절	진기	신기	당산제	1월 15일	당산	마을 옆 우측	느티나무	깨끗한 사람 3명	금기-제사	공동마련		존속	
남원	보절	금다	금계	당산제	1월 15일 낮	윗당산(소실) 아랫당산	마을 뒷산	느티나무	깨끗한 사람	제사	공동마련	농악-음복	존속	
남원	보절	신파	신동(섭골)	당산제	1월 3일 오전 10시	당산	마을 입구	당산나무	가장 높은 어른	금기-제사	공동거출		재개	
남원	보절	성시	계월	당산제	1월 15일 밤 10시	당산	마을 뒤	당산나무	깨끗한 사람	금기-제사	공동기금	농악-음복	존속	
남원	보절	사촌	사촌	당산제	1월 3일 밤 12시	할아버지/할머니당산	마을 안쪽 마을 맞은편	느티나무	연세가 많고 깨끗한 어른	금기-제사(축문)	공동기금	아침에 동민 모두 음복	존속	젊은이들 없어 제후 굿 생략함

시·군	읍·면	리	마을	제의명칭	제의시기	대상신	제당위치	제당형태	제의주관자	제차	제의비용	제후행사	현행여부	기타
남원	산동	식련	식련	당산제	1월 3일 새벽 3시	할아버지/할머니당산	마을 앞 마을 안쪽	느티나무 (제단 있음)	이장	금기-제사	공동기금	마을회관에 모여 음복	존속	새마을운동 후 간소화됨
남원	산동	월석	월산	당산제	1월 3일 밤 1시	당산	마을 뒤	당산나무	깨끗한 사람	금기-제사	당산답	음복	중단	
남원	산동	월석	석동	당산제	1월 1일 밤 7시	당산	마을 뒷산	소나무	깨끗한 사람	금기-제사(마을에서는 굿침)	공동자금		중단	새마을운동 후 중단
남원	산동	부절	부절	당산제	1월 2일 낮 11시	할매당산	마을 뒷산	작은 무덤	마을의 최고령 노인	금기-제사	공동자금	음복하며 즐김	존속	
남원	산동	목동	목동	당산제	1월 15일 밤 9시	당산	마을 중앙 마을 입구	팽나무	이장	금기-제사	공동자금		중단	6.25 전후에 없어짐
남원	산동	태평	태평	당산제	3월 3일 낮 10시	당산	마을 중앙	느티나무	깨끗한 노인	금기-제사	공동전답	농악-음복	존속	요즘은 축문을 읽지 않음
남원	산동	대기	등구	당산제	1월 1일 낮 10시	당산			깨끗한 어른	금기-제사	공동기금		중단	88고속도로개통 후 사라짐
남원	산동	대기	신기	당산제	2월 영등제	당산	마을 입구	느티나무	깨끗한 사람	'날당산굿'(마을 밖)-당산제	공동기금	'들당산굿'(당산 근처)	중단	당산제 전후로 굿침.
남원	산동	대상	한재	당산제	1월 2일 밤 9시	당산	마을 입구	당산나무	제주 1, 제관 1, 축관 1	금기-굿치며 당산감-제사	공동재산 소출	음복하며 함께 즐김	재개	6.25 이후 중단 1984년 재개
남원	이백	초촌	오촌	당산제	1월 1일 밤 12시	뒷당산/실당산/바깥당산	마을뒷산/앞산/입구	당산나무	깨끗한 사람	세 당산을 거쳐 샘에서 제지냄	공동기금		중단	6.25 이후 중단
남원	이백	효기	효촌	당산제	1월 15일 낮 12시	당산	마을 뒷산	당산나무	깨끗한 사람	제사	공동기금	음복하며 함께 즐김	중단	6.25 이후 중단
남원	인월	서무		당산제	1월 14일	할머니당산	뒷산	소나무	제관 1, 축관 1	금기-제사	마을기금	우물굿-음복-회의		
남원	인월	성산		당산제	1월 14일 12시경	상/중/하당산			제관 1, 보조자 1	금기-제사				

시·군	읍·면	리	마을	제의명칭	제의시기	대상신	제당위치	제당형태	제의주관자	제차	제의 비용	제후행사	현행 여부	기타
남원	송동	두신	두곡	당산제	섣달 그믐 밤 12시	당산	마을 뒷산	당산나무	깨끗한 사람 5명(金氏姓)	금기-제사	공동기금			
남원	남원	고죽	고산골	당산제 탑제	1월 2일 저녁 5시	당산	마을 앞	당산나무 조탑	궂은 일 없는 사람	금기-제사(축문)	공동기금	굿치고 음복 하며 즐김	존속	
남원	남원	광치	호치 (에끼 재)	당산제	3월 3일/10월 10일 택일	당산	마을 뒤쪽	귀목나무	마을 노인 5명	제사 (조용히 지냄)	공동기금		존속	마을터를 누르 기 위함.

시·군	읍·면	리	마을	제의명칭	제의시기	대상신	제당위치	제당형태	제의주관자	제차	제의비용	제후행사	현행여부	기타
완주	운주	산북	평촌	산제	1월 1일 밤10시경	산신	마을 뒷산	산제당	깨끗한 사람	진설-헌주-재배-독축-소지	마을기금	대동음복	중단	1970년대 초 중단
완주	운주	저구/산북	주암(배바위)	산제	1월 3일 밤 10시경	산신	수리봉 아래 마을앞	바위 아래터 배바위	생기복덕 있고 깨끗한 집 사람	진설-주문-소지	추렴	풍물-대동음복	존속	현재는 당골이 주관
완주	운주	금당	옥배	서낭제	1월 15일 밤	서낭신	마을 입구	서낭나무	마을어른	진설-독축-소지	호구전(쌀)	대동음복	중단	
완주	운주	고당	삼거리	산제	1월 3일 초저녁 7시경	산신	마을 뒷산	산제당골	60-70세의 연장자	진설-강신-헌주-재배-호청소지	마을기금	대동음복 농악	존속	
완주	운주	고당	원고당	산제	1월 14일 저녁	당할머니	선야봉 마을 공터	산제당 고당집	생기복덕 있고 연로한 어른	강신-헌주-재배-소지-호청소지	마을기금	대동음복-풍물	존속	마을이름姑堂='할머니당'
완주	운주	원구	원구제	탑제	1월 14일 저녁 7시경	탑할머니	마을 앞	돌탑	순번제(부부)	헌주-참례-독축-소지	마을기금	대동음복	존속	
완주	동상	대아	산천	산제	1월 14일 저녁 6시경	산신	마을 앞산 골짜기	산제당골 돌제단	생기복덕 있는 60세 이상	헌주-재배-헌주-독축-호청소지	마을기금	제물음복 걸립(보름)	존속	
완주	비봉	구하		거리제	정월초 택일 아침 10시경	거리신	마을 앞 큰 도로		부녀자	진설-도로에서의 무사고기원	걸립		존속	10여 년 전 도로 확장으로 생김
완주	경천	가천	요동	산제 당산제	1월 7일 자정	할아버지/할머니	마을 뒷산 양·음지 입구	독배나무(산제당 소실)	총회에서 제관(유사) 2집 선정	진설-재배-헌주-독축-소지	동답소출	음복-결산/대동회의(보름)	존속	비의적 산제 후 개방적 당산제
완주	고산	오산	신당	산제 당산제	1월 3일 저녁	당산신	마을 입구	당산나무	순번제(부녀자)	진설-독축-소지	거출	음복	존속	여성들이 당산제의 주체
완주	고산	오산	오산	고목제	1월 중 택일	수목신	마을	은행나무	부녀자	진설-비손-소지	마을기금	음복	존속	
완주	고산	안남	안남	고목제	1월 14일 초저녁	수목신	마을 숲	노거수	생기복덕 있는 깨끗한 사람	진설-비손-소지	걸립	당산 주변에 팥죽뿌리기	중단	
완주	고산	남봉		보제	1월 15일 초저녁	당산신	마을 뒷산	참샘	당골	진설-비손-소지	공동거출	음복	중단	부녀자 중심 일제 때 중단

시·군	읍·면	리	마을	제의명칭	제의시기	대상신	제당위치	제당형태	제의주관자	제차	제의비용	제후행사	현행여부	기타
완주	화산	운산	상호	산신제 거리제	1월 14일 오후 4시~	산신	무제봉 산자락	산제당 마을삼거리	생기복덕 있고 아이 없는 집어른	헌배-독축-소지	마을기금	풍물-놀이 (외)줄다리기	존속	비의적 산제 후 개방적 거리제
완주	화산	승치	미남	산제	1월 14일 밤 12시경	호랑이신 (산신령)	만수봉 아래 터	산제당	초/아/종헌관 3인	강신-헌주-재배-독축-소지	걸립	풍장 치고 대동음복	중단	일제 때 중단
완주	화산	봉황		고목제 (목신제)	1월 6일 아침 11시	수목신	마을 입구 노거수	괴목나무	부녀자(순번제)	진설-재배-소지-고시레	호구전 (전곡)	제물음복 축원	존속	부녀자 중심
완주	소양	화심	원화심	당산제	1월 7일 10-12시	윗당산 아랫당산	마을 뒤	당산나무	제주 1(단암사 스님) 화주 1(이장)	아랫당산부터 제 지냄	걸립 추렴	풍물-대동 음복	중단	
완주	소양	해월	원해월	산제	1월 15일 낮 11-12시	산신	마을 뒷산	산제당샘 (참샘)	산/상고를 겪지 않은 부녀 3명	진설-재배-비손-소지	마을기금	풍물-제의 후 음복	중단	새마을운동 뒤 중단
완주	상관	마치	용신	산신제	1월 16일 오후 4시	산신	마을 앞산	산제당	부녀자들 주축	旗제사와 같음	호구전		존속	과거:남자 주관 현재:여자 주관
완주	상관	신	상신광	당산제	2월 1일-영등날 9월 9일 저녁	영등할머니	마을	당산	당골애미		보름걸립	음복·여흥	중단	
완주	상관	용암	원용암	당산제	1월 3일	산신 (호랑이)	마을 뒷산 꼭대기	산제당	깨끗한 사람	진설-소지	걸립	마당밟이	중단	1960년대 이후 중단
완주	상관	용암	산정	당산제	보름 기준으로 택일/오후 5-6시	당산신			깨끗한 사람 2명씩(순번제)		마을기금	음복-마을 회의-결산	재개	4년 전 부활
완주	구이	두방		당산제	1월 3일 아침	당산신	마을	당산나무	생기복덕 있는 연장자	제물진설-제사	걸립	풍물굿놀이	중단	
완주	구이	백여	상용	당산제	1월 3일 저녁	할아버지 당산당할미신	마을 입구	당산나무	박종수	유교식 제사와 유사	걸립	음복-풍물 보름 줄다리기	중단	1970년대 박종수 사망 후 중단
완주	구이	항가	반월	당산제	섣달 그믐 어두워진 후	암당산(큰) 숫당산(작)	마을	당산나무	뜻있는 사람들만 참여		자청하여 냄	음복·풍물 (매굿)	중단	지신밟기-보름 줄다리기
완주	구이	계곡		당산제	2월 1일 오후 1-7시	암당산 수당산		당산나무		금기-제사	추렴	줄다리기-당 산감기-농악		

시·군	읍·면	리	마을	제의명칭	제의시기	대상신	제당위치	제당형태	제의주관자	제차	제의 비용	제후행사	현행 여부	기타
완주	용진	도계	도계	당산제	1월 15일	당산신	마을모정 근처	당산나무 (느티나무)	부녀자	진설-제의	호구전 마을기금	풍물	중단	걸립만 지속
완주	용진	간중	원간중	당산제	1월 14일 밤 10시	당산신	마을 뒤	소나무	당골무당	진설-당골축원- 통소지-고시례	걸립	제물음복	중단	부녀자 중심 보름 줄다리기

시·군	읍·면	리	마을	제의명칭	제의시기	대상신	제당위치	제당형태	제의주관자	제차	제의비용	제후행사	현행여부	기타
익산	함라	함열	수동	산신제	섣달 그믐날	산신	마을 뒤 당산 중턱	산신각 (산신도)	노수재 총무	제물진설-독축	노수재에서 마련	풍물-음복 -결산/예산		
익산	함라	함열	수동·행동 외	농기고사	1월 14일 농기고사 1월 15일 기싸움	당산신 농신	마을 앞들 건너 냇가 모래밭			고사-농기행차-기놀음-기싸움		기싸움 (농기뺏기)	중단	먼저 세배 받으려고 싸움
익산	금마		상대, 옥 동 등12	농기고사	1월14일농기고사 1월 15일 기세배	당산신 농신	마을 진입로 근처	人石 2기	각 마을좌상 (旗제사 때)	旗제사-선생마을기가 인도-세배교환		기세배 (농기세배)	존속	맏형마을기가 선생마을이 됨
익산	금마	구룡	구룡	산신제	1월 3일 저녁	산신	마을 뒤 당산 중턱	산신각 (위패)	제관 외 4인	제물진설-독축-호별소지	당산계 운영	풍물-음복 결산/예산		
익산	왕궁	용남	용남	산신제	1월 3일 저녁	산신	마을 뒤 당산 중턱	산신각 (산신도)	제관 외 4인	제물진설-독축	추렴	풍물-음복 결산/예산	중단	인줄, 돼지피해
익산	웅포	웅포		당제/산제 용왕제	1월 3일(당) 1월 15일(용)	당산신 용왕신	마을 금강변	산제당 용왕당	제관 1인(당) 인근 당골네들(용)	풍물치며 당에 감-헌잔-제관삼배-독축-소지	공동거출	보름 용왕제 후 기싸움	1980 중단	당에 갈 때 두레기, 당 오갈 때 풍물 침
익산	웅포	웅포	곰계	산신제	1월 3일 저녁	산신	마을 뒤 당산 중턱	산신각 (산신도)	제관 1인	제물진설-독축-호별소지	걸립, 마당밟이	풍물-음복 결산/예산		보름 기싸움
익산	웅포	웅포	강변	당제	1월 3일	당산신	강가 제당터	장승	제관 1, 무당	제물진설-독축	1년간 매일 모음	풍물-음복 결산/예산	중단	무당의 굿 보름 기싸움
익산	웅포	웅포	판포	산신제	1월 3일 저녁	산신	마을 뒤 당산 중턱	산신각 (산신도)	제관 1인	제물진설-독축-남자별 소지	걸립, 마당밟이	풍물-음복 결산/예산		보름 기싸움
익산	웅포	송천	송천	산신제	1월 3일 저녁	산신	마을 뒤 당산 중턱	산신각 (산신도)	제주, 제관, 집사	제물진설-독축-호별소지	추렴	풍물-음복 결산/예산		인줄, 대동제
익산	성당	성당	성포	별신굿	1월 4일 저녁	용왕신	마을 뒷산 정상	순풍당	마을주민과 익산 무속인들	풍장-제사-허수아비 가마태우기	추렴		2002 재현	2002.4.12.재현

시·군	읍·면	리(동)	마을	제의명칭	제의시기	대상신	제당위치	제당형태	제의주관자	제차	제의비용	제후행사	현행여부	기타
군산		중앙로		산신제 당산제	1월 14일 밤	빙주대신부처, 삼신, 노서산신	시의 남쪽 노서산	신당	축관, 삼헌관 (부정 없는 이중)	산신제(분향-강신-헌작-독축)-당산제	1일부터 걸립마련	음복-5방신장제응태움	중단	당산제:산신제 과정과 같음
군산		중동		산신제 당산제	1월 14일 12시경	산신/당할아버지/할머니	노인회관2층 (원래 서래산)	당집	제관 2명	산신제-당제(분향-강신-헌작-독축)	선주들 부담	풍장-놀이 (광대놀음)	존속	거리제와 용왕제 소실
군산	회현	세장	죽동	산제	1월 3일 저녁 (부정시 2월 3일)	산신	마을 뒤 봉영산 중턱	산제당	음식장만한 사람, 축관, 소지할 사람	금기-제물진설-남자별 소지		음복	중단	
군산	나포	나포	나포2구	산신제 영신당제	1월 14일밤(산) 1월 15일 새벽(영)	할아버지/할머니당산	구 소재지 뒤 공주산 중턱	당집 안의 묵은쌀 독	당집 지키는 이 마을 노인	금기-산신제-영신당제(독축-헌작-소지)	동민부조 걸궁거출	풍물-놀이	중단	큰무당굿 있었음 바닷가慰安堂祭
군산	옥도	선유도	진리,새터 밭너머	오룡당 당제	동짓달, 섣달, 정월 중 택일	오구유왕,명두아가씨外	망주봉 사이	오룡당, 임씨할머니당	제관 1, 유사 2, 보조 1, 당오매	금기-산신제-오룡당제-뒷전거리-헌식	호당거출	당오매(세습무)집 음복	중단	최씨부인,수문장, 성주
군산	옥도	무녀도	서들이, 모개미	당산제	손없는 날 (동짓날 이후)	당산할아버지/할머니	당산 정상	초집(당집)	화주 3인, 제물 나르는 사람	금기-제물-헌작-재배-독축-소지	마을자금 공동추렴		중단	당집에 9신위
군산	옥도	관리도	꽃지	당제 유왕제	섣달 초순 정월 보름 안	웃당 아랫당	마을 뒷산 정상	자연석 영신묘 당집	제관 1, 화주 1, 심부름꾼 2	금기-제물-헌작-독축-소지-헌식	정초매굿 걸립	제관집에서 음복-결산	중단	유왕제:여성 중심 개인가택굿
군산	옥도	말도		당산제	3월 초순(船土) 동짓달 초순(주민)	당산	마을 왼쪽 산 숲속	당집 ('영신당')	제주 1, 화주 3 (11월당산제)	금기-제물(당에서)-삼배-소지	호당거출	영신당에서 음복-결산	중단	
군산	옥도	대장도(장재미)		당제	섣달 또는 이듬해 정월 택일	당산	마을 앞 바닷가 자갈밭	지만터	제관 1 허드렛꾼 1-2인	금기-제물-제사-호당소지-거리제	호당거출	제관집에서 음복-결산	중단	1950년 대 '어화대'건립 후 변화
군산	옥도	비안도		당제	1월 3일 새벽	당할머니/당할아버지	마을 뒷산/윗당 뒤/마을쪽	윗당집/산신당/중간당(나무)	손없는 사람 중 축관, 제관, 화주	금기-산신제(축관,화주)-당산굿(무당)	선주중심 기부금	선창굿 (선주 및 개인가정)	중단	부안수성당 할머니의 9딸 중 하나
군산	옥도	신시도		당제	11월이나 12월 중 택일	오구유왕님 외 여러 신	마을 뒷산		남자 제관				중단	
군산	옥도	어청도		당제	3월 3일/8월 14일/12월 그믐	田橫장군	마을 안	치동묘 (淄東廟)	남자 제관				중단	
군산	옥도	오식도		당제	1월 14일 윗당제 15일 아랫당제	부부당산신 성주삼신단제	마을 앞산 마을 가운데	윗당:고목 3 아랫당:신당	남자 제관(당주, 화주)/선주들	윗당제(+농악)-하산-아랫당제	걸립모금	대동음복-결산	중단	제후 개별적 의례도 행함

시·군	읍·면	리(동)	마을	제의명칭	제의시기	대상신	제당위치	제당형태	제의주관자	제차	제의비용	제후행사	현행여부	기타
군산	옥구	개야도		당제 산신제	1월 14-15일 8월 14-15일	남녀부부신 5위	마을 뒷산	국수당	남자 제관 (당주와 별자)	금기-당제사-뱃기축원-용왕제-증제	당제운영회 거출		중단	제사 때 동민들 농악침
군산	옥구	연도		당제	1월 15일	부부당산신	마을 좌측산 정상		남자 제관				중단	

시·군	읍·면	리(동)	마을	제의명칭	제의시기	대상신	제당위치	제당형태	제의주관자	제차	제의비용	제후행사	현행여부	기타
김제	김제	입석동	입석	입석 줄다리기	1월 15일 저녁 달뜰 무렵	당산	월촌동사무소 맞은편 길가	입석	제주 1	줄제작-당산제-줄다리기-줄감기	걸립모금	음복-풍물	존속	인근 마을 주민 남녀 전체 참여
김제	김제	봉황동	난산	당산제	1월 15일 밤 자시	당산			정숙하고 부정 없는 부녀자	마을 여성들만 참가하여 제사	지신밟기 희사금		중단	목적: 액운 제거 풍년 기원
김제	김제	황산동	강정	당산제	1월 15일 밤 자시	당산	황산산 중턱		마을 이장	남녀 모두 참여	지신밟기 희사금			
김제	부량	용골		벽골제	10월 9일 아침		벽골제 장생거 옆	석주	문화원 주최-유교식 제사		시에서 지원	음복-놀이	1960 재개	초헌관: 시장 아/종헌: 유지
김제	부량	대평	대장	당산제	섣달 그믐날 자시	할아버지당 할머니당산	마을 서남쪽 끝	입석 2기	연세 많은 노인 (현재 부부)	지신밟기-제사-줄다리기(3일)	인구전 배당	3일 회관서 음복-회의		줄다리기를 하기도 함
김제	공덕	마현		당산제	1월 3일 자시	당산		은행나무	유사집 부인과 마을 남자들	제관들 모여 제사	농악대 걸립			
김제	금구	선암	축령 (싸리재)	당산제	섣달 그믐날 초저녁	당산	마을 앞	느티나무	공유답 경작자	마을 남녀 모두 참여하여 제사	공동답 소출		존속	
김제	봉남	내광	내주	당산제	1월 3일 아침	당산할머니	마을 동쪽 입구	나무(소실) 당산석	궂은 데 가지 않은 노인	섣달 그믐 매구굿-제사-소지	매구굿 추렴	음복-결산-마을회의	6.25 중단	마을민 참관 보름줄다리기
김제	금산	금산	용화	당산제	1월 14일 저녁 어두워질 때	할아버지당 할머니당산	마을 입구	느티나무	깨끗한 부녀자	부녀자들만 참여	자발적 추렴		존속	
김제	금산	금산		산신제	1월 1일-15일중 택일 자시	산신			제관 1, 유사 1	지신밟기-제사 (제관,유사)	공동작업의 노임		중단	마을사람들은 제의 참관
김제	만경	대동	원대동	당산제	섣달 그믐	당산신	마을 고갯녘	소나무	풍물패	매굿-저녁에 당산 가서 굿침			1960 중단	

시·군	읍·면	리	마을	제의명칭	제의시기	대상신	제당위치	제당형태	제의주관자	제차	제의 비용	제후행사	현행 여부	기타
정읍	신태인	우령	우령	당산제	정월 중 택일	당산할아버지/할머니	마을중앙 소나무동산	나무	부녀자 중심	줄다리기-당산옷 입히기-당산제	마당밟이 거출		존속	줄 꼬고 줄다리기할 때 줄굿침
정읍	북	신평	동신/서신	당산제	1월 15일 10시경	당산할머니 내외	마을 입구 큰길가	입석 나무(소실)	제관 1, 축관 1	금기-제사	각호거출	줄다리기	존속	현재 줄다리기 폐지
정읍	북	오류	원오류	당산제	1월 15일이나 2월 1일 중 택일	당산	마을 앞 100m 아래	갯버들나무	부녀회 주도 여자들만 지냄	제물준비-제의 (기원-소지)	각호거출		존속	단속곳춤 있었음 →현재 보통춤
정읍	고부	남복	남령	당산제	1월 14일	할머니 할아버지	마을 입구	입석 당산나무	동네 뒤 미륵암 스님 주관	수릿제를 겸한 불교의식	걸궁 지신밟기		존속	당산제가 수릿제에 부속됨
정읍	영원	장재	백량	당산제	2월 1일 새벽4시경	당산	마을 안	당산숲 숲속 입석	깨끗한 사람 또는 이장	금기-유교식 제사+굿(男)	걸립거출	줄다리기-회의-결산	존속	
정읍	정우	초강	덕천 (내머리)	당산제	2월 1일 오후 5 (사네기날)	당산할아버지/할머니	마을 중앙	당산나무	마을 부인들 중 깨끗한 사람	제물진설-재배-비손-소지	마당밟이 거출	음복-굿패 따라 마을돌기	존속	
정읍	옹동	매정	원내동	당산제	1월 5일 저녁 大祭와 다음날 罷祭	당산	마을 앞/ 논 가운데	당산나무/ 입석 1기	원화주 1, 섭화주 1, 축관 1	등신을 마을뒤 안치-제-등신모셔옴-제	각호추렴	마을회관 음복-놀이	존속	등신(짚허수아비)=당산내외
정읍	칠보	백암	원백암	당산제	1월 3일(부정시 2월 3일)	당산할머니/할아버지	마을 입구와 주위 여러 곳	석장승 2 남근석 1外	헌관 1(또는 제관이라 함)	독축-재배-소지-헌작	인구전	풍물치며 논다	존속	원래 24당산 현재 12당산
정읍	산내	예덕	하례	산신제 당산제	1월 초중 택일 대개 보름 저녁	산신령 당산신	마을 뒷산 마을 중앙	산지당 귀목나무 2	제주 1	금기-산신제-당산제-짐대세우기	각자 성의 껏 부담		존속	아래보리밭
정읍	산내	종성	원종성	당산제	2월 1일	당산신	마을 입구와 뒤편	당산나무 2	깨끗한 사람	당산굿-음식장만-독축	공동거출	대동음복 및 잔치	존속	
정읍	산외	정량	원정	당산제	1월 16일 오전	당산님	마을 입구	당산나무+선돌	깨끗한 사람	줄꼬기-줄머리굿-다리기-진쌓기-당산제	마당밟이 거출	음복	존속	줄다리기 안하면 재앙 온다는 믿음
정읍	산외	목욕	내목	당산제	2월 1일	당산	마을 뒷산 마을 입구	나무(소실) 오리짐대 3	부정 없는 연장자 중 선정	짐대제작(男)-굿침(女)-짐대제-당산제	찬조금		존속	당산제(여자 주관)

시·군	읍·면	리	마을	제의명칭	제의시기	대상신	제당위치	제당형태	제의주관자	제차	제의비용	제후행사	현행여부	기타
부안	부안	동중	동문안	오리짐대 당산제	1월 15일 아침	당산하나씨 당산할머니	부안읍내 동북부	오리짐대당산 석장승2쌍	화주 1, 제관 1 (원래는 무당)	줄다리기-당산하나씨옷입히기-제사	유지협조 호별걸립	음복-풍물굿판	존속	석장승=문지기 장군/격년제
부안	부안	동중	남문안	당산제	1월 15일	솟대당산	남문안	화강석재의 석간주		줄다리기-유교식 제사			중단	중단된 지 50년 이상됨
부안	부안	서외	서문안	오리짐대 당산제	1월 1일 밤 10시경	당산하나씨 당산할머니	부안읍내 중심지	오리솟대당산 석장승1쌍	화주 1, 제관 1, 축관 1	동/남문안 당산 모셔와 산신제 형태 제사	걸립 공동기금	다음날 음복 보름 줄다리기	중단	성안 세 수호신 주신격
부안	부안	내요	돌모산 (석하)	당산제	1월 15일 아침	진대하나씨	마을 입구	짐대	삼헌관, 집례, 축관 등 8명	줄다리기-농악-마을돌기-제사-줄감기	공동거출	음복-풍물	존속	풍수비보책 유교식 제사
부안	계화	대벌		쌍조(雙鳥)솟대	1월 3일	할머니당,장씨하나씨당산	마을 서북쪽	쌍조솟대 소나무	제관 1, 집사 1, 축관 1 (화주 2집)	금기-유교식 제사-베다리기	각호추렴	동회-결산-걸궁/마당밟이	중단	베다리기-당산신의 만족 확인
부안	계화	양산	조포	당산제	1월 3일	산신, 할아버지	마을 앞 산등성이	당집/ 팽나무	화주 1명 축관 3-4명	금기-진설-유교식 제의(독축-소지)	호당거출	풍물-지신밟기	중단	당집의 안당과 바깥당 2곳 제의
부안	계화	의복	돈지	당산제	1월 3일	당/할머니/ 할아버지	마을중앙/ 서돈/동돈	당집/나무, 입석	지만 모시는 사람 2명	풍물/놀이-당집(巫)-동서부(제관)	호당거출	음복-놀이-결산-여흥	중단	풍물패와 함께 지냄
부안	계화	창북	창북	당산제	섣달 그믐	짐대	마을중앙, 동/서/남쪽	돌짐대당산 평나무(東)	제일 깨끗한 집 (현재는 관리자)	금기-유교식 제사 (서→큰 짐대→동)	동제답 소출	대동음복-걸궁	존속	원래 중앙짐대+4 방석간주(오방진)
부안	보안	입석	상입석	동제	2월 1일 10시쯤	비석할머니 또는 미륵님	마을 뒤 언덕배기	선돌	50대 정도의 깨끗한 사람 1명	제사 후 풍물 울리며 모두 올라감	각호거출		존속	동네 다수 성씨 김씨,박씨 주관
부안	보안	우동	원우동	짐대 당산제	1월 15일	당산	마을 입구	짐대당산, 입석,당산목	깨끗한 사람	솟대세우기-마을돌기-줄다리가-감기	걸립기금	음복-놀이	존속	부안김씨 다수 격년제
부안	변산	격포	죽막동 (대막골)	당제	1월 15일	水聖할미 =개양할미	용두산 적벽강해면	당집	깨끗한 남자				중단	수성할미는 서해바다 관장
부안	변산	도청	모항	산신/당산/용왕제	1월 1일(산/당) 1월 15일(용)	산신/당산할머니/용왕	마을뒷산중턱/마을중앙/앞	산지당/팽나무/당터	화주 1명	금기-산신제(화주)-당산제(모두)	인구전 동네기금	보름잔치 겸 용왕제	재개	14일 줄다리기 폐지/장승 있었음
부안	변산	격포	격상 (웃궁)	당산제	1월 15일 오전 (원래 1월 2일)	할아버지당 할머니당산	마을 입구	석장승(원래 목장승/당집)	도화주 1, 제만장 1, 12당산 제주 12명	도화주가 제 마친 후 알림-12당산제	마을기금	줄다리기 폐지	1996 재개	현재 2당산만 하며 부녀자 중심

시·군	읍·면	리	마을	제의명칭	제의시기	대상신	제당위치	제당형태	제의주관자	제차	제의비용	제후행사	현행여부	기타
부안	진서	운호	작당(까지당)	당산제	1월 2일 오전	할머니당산 할아버지당	마을앞 야산 마을 뒤편	팽나무 (당집 소실)	집사 1	금기-진설-삼헌-독축-헌식	호당거출	음복-풍물-보름줄다리기	존속	할머니 당산 부터 제사
부안	진서	운호	운호(열운계)	당산제	1월 14일 저녁	할머니당산 할아버지당	마을 뒤편 마을 입구	팽나무	제관 1 (주로 이장)	제물진설-분향-헌작-절	호당거출	잔치-풍물-보름줄다리기	존속	할아버지당 부터 제사
부안	진서	석포	석포(돌개)	당산제	1월 14일	할머니당산 할아버지당	마을 입구	팽나무 입석(소실)	생기복덕 맞는 제관 2-3명	제물진설-헌작	호당거출	풍물-14일 줄다리기-걸립	중단	
부안	진서	구진	구진(거무진)	당산제	1월 2일 저녁	당산할머니	마을 뒤편 산등성이	느티나무 (당집 소실)	공양주(제관) 1명 화주(보조자) 1명	남자들 굿치며 감-유교식 제사-헌식	인구전	보름날 줄다리기	연전 재개	장승/짐대제 있었음 ·
부안	상서	통정	성암	당산제	1월 15일 초저녁 요즘 2월 1일	당산할머니	마을 북쪽 동구 길가	석간주형 솟대당산	화주 1, 제관 1 (부녀자 중심)	마을돌기-줄다리기-옷입히기-당산제	걸립으로 추렴		1980 재개	원래 당산은 소나무-당할머니
부안	하서	장신	양지	촌제 (반지락제)	1월 1-3일중 택일 초저녁	할머니당산	마을 중앙	홰나무	화주 1명	금기-풍물-유교식 제사-소지	호당거출	풍물-음복-결산-걸립	중단	풍물 따라 진행/보름 줄다리기
부안	하서	신지	원섶못	당산제	1월 15일 초저녁	할머니당산	마을 동북부 가장자리	화강석석상 (원래 나무)	화주, 제관, 축관 각 1명	줄메고 마을돌가-줄다리기-옷입힘-제사	각호추렴	음복-풍물굿	1993 재개	당산할머니의 현몽으로 세움
부안	줄포	줄포	장성동 금동	당산제	1월 14일	숫당산(소실) 암당산	마을 앞	팽나무	깨끗한 분 (제관 1명)	숫당산→암당산순 제사(독축-소지)	걸립거출	오후 대규모 줄다리기	중단	6.25 이후 장승/짐대 소실
부안	줄포	줄포	용서 (용골)	당산제	1월 14일 한밤중(자시경)	큰할머니 작은할머니	마을 뒤편 마을 입구	소나무(소실) 팽나무	깨끗한 분 (제관 1명)	금기-제사(진설-독축-소지-헌식)	호당거출	음복	중단	장성동에 가서 줄다리기 참여
부안	줄포	우포쇠소왓개	감동	당산제	1월 1일 저녁	당산할머니	마을 입구	소나무	화주 1명	금기-제사(진설-소지-헌식)	호당거출		재개	줄다리기 폐지
부안	위도	대리		당제/용왕제/도제	1월 3일 아침	堂神	동쪽 당제봉 동서쪽 동구	원당 장승 각 2기	제관 1, 무당 1	당산제-원당제-용왕제-띠배보내기	정부지원	보름 줄다리기	존속	장승제 소멸 (띠뱃굿)
부안	위도	진리		당산제	1월 2일 아침	당산	서남쪽도제봉 동/남/북쪽동구	원당 장승 각 2기	제관 1명, 이장	장승제-당산제(원당)-도제(도제봉)			존속	1988년 장승 복원
부안	위도	식도			1월 3일	본당서낭(男) 외 3분	좌측 가마귀산	당집	제관 1					풍어기원제

시·군	읍·면	리	마을	제의명칭	제의시기	대상신	제당위치	제당형태	제의주관자	제차	제의비용	제후행사	현행여부	기타
고창	고창	읍내	천북동	상거리 당산제	1월 1일 저녁(요즘은 아침)	할아버지당산 할머니당산	사거리 길가 집 대문 앞	자연입석, 나무	제관 1(헌관 겸), 축관 1, 집사 2	유교식 기제사 형식(독축)	제답[천룡답]소출	노인당에서 음복	중단	할아버지→할머니→큰부인
고창	고창	읍내	중앙동	중앙 당산제	1월 3일(부정시 2월 1일)	할아버지당산 할머니당산	중앙동 매일시장 안	화강암석간('갓당산')	제관 1, 유사 1	금기-설찬-분향-강신-재배-독축	공동추렴	마당놀이-음복	1980 재개	고창문화원 주관할머니당산소실
고창	고창	읍내	안거리=중거리	안거리 당산제	1월 16일 오전	할아버지당산 할머니당산	읍내리 중앙마을	화강암석간 자연입석	제관 5(삼헌관, 축관 1, 집사 1)	금기-마당굿-유교제례식-음복	오거리당산보존위	풍물-줄다리기-줄감기	존속	1980년 고창문화원 재현
고창	고창	읍내	하거리	하거리 당산제	1월 1일 밤(부정시 2월 1일)	할아버지당산 할머니당산	고창천 남쪽 골목	화강암석간/석비/수구맥이비	제관 1, 유사 1	설찬-분향-강신-재배-독축-음복	당산거리사용료/추렴	회의-걸궁-마당밟이	중단	
고창	고창	교촌	향교	교촌 당산제	1월 3일	할아버지당산 할머니당산	고창중 길가 향교 서편	자연입석 당산나무	제관 1, 유사 1	설찬-분향-강신-재배-독축-음복	걸립모금		중단	아들당은 향교 서편에 있음
고창	고창	죽림		당산제	1월 15일(부정시 2월 1일)	할아버지당산 할머니당산	마을입구 길 양옆	자연입석 2기	깨끗한 사람	줄꼬기-오방돌기-다리기-감기-제사	마을재력 가회사금		재개	메굿 중단
고창	고창	송암		천룡제/ 당산제	1월 14일(부정시 2월 1일)	천룡당/할머니, 할아버지당산	마을주산중턱 마을입구좌우	천룡당(=산신당)/입석	제관 1, 축관 1, 화주 3	금기-유교식천룡제(굿패동반)-당산제	14일 걸립모금	보름줄다리기-음복-결산	존속	암수줄/玉女織錦形 지형
고창	고창	월암		당산제	1월 15일(부정시 2월 1일)	할아버지당산 할머니당산 外	임태복씨집 마을 뒤쪽	나무당산2(소실)/독당산5	삼헌관, 진설과 집례자 1	줄꼬기-오방돌기-다리기-감기-제사		굿치고 논다		독당산5=5방위/암수줄(14일~
고창	고창	성두	원성두	당산제	1월 15일(부정시 2월 1일)	할아버지당산 할머니당산	마을 입구 마을가운데	자연암석 남근당산석	제관 5-6, 화주 1	금기-줄제작-오방돌기-안택굿-줄다리기	걸립모금 (4일~)		존속	2-3년마다 시행, 밤늦게 줄다리기
고창	고창	도산		천제 (天祭)	1월 15일 아침	천신	마을 뒷산 주령 3곳	괴목나무/천제등(토제단)	제관 1, 화주 1	금기-제단에 샘물-독축-헌작-소지	걸립모금 (13일~)			
고창	무장	도곡	내도산	당산제	1월 15일	할아버지당산 할머니당산	마을 안	사각형입석 괴목나무	제관	줄꼬기-당산굿-오방돌기-줄다리기-감기	14일 걸립모금	초대한 집의 축원굿	존속	외줄
고창	무장	무장		당산제	1월 14-15일	할아버지/할머니당산 5	삼거리길가 남쪽길가	자연입석 당산나무	화주, 제관(현재 주로 이장이 함)	제물진설-제사(독축)-기밍기굿	걸립			칠월칠석에 합동굿 있었음
고창	무장	목우		당산제	1월 14일(부정시 2월 1일)	당산할아버지 외 12당산	마을 안 마을앞 1기	당산나무 2 입석 4기	제관 1, 화주 2(남녀)	금기-기명기굿(=풍물)-제물장만-소지-당산굿	호당거출	祭酒단지를 묻음 음복	존속	臥牛形 지형

시·군	읍·면	리	마을	제의명칭	제의시기	대상신	제당위치	제당형태	제의주관자	제차	제의 비용	제후행사	현행 여부	기타
고창	흥덕	후포	후포	당제	1월 1일 저녁	당할머니 암수당산	마을 앞산 마을 입구/뒤	당집 팽나무	화주 1	제물 갖고 감 (화주+굿패+동민)	호당거출 마을기금	풍물-줄다리기	중단	보름 줄다리기 폐지
고창	흥덕	신덕	상연	당산제	1월 15일	당산	마을 입구	선돌	제관 1, 화주집 1.	금기-풍물-(줄다리기)-제사	각호추렴		존속	
고창	흥덕	사포	사포	철룡제 짐대제	1월 2일	할아버지당 할머니당	마을 외곽	짐대입석	헌관 1, 화주 3-4명	금기-철룡제-짐대제			존속	풍수비보짐대
고창	흥덕	사포	원사포	당산제 (=철룡제)	1월 2일 밤	철룡	마을 동쪽 뒤 북/남쪽 입구	소나무 짐대(입석)	화주, 헌관	당산목(철룡)→북쪽 짐대→남쪽짐대	걸립모금		중단	게 형국
고창	성내	용교	교동(다랏골)	당산제	1월 15일	할머니당산	마을 입구	자연입석 (당산독)	깨끗한 사람	금기-줄꼬기-점심-당기기-줄감기	12일~ 걸립모금	원하는 집 가서 정지굿	존속	외줄/풍년시 이웃 두 마을과 합동
고창	성내	대흥	입석(개비골)	줄굿	1월 15일		마을 입구	입석 ('개비'라 함)	마을주민들	암수줄꼬기-줄당기기-줄감기			존속	
고창	신림	무림	임리	철룡제 당산제	1월 13일 저녁~	할아버지당산 할머니당산	마을 입구 마을 뒷산	오리 짐대 6기 입석	제관, 화주 (철룡제주관)	매굿-금기-솟대세움-철룡제-당산제		15일파제-음복-줄다리기	존속	철룡제:유교식 제의(뒷산나무)
고창	신림	덕화	유점	당산제	1월 15일 오전	당산할머니	마을 입구	팽나무	제관 (동네 어른)	제사-줄다리기-굿치며마을돌가-감기	호당거출	음복-굿치며 논다	존속	현재,굿치며 당산에 줄 감음
고창	고수	상평	신평	당산제	1월 15일 (부정시 2월 1일)	지신/할아버지/할머니당	마을 안 마을 모정 옆	괴목나무 입석 2기	현재 마을 부녀자 주축	줄다리기-당산굿-진놀이-줄감기	걸립모금과 기증		재개	외줄/ 배 형국 마을
고창	고수	월계		당산제 (=촌제)	1월 14-15일	당산	마을 앞	당산나무	화주와 제관	금기-당산굿-걸립-줄다리기-감기	걸립모금 악기 기증		재개	보름 줄다리기
고창	성송	사내(새날이)		당산제	1월 14일 자정 (부정시 2월 1일)	할아버지/할머니 각 2분씩	마을 입구 (원 12당산)	갓쓴 입석 2 자연입석 2	제관 겸 화주 1	금기-제물 준비(幕舍)-유교식 제사/굿	호당거출	음복	존속	宿鳥投林地勢. 아랫당/윗당순
고창	성송	계당	신용	당산제	1월 15일 (부정시 2월 1일)	할아버지당산 할머니당산	마을 입구 길목 논길 옆	자연입석 2기	마을 사람들	금기-줄꼬기-오방돌기-줄다리기-줄감기	14일~ 걸립모금	원하는 집의 재수굿	존속	배 형국 지형/줄 꼰 후 점심:닭죽
고창	성송	암치 1구		당산제	1월 15일		마을 가운데	팽나무	마을 사람들	줄꼬기-점심-오방돌기-줄다리기-줄감기	14일~ 걸궁/걸립	초대한 집에 가서 굿놀이	존속	

시·군	읍·면	리	마을	제의명칭	제의시기	대상신	제당위치	제당형태	제의주관자	제차	제의 비용	제후행사	현행 여부	기타
고창	부안	송현	고잔	당산제	1월 14-16일 (부정시 2월 1일)	당산	마을 앞 야산	고인돌	제주 1 부정없는 사람	義食-줄제작-당산돌기-줄다리기-고사		초대받은 집 재수굿-회식	존속	臥牛形/회식: 액막이 일종/암수줄
고창	부안	선운	서당	당산제	1월 14일 아침	당산	마을진입로 동/서쪽 길가	암수나무 오리짐대	제관 2 (노총각 중 선정)	짐대제작-제사-음복	각호 추렴	굿치고 밤새 놈(현재는 대동회의)	존속	과거에 제의 동안 기망기굿(=기명기굿) 침
고창	부안	상등	구연	당산제	1월 15일	들당산	마을 입구 마을 앞 야산	당산독 입석 1기	제관	당산굿(굿맞이:마을간 풍물대결)		줄다리기	중단	불맞이(횃불들고 모이는 것)
고창	심원	용기	수다	당산제	1월 14일 저녁 무렵	당산	마을 앞	팽나무	부녀자 중심	굿치며 마을돌기-진설-재배-비손	호당거출	마을회관에 모여 논다	존속	줄다리기 폐지
고창	심원	용기	용기	당산제	1월 3일 오전	할머니당산	마을 뒤편 (원래 입구)	팽나무	화주 1	금기-굿치며 제당오름-제사-소지	인구전	화주집에서 음복	1987 재개	
고창	심원	하전	서전	샘제 당산제	1월 3일 새벽(샘) 1월 15일 (당)	당산 바깥/안양반	삼당산 중턱 마을 입구	옹달샘 팽나무	각각 화주 1	샘제(진설-소지-풍물)-당산제	개인적으로 냄		재개	
고창	심원	월산	사등 (모랫등)	샘제 당산제	1월 2일 저녁 1월 15일 오전	할아버지당산 할머니당산	삼당산 중턱 마을 위/중앙	옹달샘/은행/팽나무	각각 화주 1	화주집에서 풍물-두 당산에 제의	호당거출	대동음복	재개	샘제(샘물을 떠 마을로 옴) 중단
고창	심원	두어	두어	샘제 당산제	1월 15일 오전 (샘제)	당산	황학산 중턱 마을 입구	옹달샘 터	화주 1-2명 제관 1, 집사 1	샘에서 간단한 제사-당산제	마을기금	줄다리기	샘제 존속	샘제=물끗기
고창	심원	만돌	난호	샘제 당산제	선달 그믐에서 2월 1일중	할머니당산	황학산 중턱 마을 중앙	옹달샘 팽나무	제관 1 화주 1	마을공동 물탱크 앞에서만 지냄	마을기금	풍물	재개	당산제 중단 줄다리기 폐지
고창	해리	동호	구동호	당산제 용왕제	1월 2일 저녁(당) 2월 1일 (용)	할아버지/할머니/큰/작은당	마을 입구/안 마을 옆산	팽나무+입석/당집	제관 1, 화주 1 (마을청년 주도)	금기-세 당에 제사-용왕제(선원 중심)	호당거출 마을기금	풍물(줄다리기폐지)	존속	큰당산-철륭 할머니당 소실
고창	해리	광승	상부 (불등)	당산제	1월 14일 저녁 9-10시~	철륭 당산할머니	마을 뒤편 마을 입구	팽나무 당산비석	제관 부부	당산제(제관)-풍물-제사(모두)-음복	호당거출	보름줄다리기-당산굿-감기	존속	15일 제의는 홍겨움/지신밟기
고창	해리	송산 4리	임해	철륭제 당산굿	1월 2일 (철) 1월 15일 (당)	철륭/할아버지/할머니당	마을 뒷산 주령 마을 입구	천륭당 입석	화주 2 (원화주,섭화주)	기명기굿-천륭제-당산제-줄다리기		초대받은 집 터누르기굿	존속	배 형국 줄은 외줄
고창	해리	고성	칠곡	당산제	1월 15일 (부정시 2월 1일)	할아버지당산 할머니당산	마을 입구 꽃당산골	선돌 각 1기	마을 사람들	줄꼬기-오방돌기-줄다리기-줄감기	14일~ 걸립모금	저녁(닭죽) 먹은 후 잔치	존속	게 형국 줄은 외줄

시·군	읍·면	리	마을	제의명칭	제의시기	대상신	제당위치	제당형태	제의주관자	제차	제의 비용	제후행사	현행 여부	기타
고창	상하	용정	동촌	당산제 (격년제)	1월 14일 저녁	할아버지/할머니/총각/철륭 4	마을안쪽/입구/뒤편	철륭:소나무 당산:입석	화주 1, 부화주 1	금기-풍물-단배-축문-소지-헌식	호당거출 인구전	화주집에서 대동음복	존속	원래 12당산 매년 줄다리기
고창	상하	자룡	구시포	당산제	1월 14일 저녁	할매당산	마을 입구	팽나무	제관 1 (주로 이장)	금기-제사(진설-헌작-소지)	호당거출	음복 보름공치기	존속	제의 동안 선원들의 뱃고사
고창	대산	백운	입석	당산제	1월 14-15일 (부정시 2월 1일)	할머니당산 할아버지당산	마을의 사정 앞 좌우	자연입석 2기	마을 사람들	메굿-줄꼰후오방돌기-줄다리기-감기	걸립모금		존속	암수줄 제작 이후 절차는 보름날

Ⅱ. 전북지역 마을 놀이굿 현황표2)

시·군	읍·면	리	마을	제의명칭	제의시기	대상신	제당위치	제당형태	제의주관자	절차	제의비용	제후행사	현행여부	기타
장수	장수	노곡	중리	당산제	8월 15일 (양력)	당산	마을 앞	귀목나무	깨끗한 사람	당산제	거출	체육대회 공동체놀이	존속	제의는 필요에 따라 지냄
진안	백운	반송	두원	당산제	7월 7일 또는 백중날	당산	마을 입구	느티나무	좌상	술멕이놀이-간단한 제사		마을사람들 어울려 논다	존속	
남원	운봉	주촌	원평	당산제	7월 15일 낮 12시	당산	마을 뒷동산	소나무	마을 지도자 (이장 등)	금기-제사	공동마련	잔치(풍물굿)-음복	존속	
남원	주생	내동	안골	당산제	7월 15일	당산	마을 입구	느티나무	깨끗한 연장자	금기-제사	공동기금 마련	풍물-음복		정월대보름:지신밟기,달맞이
남원	산동	부절	중절	당산제	7월 7일 낮	당산	마을 입구	귀목나무	고령 노인	일반 제사와 흡사	공동자금	동민 함께 먹고 즐김	존속	
남원	금지	서매	매촌	당산제	7월 백중 오전 11시쯤	할머니당산	마을 안	느티나무	깨끗한 사람	제사	공동마련	풍물-음복		
남원	보절	괴양	괴양	삼동굿 (당산제)	7월 15일	당산	양촌마을	괴목나무	마을 어른 4명	旗절받기/합굿-당산제-샘굿-삼동굿놀이	공동답 (정부보조)	음복하며 하루를 즐김	존속	양촌,음촌,괴양 세 마을 연합
남원	산동	태평	신풍	당산제	7월 15일 밤	당산	마을 안쪽 마을 입구	느티나무	깨끗한 사람	제사	공동자금	농악-음복	존속	6.25 후 매우 간소화됨
남원	이백	내동	내동	당산제	7월 15일	당산	마을 안	소나무 은행나무	마을 어른	제사	공동기금	굿치며 즐김	존속	원래 정월 보름에 지냈음
남원	산내	중황	중황	당산제	두레잔치가 있는 날	당산	다른 마을로 통하는 길가	느티나무	이장	제사(일반 제사와 같음)	마을기금	농악 치며 마을 돈다	존속	예전에는 정월 보름
남원	산내	중황	상황	당산제	7월 7일	당산	마을 입구	느티나무	깨끗한 사람 (요즘은 이장)	제사(일반 제사와 같음)	마을공동 기금	풍물-음복	존속	제물 뫼밥과 술로 간소화
남원	남원	화정	한우물	당산제	7월 15일 낮 12시	당산	마을 입구	느티나무	풍수에 밝은 사람이 항상 함	제사(마을사람들 모두 함께)	공동기금	풍물-음복	존속	
남원	남원	신정	신정	당산제	7월 15일 낮 12시	당산	마을 뒤 언덕	팽나무	통장, 동네어른	제사(일반 제사와 같음)	당산답	풍물-음복	존속	

2) 이 현황표는 음력 7월 칠석이나 백중날, 당산제를 지낸 후에 이루어지는 마을 놀이굿을 정리한 것으로, 날짜는 따로 표시가 없으면 모두 음력이다.

Ⅲ. 전북지역 마을 노동굿과 놀이굿 현황표3)

시·군	읍·면	리	마을	두레노동조직	노동굿	놀이굿
완주	삼례	수계	원수계	총책임자 : '좌상' 두레패규모 : 60~70명 두레풍물패 : 상쇠, 수징, 수장구	준비회의 : 모심고 난 후 6월 15-20일경 두레날짜를 정하는 회의 두레노동 시기 : 초벌, 두 벌, 세 벌(만두레) 때 두레노동 절차 : '대장기-풍물패-두레패' 행렬이 일터로 나가서 대장기에 고사를 지낸 후 대장기를 세워두고 일을 한다. 두레싸움 : 이웃 마을들(누하, 금평마을)과 풍장대결과 기싸움이 벌어졌는데, 기를 뺏긴 편이 이긴 편에 가서 절을 하는 것으로 화해를 한다.	칠월칠석 또는 백중날을 술멕이날이라 하여, 큰 기를 마을에 세워놓고 풍년을 기원하며, 동네잔치를 벌이고 논다.
완주	삼례	신탁	송정	총책임자 : '좌성 또는 좌성영감' 두레풍물패 : 상쇠, 장구, 징, 북	준비회의 : 두레가 나기 전에 모정에 모여서 두레 책임자를 선출 두레노동 시기 : 두 벌 맬 때와 만두레 때 두레노동 절차 : '좌성-마을기-풍물패-두레꾼들' 행렬이 일터에 나가서 논을 맨다.	칠월칠석 또는 백중날(술멕이날), 마을공터 옆에 큰 기를 꽂아두고 술 마시고 논다. 이웃 마을들과 기싸움을 벌인다.
완주	봉동	율소		총책임자 : 좌상 임원 : 총각대장	준비회의 : 초복 무렵, 사정(射亭)터 괴목나무 아래서 두락당 두레품삯 결정, 마을자금 조성 결의, 김맬 논의 신청을 받기 위하여 회의를 한다. 두레노동 시기 : 초벌, 두 벌 맬 때 두레노동 절차 : 총각대장이 징을 쳐서 신호를 하여 '대장기-영기-풍물패-두레꾼들' 행렬이 모인다. 대장기는 사정터에 세워놓고 총각대장이 영기로 표시한 논에서 논매기를 한다. 두레싸움 : 이웃 마을과 영기싸움이 일어났다.	칠월칠석 또는 백중날, 마을 사정터 괴목나무 아래에서 술 마시고 논다. 길면 2-3일도 논다.
완주	봉동	구미1구	정동	총책임자 : 명칭 불분명 두레패 규모 : 35명 정도 두레풍물패 : 꽹과리, 장구, 징, 북	준비회의 : 6월 중순 무렵의 회의에서 두레 총책임자를 선출하고, 두레 날짜를 논의하며, 어느 집 논을 맬 것인가를 결정한다. 두레노동 시기 : 초벌, 두 벌, 세 벌(만두리) 때 두레노동 절차 : 마을 앞 공터에서 모두 모여 큰 기를 마을에 세워두고 '영기-풍물패-두레꾼'의 행렬이 논으로 간다. 뒤풀이 : 일을 마치고 돌아올 때 풍물패가 술멕이 준비를 위해 농사 많이 지은 집 돌아다니며 술과 돈을 걷는다. 결과회의 : 결산보고	칠월칠석이나 백중날, 마을 대청소를 실시하고, 우물을 청소한다. 돼지를 잡아 고기를 각 집에 분배한 후 남은 것으로 마을잔치를 벌여 논다.

3) 이 현황표는 전북 동부 산간지역 일부와 서부 평야지역의 농번기 노동굿과 칠월 칠석이나 백중 놀이굿을 중심으로 정리한 것이며, 날짜는 따로 표시가 없으면 모두 음력이다.

시·군	읍·면	리	마을	두레노동 조직	노동굿	놀이굿
완주	용진	도계	도계	총책임자 : '공좌상' 임원 : 부좌상, 조수 두레패 규모 : 약 40여 호 두레풍물패 : 상쇠, 중쇠, 징, 장구, 북	준비회의 : 6월 10일경 마을 모정에 모여서 '두레공사'(두레회의)가 나서 두레 임원을 선출한다. 두레노동 시기 : 두 벌 맬 때 두레노동 절차 : 마을 모정에 모여서 '농악대-영기-두레꾼들'의 행렬이 일터로 나간다. 두레싸움 : 이웃 마을의 논의 경계에서 이웃마을들(원간중, 시천, 부평마을)과 농악대끼리 서로 풍장대결을 벌이다가 영기를 서로 들이대고 영기싸움이 벌어졌다. 영기가 부러지면 지는 것으로 간주한다.	칠월칠석 또는 백중날(술멕이날)에 농사를 잘 지은 사람이 두레꾼들에게 2-3통의 술을 내 놓기도 하여, 남자들은 모정에서, 여자들은 집 안에서 술 마시고 논다.
완주	용진	운곡	지동	총책임자 : 좌상 임원 : 소임 두레패 규모 : 약 30-40여 호 참여 두레풍물패 : 상쇠, 중쇠, 징, 장구, 북	준비회의 : 하지 10여 일 지나 모정에 모여 두레공사가 난다. 여기서 두레 설 날을 결정하고, 논맬 두락을 신청 받아 두레 일정을 잡으며 두레 임원을 선출한다. 두레노동 시기 : 두 벌 맬 때 두레노동 절차 : 소임의 나팔소리를 듣고 마을 무정에 사람들이 모인다. '농기-영기-농악대-두레꾼들'의 행렬이 논으로 가서 농기는 김매는 들목에 세우고 소임이 영기만 들고 농군들을 일할 논으로 이끈다. 풍물패도 논에 들어가 일꾼들 앞에서 흥을 돋운다. 두레싸움 : 이웃 마을의 논과 경계에서 영기싸움이 일어났다.	칠월칠석이나 백중날(술멕이), 남자들은 모정에서, 여자들은 집 안에서 술 마시고 논다.
완주	고산	삼기	상삼	총책임자 : 좌상 임원 : 조수 두레패 규모 : 25명 정도	준비회의 : 두레가 나기 2-3일 전, 마을 밤나무 밑에서 좌상을 선출하고, 논맬 턱을 정하고, 두레기일을 선정하고, 농악대를 구성하며, 두레 품삯을 결정하는 회의를 한다. 두레노동 시기 : 두 벌 맬 때 두레노동 절차 : '농기-영기-농악대-두레꾼들'이 두레를 나가는데, 동네 한가운데에 대기를 꽂아놓고 조수가 영기로 표시하는 논부터 작업을 시작한다. 농악대가 두레꾼들과 같이 논에 들어가 두레꾼들 앞에서 흥을 돋운다. 하삼마을과 가까운 논에서 하삼마을과 풍장싸움이 일어나 몸싸움으로 번졌다. 폭행으로 번져 재판받는 일까지 있었다.	칠월칠석이나 백중날('술멕이날' 또는 '호미씻는 날') 마을 팽나무 밑에서 장원례를 벌인다. 장원례는 그해 농사를 잘 지은 사람이 두레꾼들에게 술을 내 놓고, 마을 주민들도 형편에 따라 술을 내놓아 먹고 마시고 하루를 쉬는 날이다.

시·군	읍·면	리	마을	두레노동조직	노동굿	놀이굿
완주	고산	어우		총책임자 : 좌상 임원 : 소임 두레패 규모 : 30여 명 두레풍물패 : 상쇠, 중쇠, 징, 장고, 북	준비회의 : 두레가 서기 1주일 전 당산나무 아래에서 두레공사(두레회의)가 난다. 여기서 좌상과 소임을 결정하고 김맬 논을 신청 받고 두레 설 기일과 택일을 한다. 두레노동 시기 : 초벌 맬 때 두레노동 절차 : 농기를 모정이 있는 곳에 세워놓고 '영기-농악대-호미든 두레꾼들'이 일터로 나가서 영기를 꽂은 논부터 작업을 시작한다. 두레싸움 : 논이 이웃 마을과 경계인 경우 두레싸움이 일어났다. 먼저 풍장싸움이 일어나고 두레꾼까지 말싸움을 벌이다 상대방 징을 빼앗아 농악을 못하게 하면 몸싸움으로 번진다. 기를 뺏기면 진 것으로 간주하고 진 편이 이긴 편 농기에게 절을 하여 화해하고 없던 일로 한다.	칠월칠석이나 백중날, 당산나무 아래에 모여서 먼저 당산고사를 지낸다. 농사 잘 지은 집에서 술을 내놓기도 하고 판이 길어지면 품삯으로 돼지를 잡기도 한다. 술이 부족하면 걸립술(집집마다 풍물패가 풍물을 쳐 주고 내놓는 술을 마시는 것)을 마시기도 했다.
완주	비봉	내월		총책임자 : 좌상 임원 : 조수 2명 두레풍물패 : 상쇠, 북, 장구 2, 징	준비회의 : 두레가 서기 4-5일 전 마을모정에서 구장이 주관하여 두레 임원을 선정하고, 김맬 논을 신청 받고, 두레 품삯을 조정하는 회의를 한다. 두레노동 시기 : 초벌(아시논) 맬 때 두레노동 절차 : 호미를 들고 모정에 모인다. 농기는 모정에 꽂아놓고 좌상이 영기를 들고, 풍물패와 두레꾼들이 논으로 간다. 좌상이 작업장을 표시하면 먼저 풍물패가 논에 들어가고 두레꾼들이 김매기를 시작한다. 두레싸움(합굿) : 이웃 마을 두레패가 만났을 때 '합굿'을 하여 풍물 경연 기예를 과시한다. 풍물 리듬이 깨지면 진다.	칠석날 술멕이
완주	화산	운산	상호	총책임자 : '공좌상' 임원 : 부좌상, 총각대방, 조수 두레패 규모 : 25명 정도 두레풍물패 : 상쇠, 중쇠, 징, 장고, 북	준비회의 : 초복날 무렵 팽나무 밑에서 두레 노동할 날을 잡고 김맬 논의 양을 신청 받고, 두레 임원을 선출하는 회의를 한다. 두레노동 시기 : 초벌(아시)과 두 벌 맬 때 두레노동 절차 : 부좌상이 징으로 신호하여 팽나무 밑에 사람들이 모인다. '농기·영기·농악대·두레꾼들'이 모인다. 들녘 너른 곳에 대기를 꽂아두고 일을 시작한다. 두레꾼들 대열 앞에서 농악대가 굿과 상사소리로 흥을 돋운다. 두레싸움 : 두레일 하는 논이 이웃 마을과 경계인 경우 농악대끼리 서로 풍장으로 대결을 한다.	칠월칠석 때(술멕이날, 호미 씻이날) 장원례를 벌인다.

시·군	읍·면	리	마을	두레노동조직	노동굿	놀이굿
완주	경천	가천		총책임자 : '좌상' 임원 : 총각대장, 취사반 두레풍물패 : 상쇠, 중쇠, 징, 장구, 북, 농기잡이	준비회의 : 중복 무렵 마을광장의 정자나무 아래에서 두레 날짜를 택일하고, 두락당 김맬 품삯을 결정하고, 김맬 논을 신청 받고, 두레 임원을 선정하는 회의를 한다. 두레노동 시기 : 두 벌 맬 때 두레노동 절차 : 총각대장이 징으로 신호하여 사람들이 모인다. '대장기·영기·풍물패·두레꾼들'의 행렬이 논으로 간다. 논둑에 농기와 태극기를 꽂아둔다. 뒤풀이 : 김매고 돌아와 합굿 치고 논다. 두레싸움 : 경천리와 가천리 사이에 농기싸움이 일어났다.	칠월칠석 가천리, 경천리, 용복리 마을들이 한곳에 모여 합굿을 치고 논다.
익산	웅포	웅포	곰계, 강변	총책임자 : 좌상 임원 : 문서잽이(셈을 기록하는 사람) 두레풍물패 : 꽹과리, 장고, 징, 북	준비회의 : 논매기 전 6월 중순 시원한 나무 밑에서 두레를 짠다. 이때 두레지도부를 선출한다. 두레노동 시기 : 만두레 때 두레노동 절차 : 아침에 일 나가는 길목에서 징을 쳐서 신호하여 사람들을 모은다. 일터에서 농기를 삼발이로 세워둔다. 일꾼과 풍물패도 논에 들어간다. 결과회의 : 칠석 술멕이 직전에 결산하는 회의를 한다.	칠석날, 먼저 마을우물을 돌아다니며 전부 깨끗이 쳐내고 여름내 잡초가 무성하고 장맛비에 패인 길 보수도 했다. 마을 대청소가 끝난 뒤 술멕이로 들어간다. 경비는 마지기당 일값을 계산하여 얼마씩 돈을 받아 마련했다.
익산	함라	함열	행동	총책임자 : 좌상 또는 영좌 임원 : 부영좌, 조사머슴	준비회의 : 두레 서기 1주일 전 당산나무 아래에서 두레를 짠다(이를 '두레공사'라 한다). 여기서 좌상과 소임을 결정하고 김맬 논을 신청 받고 두레 설 기일과 택일을 한다. 두레노동 시기 : 세 벌 맬 때 ("하루 놀기 위해서 두레를 낸다"고 한다.) 두레노동 절차 : 두 벌 맬 때 놉으로 하지 않은 여타 논을 두레로 맨다. 징을 신호로 일터에 사람들이 모여, '영기·큰 기·풍장패' 순으로 논으로 나갔다. 큰 기는 어디서나 잘 보이도록 높은 곳에 세워두고 영기만 들고 다니며 작업할 곳을 표시한다. 풍물패가 앞에 서고 일꾼들이 뒤따르며 김을 맨다. 두레싸움 : 두레를 하다가 서열을 따져서 두레싸움이 벌어졌다.	칠석날이나 백중에 '술멕이'(이를 '두레공사'라고도 함)를 한다. 술을 동이째 갖다 놓고 마시면서 돼지를 잡아서 동네잔치를 벌였다. 이날 경비는 풍장을 쳐서 번 돈으로 충당했다.

시·군	읍·면	리	마을	두레노동조직	노동굿	놀이굿
군산	옥구	나포	신방	총책임자 : '공좌상' 임원 : 좌상, 총각좌상	준비회의 : 모내기 후 초벌을 각자 매고 난 후 두 벌 매기 전에 정자나무 밑에서 마을 사람들이 모여서 했다. 계산은 칠석날이나 백중날 직전에 마지기당으로 계산하여 두레먹을 비용을 감하고 그 돈으로 술과 안주를 준비하는 회의였다. 두레노동 시기 : 두 벌 맬 때부터 두레노동 절차 : 징을 치며 정자나무 밑에 모였다. 두레 행렬은 '영기·사물(소고 제외)·두레꾼들' 행렬이 작업장으로 간다. 작업장이 가까우면 큰 기(두레기)도 가져가서 일터 근처의 공터에 큰 기를 세우고 풍물패가 앞서고 그 뒤에 두레패가 따라서 논에 들어가서 김을 맨다. 두레싸움 : 상대 두레를 만났을 때 인사를 하면서 영기로 앞을 가로막아 꽂아두면 그것이 시비조건이 되었다. 상대편에서 자존심이 상하여 영기를 쓰러뜨리고 지나치려 하면 싸움이 벌어졌다. 상대편의 큰 기를 쓰러뜨리고 하고 또 그것을 막으려다 더 큰 싸움이 되었다.	칠월칠석이나 백중날 술맥이를 했다. 그날 비용은 두레논을 매어서 해결했다. 지심 맨(=김을 맨) 사람들이 각각 자기 몫에서 일정 금액을 두레비용으로 내놓았다. 좌상이 돈을 모아서 막걸리나 안주를 준비하여 술맥이를 준비하고, 농사를 많이 짓는 사람들도 두레 먹을 몫을 내놓았다.
김제	만경	대동	원대동	총책임자 : 좌상 역원 : 부좌상, 수머슴 두레판굿 풍물패 : 상쇠, 수징, 수장고, 수북, 수법고, 영기잽이, 대포수, 쇄납, 창부, 무동, 양반(두레굿 가락이 따로 존재)	준비회의 : 음력 2월 초하루 큰사랑에서 모여 일년 품삯 조정, 농사 순서 결정 등을 논의했다. 이는 김씨 종중계라 불렸는데 종중계와 대동계 역할을 했다. 모내기 날, 좌상의 집에서 두레꾼들이 모여서 실제 작업단위의 편성을 논의했다. 두레노동 시기 : 논매기(초벌·두벌·세벌·만두레)네 차례 두레노동 절차 : '대장기(마을기)·영기·상쇠·징·장고·북·소고·포수' 행렬이 논에 나가 너른 공터에 대장기를 꽂고 한바탕 놀았다. 대장기에 간단한 고사를 지낸 후 일을 시작했다. 합굿 : 이웃 마을들과 대동놀이로 치는 합굿이 있었다. 이 합굿은 풍물패는 주로 두레꾼들로 이루어졌다. 결과회의 : 7월 중순 술맥이날, 한 해 농사의 셈을 보았다. 그리고 남은 자투리는 모아서 함께 나누어 먹는 대동잔치를 벌였다.	만두레 끝날 무렵 칠월 중순의 술맥이날에, 아침 일찍 당산에 가서 대장기와 영기를 세워두고 나팔을 불고 북을 울렸다. 당산굿을 치고 난 뒤 길굿을 치며 들로 나가서 대장기를 꽂아두고 고사를 지내고 돌아와서도 당산에 가서 인사를 하고 풍농을 기원한 후 놀았다.

시·군	읍·면	리	마을	두레노동조직	노동굿	놀이굿
고창	고수	상평	신평 봉룡 송정	책임자 : 불분명. '도청'은 굿패의 총지휘자이자 두레 통솔자임. 두레패 규모 : 마을별로 40~50명	준비회의 : 가장 크고 중요한 회의는 정월에 당산굿을 파한 후의 마을회의로, 촌금 관리, 마을 임원들(이장, 부녀회장, 반장, 개발위원) 선출한다. 7월 초에 두레를 하기로 하면 동네 총회를 하여 수머슴을 뽑고, 풍물패와 도청을 선정한다. 이때 선정하는 풍물패 중, 신명나게 춤을 잘 추고 잘 노는 '장화' 2인, 무동을 타고 나비춤을 출 '동자', 굿패의 신명을 불러일으킬 새납쟁이와 나발쟁이를 선정한다. 두레노동 시기 : 세 벌(만두레) 맬 때 (6월 30일경-7월 초순) 두레노동 절차 : 아침에 두레꾼들이 마을마당에 모여 영기를 앞세우고 굿패가 굿을 치며 일터로 나간다. 영기가 작업장을 옮길 때마다 표시를 한다. 만두레를 내는 것은 두레를 통해 공동자금을 마련하고자 하는 의도도 있었다. 뒤풀이 : 만두레 파하고 돌아올 때, 일꾼들은 소를 타고 어린아이를 무동 태워서 마을로 돌아온다. 부잣집에서 돈을 대어 일꾼들에게 닭죽과 술을 먹이고 동네잔치가 벌어진다. 합굿 : 두레싸움은 없었고 가끔 이웃 마을과 공동 합굿이 있었다. 회의 : 마을민이 굿치고 놀러갈 계획도 세우고, 두레의 결산을 보았다.	두레를 나가는 날, 첫굿은 마을당산에 가서 당산굿을 치고, 동네의 남문과 북문에 해당하는 곳에 가서 굿을 치고, 그날 일해줄 집에 가서 지신밟기를 해준다. 일꾼들은 논으로 들어가고 장화를 꽂은 장화역은 논두렁에서 춤추며 돌아다닌다.
임실	강진	필봉	상필	총지휘자 : '영좌' 임원 : 총각대장	준비회의 : 두레회의를 농청에서 했고, 풍물패가 뜰 때도 반드시 그곳에서 모여서 출발했다. 두레노동 시기 : 세 벌(만두레) 맬 때 두레를 짠다. 이를 "두레가 난다"고 한다. 두레노동 절차 : 아침에 마을회관 앞에서 집결하여 '영기·상쇠·징·장고(소고 없음)'행렬이 논에서 풍물패가 앞서고 두레꾼이 뒤따라 나간다. 영기를 논둑에 꽂고 풍장이 앞서서 치고 뒤따라 농군들이 김을 맨다. 뒤풀이 : 일을 끝내고 돌아올 때 머슴을 소에 태우고 돌아온다. 이를 "장원을 세운다"고 한다. 지주집에 가서 술과 안주를 먹고 논다. 만두레 때 공동으로 논을 매서 그 돈을 술멕이 자금으로 이용했다. 회의 : 두레 끝나고 칠월 백중 회의에서 셈 보는 일을 했다.	칠월 백중 무렵에 술멕이가 열렸다. 아침에 모여서 술 한 잔 먹고 하루 종일 풍물을 치며 놀았다. 아침에 나팔을 삼초 하면 농군들이 쇠옷을 갖추고 용당기를 세우고 준비하다가 점심 무렵 장원례집에 들러 농악을 치고, 술대접을 받고 즐긴다. 마당밟이도 해주고 고사도 지내주고 흥이 나면 머슴을 소나 사다리에 태우고 마을을 돌기도 하며, 밤에 판굿을 치고 놀았다.

참고문헌

1. 자료

고창군, 《고창군지》, 1992.

국립국어연구원, 《표준국어대사전》 상·중·하, 두산동아, 1999.

국립문화재연구소, 《古群山群島》 한국민속종합조사보고서 29, 2000a.

──, 《산간신앙》 Ⅲ(전북·전남·제주 편), 2000b.

국립민속박물관, 《蝟島의 民俗》 대리 원당제편, 1984.

──, 《蝟島의 民俗》 당제·가신신앙·세시풍속·통과의례편, 1987.

──, 《한국의 마을제당》 5권 전라북도편, 2001.

국립민속박물관·전라북도, 《전북지방 장승·솟대신앙》, 1994.

국립전주박물관, 《바다와 祭祀─扶安 竹幕洞 祭祀遺蹟》, 1995.

국사편찬위원회 편, 《國譯 中國正史 朝鮮傳》, 1986.

군산시, 《군산시사》, 1991.

김부식 지음/이병도 역주, 《삼국사기》, 서울 : 을유문화사, 1977.

김제시, 《김제시사》, 1995.

남원지편찬위원회, 《南原誌》 8·9편, 1992.

무주군, 《무주군지》, 1990.

──, 《향토문화재지》, 1994.

문예진흥원, 《한국의 축제》, 1987.

문화공보부 문화재관리국, 《한국민속종합조사보고서》 1책, 전라남도편, 1969.

──, 《한국민속종합조사보고서》 2책, 전라북도편, 1971.

──, 《한국민속종합조사보고서》 13책, 농악·풍어제·민요편, 1982.

문화관광부·한국향토사연구전국협의회, 《우반동, 우반동 사람들》, 1998.

문화체육부, 《한국의 지역축제》, 1997.

부안군, 《부안군지》, 1991.

뿌리깊은나무, 《한국의 발견 – 전라북도》, 1992.

송화섭·이상훈, 《鎭安의 마을신앙》上-수몰지역편, 1996.

오종근, 《남원지방 민간신앙 연구》, 남원시, 1997.

———, 《장수지방 민속문화》, 장수문화원, 1998.

완주군, 《완주군지》, 1996.

완주문화원·우석대박물관, 《완주의 문화유산》 I, 1998.

원광대 박물관, 《부안지방 문화재 지표조사보고서》, 1984.

이두현, 〈고창오거리당산〉, 《민속자료조사보고서》 10호, 문화재관리국, 1968.

이상훈, 《鎭安의 마을신앙》 下, 진안문화원, 1998.

일연/이재호 옮김, 《三國遺事》, 서울 : 솔출판사, 1997.

임실군, 《임실군지》, 1997.

장수군, 《장수군지》, 1997.

전라북도, 《전라북도지》 1·2·3권, 1989.

———, 《전북전통민속》 상·하권, 1990.

———, 《전라북도의 민속예술》, 1997a.

———, 《도정백서》, 1997b.

———, 《주민등록인구통계》, 2001.

전라북도·장수군·사단법인 전북향토문화연구회, 《장수군문화유적 지표조사
　　　보고서》, 1988.

전북대학교박물관, 《고창지방문화재 지표조사보고서》, 1984.

———, 《김제지방문화재 지표조사보고서》, 1985.

———, 《남원지방문화재 지표조사보고서》, 1987.

———, 《정읍지역 민속예능》, 1992.

———, 《호남좌도풍물굿》, 1994.

———, 《전북해안지역 마을 공동체 신앙 : 고창·부안을 중심으로》, 1998.

———, 《전북산간지역 마을 공동체 신앙 : 무주·진안·장수를 중심으로》,
　　　2002.

전북대학교 전라문화연구소, 《호남우도풍물굿》, 1994.

전북대학교 전라문화연구소·전라북도·임실군, 《임실지방문화재 지표조사보
　　　고서》 전라문화연구총서 2집, 1990.

전북대학교 전라문화연구소·전라북도·진안군, 《진안지방문화재 지표조사보

　　　　고서》, 1989.
전북전통문화연구소 편,《순창 문화유산 탐구》Ⅰ, 순창 : 순창문화원, 1999a.
──────,《완주의 문화유산》Ⅱ, 완주 : 완주문화원, 1999b.
──────,《순창 문화유산 탐구》Ⅱ, 순창 : 순창문화원, 2000a.
──────,《전주의 역사와 문화》, 전주 : 신아출판사, 2000b.
──────,《순창의 역사와 문화》, 전주 : 신아출판사, 2002.
전북향토문화연구회,《순창군 문화유적 지표조사보고서》, 1989.
전주문화원,《전주문화유산탐구》, 전주 : 신아출판사, 1999.
정읍군,《정읍군사》, 1995.
정읍문화원,《향토사적자료집》, 1982.
진안군,《鎭安의 脈》, 1982.
──────,《진안군사》, 1992.
한남대학교 충청문화연구소 · 금산문화원 · 금산 향토사연구소,《금산의 마을
　　　　공동체 신앙》, 1990.
홍현식 · 김천흥 · 박헌봉,《湖南農樂》무형문화재조사보고서 33호, 문교부 문화
　　　　재관리국, 1967.
황도훈,《傳, 西山大師陣法軍鼓》, 해남 : 해남문화원, 1991.

2. 국내논저

1) 단행본

강성복,《금산의 탑신앙》, 금산 : 금산문화원, 1999.
고려대학교 민족문화연구소,《한국민속대관》1권, 서울 : 고려대학교 민족문화
　　　　연구소, 1982.
김광언,《한국의 민속놀이》, 인천 : 인하대학교출판부, 1982.
김경주,〈전북 마을춤 연구〉,《전북예총》, 한국예술단체총연합회 전북지회,
　　　　2000, 88~101쪽.
김명자,〈축제와 여성〉,《축제의 이론과 현장》, 서울 : 월인, 2000, 409~423쪽.
김열규,《한국민속과 문학연구》, 서울 : 일조각, 1971.
──────,《한국인의 신명》, 서울 : 도서출판 주류, 1982.
──────,《한국의 신화》, 서울 : 일조각, 1985.
김영진,《한국 자연신앙 연구》, 서울 : 민속원, 1985.

김용옥, 《아름다움과 추함》, 서울 : 통나무, 1989.
김의숙, 《韓國民俗祭儀와 陰陽五行—민속제의의 형성이론》, 서울 : 집문당, 1993.
김익두, 《우리문화 길잡이》, 서울 : 한국문화사, 1998b.
김일출, 《조선 민속 탈놀이 연구》, 과학원출판사(《조선 민속 탈놀이 연구》 (영
　　　　인본), 서울 : 한국문화사), [1958]1998.
김종대, 《한국의 도깨비 연구》, 서울 : 국학자료원, 1994.
──, 〈제주도 영감놀이에 대한 일고찰〉, 김선풍 외, 《민속놀이와 민중의식》,
　　　　서울 : 집문당, 1996, 267~293쪽.
김지하, 《동학이야기》, 서울 : 솔출판사, 1994.
──, 《사상기행》(1 · 2), 서울 : 실천문학사, 1999.
김태곤, 《한국무속연구》, 서울 : 집문당, 1981.
──, 《한국민간신앙연구》, 서울 : 집문당, 1983.
김택규, 《한국농경세시의 연구》, 대구 : 영남대학교출판부, 1985.
김헌선, 《한국 화랭이 무속의 역사와 원리 1》, 서울 : 지식산업사, 1997.
김형주, 《鄕土文化와 民俗》, 전주 : 선명출판사, 1996.
──, 《민초들의 지킴이 신앙》, 서울 : 민속원, 2002.
나경수, 《광주 · 전남의 민속연구》 개정증보판, 서울 : 민속원, 1998.
놀이패 신명 엮음, 《전라도 마당굿 대본집》, 광주 : 도서출판 들불, 1989.
류정아, 〈연행이론의 인류학적 재해석〉, 《한국 인류학의 성과와 전망》, 서울 :
　　　　집문당, 1998, 809~828쪽.
민족극연구회 엮음, 《민족극대본선》 1 · 2, 서울 : 풀빛, 1988.
박계홍, 〈당제의 기능과 현대적 의의〉, 《민속어문논총》, 대구 : 계명대학교출판
　　　　부, 1983, 73~93쪽.
──, 〈무속시대의 공동체—마을굿의 기능과 현대적 의의〉, 《민속학산고》, 대
　　　　전 : 문경출판사, 1990, 63~72쪽.
──, 《우리 민속의 맥락과 현실인식》, 서울 : 민속원, 1998.
박남준, 〈땅풀이—계화도〉, 《남민》, 서울 : 지양사, 1985, 209~231쪽.
박순호, 〈전북지역의 축제—5가지 민속놀이를 중심으로〉, 《축제의 이론과 현
　　　　장》, 서울 : 월인, 2000, 687~716쪽.
박진태, 《탈놀이의 起源과 構造》, 서울 : 새문사, 1990.
──, 《한국 민속극 연구》, 서울 : 새문사, 1998.
──, 《민속학 자료의 세 가지 문제》, 서울 : 도서출판 역락, 2000.
박진태 · 유달선, 《영남지방의 洞祭와 탈놀이》, 서울 : 태학사, 1996.

박호원, 〈한국의 석장승과 남원〉, 《전북지방 장승·솟대신앙》, 국립민속박물
　　　관·전라북도, 1994, 302~336쪽.
박흥주, 《서울의 마을굿》, 서울 : 서문당, 2001.
서연호, 《한국 전승연희의 현장연구》, 서울 : 집문당, 1997.
서흥관, 〈고군산열도의 굿〉, 《남민》, 서울 : 지양사, 1985, 64~90쪽.
손진태, 〈朝鮮의 累石壇과 蒙古의 오보〉, 《조선민족문화의 연구》, 서울 : 을유문
　　　화사, [1948a]1981a, 159~181쪽(《손진태선생전집》 2권, 서울 : 태학사,
　　　197~219쪽).
──, 〈蘇塗考〉, 《조선민족문화의 연구》, 서울 : 을유문화사, [1948b]1981b,
　　　182~223쪽(《손진태선생전집》 2권, 서울 : 태학사, 220~261쪽).
──, 〈長栍考〉, 《조선민족문화의 연구》, 서울 : 을유문화사, [1948c]1981c,
　　　224~246쪽(《손진태선생전집》 2권, 서울 : 태학사, 262~284쪽).
──, 〈韓國上古文化의 硏究(4)─'蘇塗', '積石壇', '立石'의 토속학적 종교학적
　　　연구〉, 《韓國民俗文化散考》(《손진태선생전집》 6권, 서울 : 태학사, 105~
　　　131쪽), [불명]1981d.
송방송, 《한국고대음악사연구》, 서울 : 일지사, 1985.
송화섭, 〈전북의 당산제〉, 《축제의 이론과 현장》, 서울 : 월인, 2000a, 1069~1097쪽.
──, 〈전북지역의 전통제전과 향토축제〉, 《전북의 예술사》, 서울 : 서경문화
　　　사, 2000b, 325~384쪽.
신용하, 〈두레 공동체와 농악의 사회사〉, 신용하 편, 《공동체이론》, 서울 : 문학
　　　과지성사, 1985, 211~264쪽.
──, 〈甲午農民戰爭과 두레와 執綱所의 폐정 개혁〉, 《東學과 甲午農民戰爭
　　　研究》, 서울 : 일조각, 1993, 252~285쪽.
──, 〈두레共同體의 기원과 농민층의 民族文化〉, 《韓國民族의 形成과 民族
　　　社會學》, 서울 : 지식산업사, 2001, 189~273쪽.
심우성, 《한국의 민속놀이》, 서울 : 삼일각, 1975.
심우성 편, 《마당굿 연희본》 1·2, 서울 : 깊은샘, 1988.
안동대학교 민속학연구소, 《마을 민속조사 어떻게 할 것인가》, 서울 : 민속원,
　　　2002.
여홍상 엮음, 《바흐친과 문화 이론》, 서울 : 문학과지성사, 1995.
유동식, 《한국무교의 역사와 구조》, 서울 : 연세대학교출판부, 1975.
이경엽, 〈축제와 금기〉, 《축제의 이론과 현장》, 서울 : 월인, 2000, 149~162쪽.
이광규, 《韓國傳統文化의 構造的 理解》, 서울 : 서울대학교출판부, 1994.

이균옥, 《동해안 별신굿》, 서울 : 박이정, 1998a.
──────, 《동해안 지역 무극 연구》, 서울 : 박이정, 1998b.
이기문, 〈굿의 '어원'〉, 《韓國文化 상징사전》 2권, 한국문화상징사전편찬위원회 편, 서울 : 동아출판사, 1995, 46쪽.
이두현, 《한국민속학논고》, 서울 : 학연사, 1984.
──────, 《한국연극사》 개정판, 서울 : 학연사, 1985.
──────, 《한국무속과 연희》, 서울 : 서울대학교출판부, 1996.
이두현·장주근·이광규, 《한국민속학개설》(신고판), 서울 : 일조각, 1991.
이보형, 〈농악으로 벌이는 마을굿 당산제〉, 《풍물굿》, 서울 : 평민사, 109~121쪽, 1986.
이상일, 《한국인의 굿과 놀이》, 서울 : 문음사, 1981.
──────, 《축제와 마당극》, 서울 : 조선일보출판국, 1986.
──────, 《굿, 그 황홀한 연극》, 서울 : 도서출판 강천, 1991.
──────, 《祝祭의 정신》, 서울 : 성균관대학교출판부, 1998.
이상일 엮음, 《놀이문화와 축제》, 서울 : 성균관대학교출판부, 1988.
이상호, 《대순전경》, 증산교본부, 1979.
이영미, 《마당극 양식의 원리와 특성》, 한국예술종합학교 한국예술연구소, 1996.
──────, 《마당극·리얼리즘·민족극》, 서울 : 현대미학사, 1997.
이익섭·최완, 《국어문법론강의》, 서울 : 학연사, 1999.
이정덕·이종근·이종진, 《전북의 축제》 전라문화총서1, 전주 : 신아출판사, 2000.
이종철·김삼기, 〈정읍 원백암 당산제 고찰─장성·남근·당산 소고〉, 《전북지방 장승·솟대신앙》, 국립민속박물관·전라북도, 1994, 289~301쪽.
이필영, 《마을신앙의 사회사》, 서울 : 웅진출판, 1994.
임봉길·윤소영·송기형·김성도·정재곤, 《구조주의 혁명》, 서울 : 서울대학교출판부, 2000.
임석재·이보형, 《풍물굿》, 서울 : 평민사, 1986.
임재해, 〈마을 공동체 민속의 통합적 기능과 생산적 기능〉, 《민속문화론》, 서울 : 문학과지성사, 1986, 67~112쪽.
──────, 〈공간적 범주로 본 굿의 존재양상과 현실인식의 논리〉, 김태곤 외, 《민속문학과 전통문화》, 서울 : 박이정, 1997, 241~274쪽.
임진택, 《민중연희의 창조》, 서울 : 창작과비평사, 1990.
장주근, 《韓國의 鄕土信仰》, 서울 : 을유문화사, 1975.
──────, 〈한국 민간신앙의 사회적 기능〉, 《한국민속논고》, 서울 : 계몽사, 1986,

40~53쪽.

장철수, 《한국 민속학의 체계적 접근》, 서울 : 민속원, 2000.

전경수, 《한국문화론―전통편》, 서울 : 일지사, 1994.

――, 〈실재와 은유의 '재미'론 : 놀이의 메타민속지〉, 《문화시대의 문화학》, 서울 : 일지사, 2000, 110~147쪽.

정병호, 《農樂》, 서울 : 열화당, 1986.

정수미, 《한국의 굿놀이》 상·하, 서울 : 서문당, 2001.

정지창, 《서사극·마당극·민족극》, 서울 : 창작과비평사, 1989.

정형호, 〈농악의 잡색놀이에 나타난 연극적 성격 고찰〉 동은지춘상박사정년기념, 《南道民俗學의 進展》, 서울 : 태학사, 1998.

조동일, 《탈춤의 역사와 원리》, 서울 : 기린원, 1988 .

――, 《카타르시스 라사 신명풀이》, 서울 : 지식산업사, 1997.

조지훈, 〈累石壇·神樹·堂집 信仰硏究―서낭考〉, 《조지훈전집》 7권, 서울 : 일지사, 1973, 170~186쪽.

조흥윤, 《巫―한국무의 역사와 현상》, 서울 : 민족사, 1997.

주강현, 〈마을 공동체와 마을굿·두레굿〉, 민족굿회 편, 《민족과 굿》, 서울 : 학민사, 1987, 37~101쪽.

――, 《굿의 사회사》, 서울 : 웅진출판, 1992.

――, 《한국의 두레》, 서울 : 국립민속박물관, 1994.

――, 《한국의 두레》 1·2, 서울 : 집문당, 1997.

주강현·장정룡, 《조선땅 마을지킴이》, 서울 : 열화당, 1993.

채희완·임진택, 〈마당극에서 마당굿으로〉, 《한국문학의 현단계》 Ⅰ, 서울 : 창작과비평사, 189~246쪽, 1982.

채희완·임진택 편, 《한국의 민중극》, 서울 : 창작과비평사, 1985.

최길성, 〈부락제의 구조 및 기능〉, 《韓國巫俗의 硏究》, 서울 : 아세아문화사, 1978, 287~335쪽.

――, 《한국민간신앙의 연구》, 대구 : 계명대학교출판부, 1989.

최인학·최래옥·임재해 편, 《한국민속연구사》, 서울 : 지식산업사, 1994.

표인주, 《공동체신앙과 당신화연구》, 서울 : 집문당, 1996.

――, 〈여성중심의 공동체신앙 고찰〉, 《남도민속문학론》, 서울 : 민속원, 2000, 139~161쪽.

하효길, 〈뱃고사의 서낭기에 대하여〉, 민속학회 편, 《무속신앙》, 서울 : 교문사, 1989, 197~207쪽.

──── , 〈어업과 풍어제〉, 《농업과 민속, 어업과 민속》, 민속학회, 1994, 47~54쪽.
하효길·양종승·문무병·이균옥·홍태한·이경엽·안상경, 《한국의 굿》, 서
　　울 : 민속원, 2002.
한국민속극연구소 편, 《서낭당》 1집(4권 합본), 서울 : 나래출판사, 1982.
한국정신문화연구원, 《한국민족문화대백과사전》, 1991.
한우근, 《한국통사》, 서울 : 을유문화사, 1987.
황루시, 《韓國人의 굿과 무당》, 서울 : 문음사, 1988.

2) 논문

곽병창, 〈한국 현대연극의 전통연희 계승양상 연구〉, 전북대학교 박사논문, 2000.
김광억, 〈정치적 담론기제로서의 민중문화운동 : 사회극으로서의 마당극〉, 《한
　　국문화인류학》 21집, 한국문화인류학회, 1989, 53~77쪽.
김방옥, 〈마당극 연구〉, 《한국연극학》 7호, 한국연극학회, 1995, 227~298쪽.
──── , 〈퍼포먼스론〉, 《한국연극학》 13호, 한국연극학회, 1999, 263~308쪽.
김월덕, 〈한국 마을굿에 대한 민족연극학적 연구〉, 전북대학교 석사논문, 1996.
──── , 〈마당극의 공연학적 특성과 문화적 의미〉, 《한국극예술연구》 11집, 한
　　국극예술학회, 2000, 349~378쪽.
──── , 〈위도 띠뱃굿의 변화과정과 축제적 재구성〉, 《우리말글》 25집, 우리말
　　글학회, 2002, 243~262쪽.
김익두, 〈마을굿〉, 《남민》 2집, 전주 : 향문사, 1987, 71~96쪽.
──── , 〈한국 민속예능의 민족연극학적 연구〉, 전북대학교 박사논문, 1989.
──── , 〈문화 창조의 원천으로서의 마을굿〉, 《한국희곡론》, 전주 : 신아출판사,
　　1991, 197~221쪽.
──── , 〈풍물굿의 공연원리와 연행적 성격 : 호남지방의 풍물굿을 중심으로〉,
　　《한국민속학》 27집, 민속학회, 1995, 97~132쪽.
──── , 〈한국 풍물굿의 ‘잡색놀음’의 공연적/연극적 성격〉, 《비교민속학》 14집,
　　비교민속학회, 1997a, 205~226쪽.
──── , 〈한국민요에 반영된 삶의 의미—전북 동북부 산간지역의 전답작노동요
　　를 중심으로 한 민족음악학적 시론〉, 《역사민속학》 6호, 한국역사민속학
　　회, 1997b, 210~228쪽.
──── , 〈한국의 연극적 공연 양식에 있어서의 ‘공소’와 공연자—청관중의 상호
　　작용의 원리에 관하여〉, 《한국언어문학》 41집, 한국언어문학회, 1998a,
　　281~298쪽.

──── , 〈민족공연학이란 무엇인가?〉, 《국어문학》 34집, 국어문학회, 409~440
　　　쪽, 1999.

김태곤, 〈일제가 실시한 조선민간신앙 자료의 문제점〉, 《석주선교수회갑기념 민
　　　속학논총》, 서울 : 석주선교수회갑기념논총간행위원회, 1971, 269~283쪽.

김형주, 〈장수지역 당산제의 특징―누석형 조탑제를 중심으로〉, 《전라문화연
　　　구》 3집, 전북향토문화연구소, 1988.

──── , 〈전북지방 당산의 지역적 특성〉, 《전북지방 장승·솟대신앙》, 국립민속
　　　박물관·전라북도, 1994, 337~372쪽.

남근우, 〈식민지주의 민속학의 일고찰―신앙·의례전승 연구를 중심으로〉, 《정
　　　신문화연구》 21권 3호(통권 72호), 한국정신문화연구원, 1998, 55~76쪽.

노무라 신이치(野村伸一), 〈농악과 예능〉, 《민족문화》 8집, 한성대학교 민족문
　　　화연구소, 39~50쪽, 1997.

박전열, 〈동제에 있어서 걸립의 문제〉, 《한국민속학》 34집, 한국민속학회, 2001,
　　　85~108쪽.

박현국, 〈정읍 지역 당산제 고찰〉, 《한국민속학》 27집, 민속학회, 161~201쪽,
　　　1995.

박혜준, 〈문화정책과 전통의 재해석―위도 띠뱃놀이를 중심으로〉, 서울대학교
　　　석사논문, 1999.

박흥주, 〈축제로서의 마을굿―마을굿의 구조와 실제〉, 《민족예술》 통권17호, 한
　　　국민족예술인총연합, 1996, 26~36쪽.

서해숙, 〈전북 해안지역 동제의 활용방안―고창·부안 지역을 중심으로〉, 《한
　　　국민속학》 34집, 한국민속학회, 2001, 109~133쪽.

송화섭, 〈정읍 원백암 당산〉, 《한국민속학》 19집, 민속학회, 1986, 249~272쪽.

유윤종, 〈益山 旗歲拜놀이〉, 《益山文化》 창간호, 익산문화 발간위원회, 1990.

이보형, 〈神대와 農旗〉, 《한국문화인류학》 8집, 한국문화인류학회, 1976, 59~66쪽.

──── , 〈마을굿과 두레굿의 儀式構成〉, 《민족음악학》 4집, 서울대학교 동양음
　　　악연구소, 9~20쪽, 1981.

이영금, 〈전북지역 무당굿 연구〉, 전북대학교 석사논문, 2000.

이영배, 〈필봉 풍물굿의 공연 구조·원리와 사회적 의미〉, 전북대학교 석사논
　　　문, 2000.

이주승, 〈마을굿에 나타난 허제비의 뜻과 구실〉, 안동대학교 석사논문, 1998.

장주근, 〈줄다리기에 대하여〉, 《한국문화인류학》 1집, 한국문화인류학회, 56~
　　　62쪽, 1968.

전신재, 〈아르토 연극과 한국의 탈놀이〉, 《우리극연구》 창간호, 서울 : 공간미디어, 1996, 78~91쪽.

정상박, 〈한국 탈놀음의 갈래〉, 《문학한글》 7호, 한글학회, 1993, 119~141쪽.

정승모, 〈마을 공동체의 변화와 당제〉, 《한국문화인류학》 13집, 한국문화인류학회, 1981, 137~157쪽.

주강현, 〈두레 研究〉, 경희대학교 박사논문, 1995.

차기선, 〈한국의 줄다리기〉, 《한국문화인류학》 14집, 한국문화인류학회, 1982, 85~101쪽.

표인주, 〈전남의 당신화 연구〉, 전남대학교 박사논문, 1994.

하효길, 〈서해안지방 풍어제의 형태와 특징 : 특히 위도지방을 중심으로〉, 《중앙민속학》 3호, 중앙대학교 한국민속학연구소, 1991, 331~348쪽.

───, 〈위도 띠뱃놀이의 전망〉, 《비교민속학》 13집, 비교민속학회, 1996, 229~236쪽.

한양명, 〈韓國 大同놀이 연구 : 편싸움을 중심으로〉, 중앙대학교 박사논문, 1993.

───, 〈줄당기기의 주술─종교적 성격과 기능체계〉, 《민속연구》 4집, 안동대학교 민속학연구소, 1994, 51~65쪽.

황루시, 〈무당굿놀이 研究─祭儀的 要素를 중심으로 한 民俗演戱와의 比較考察〉, 이화여자대학교 박사논문, 1987.

3. 외국논저

村山智順, 《部落祭》 (朝鮮の鄕土神祀 第一部), 京城 : 朝鮮總督府, 1937.

───, 《朝鮮の鄕土娛樂》, 京城 : 朝鮮總督府(박전열 옮김, 《조선의 향토오락》, 서울 : 집문당), [1941]1992.

赤松智城·秋葉隆, 《朝鮮巫俗の硏究》(上·下卷), 東京 : 大阪屋號書店(심우성 옮김, 《조선무속의 연구》 상·하, 서울 : 동문선), [1937~1938]1991.

秋葉隆, 《朝鮮民俗誌》, 東京 : 六三書院(심우성 옮김, 《조선민속지》, 서울 : 동문선), [1954]1993.

Alter, Jean, *A Sociosemiotic Theory of Theatre*, Philadelphia : University of Pennsylvania Press, 1990.

Aristotle, *de arte poetica* (corrected by Bywater), Oxonii : E Typographeo

274

Clarendoniano(손명현 옮김, 《시학》, 서울 : 박영사), 1911[reprinted 1955].

Artaud, Antonin, *The Theater and Its Double*, New York : Grove Press(박형섭 옮김, 《잔혹연극론》, 서울 : 현대미학사), [1958]1994.

Bauman, Richard, *Story, performance and event : Contextual studies of oral narrative*, Cambridge : Cambridge University Press, 1986.

Bell, Catherine, *Ritual Theory, Ritual Practice*, New York and Oxford : Oxford University Press, 1992.

──── , *Ritual : perspectives and dimensions*, New York and Oxford : Oxford University Press, 1997.

Benamou, Michel and Caramello, Charles(eds.), *Performance in Postmodern Culture*, Madison : Coda Press Inc, 1977.

Benedict, Ruth, *Patterns of Culture*, London : Routledge & Kegan Paul Ltd.(김열 규 옮김, 《문화의 패턴》, 서울 : 까치), [1935]1980.

Bharucha, Rustom, *Theatre and the world : Performance and the Politics of Culture*, London and New York : Routledge, 1993.

Birdwhistell, Lay, L., *Introduction to kinesics ; an annotation system for analysis of body motion and gesture*, Kentucky : University of Louisville, 1952.

──── , *Kinesics and Context*, Philadelphia : University of Pennsylvania Press, 1970.

Birringer, Johannes, *Theater, theory, postmodernism*, Bloomington Indiana Polis : Indiana University Press, 1991.

Boal, Augusto, *Theatre of the Oppressed*, New York : Theatre Communications Group,1985.

Broadhurst, Susan, *Liminal Acts : a critical overview of contemporary performance and theory*, London and New York : Cassell, 1999.

Caillois, Roger, *Les Jeux et les Hommes*, Paris : Gallimard(이상률 옮김, 《놀이와 인간》, 서울 : 문예출판사), [1958]1994.

Carlson, Marvin, *Performance : A Critical Introduction*, London and New York : Routledge, 1996.

Childers, Joseph and Hentzi, Gary(eds.), *The Columbia Dictionary of Modern Literary & Cultural Criticism*, New York : Columbia University Press(황 종연 옮김, 《현대 문학·문화 비평 용어사전》, 서울 : 문학동네), [1995] 1999.

Clifford, James and Marcus, George E.(eds.), *Writing Culture : The Poetics and Politics of Ethnography*, Berkeley and Los Angeles and London : University of California Press(이기우 옮김, 《문화를 쓴다 : 민족지의 시학과 정치학》, 서울 : 한국문화사), [1986]2000.

Counsell, Colin and Wolf, Laurie, *Performance Analysis — An introductory coursebook*, London and New York : Routledge, 2001.

Cox, Harvey, *The Feast of Fools*, Cambridge : Harvard University Press(김천배 옮김, 《바보祭》, 서울 : 현대사상사), [1969]1973.

Diamond, Elin(ed.), *Performance and Cultural Politics*, London and New York : Routledge, 1996.

Driver, Tom F., *Liberating Rites : Understanding the Transformative Power of Ritual*, Boulder : Westview Press, 1998.

Easthope, Anthony, *Literary into Cultural Studies*, London and New York : Routledge(임상훈 옮김, 《문학에서 문화연구로》, 서울 : 현대미학사), [1991]1994.

Elam, Keir, *The semiotics of theatre and drama*, London : Routledge(이기한 · 이재명 옮김, 《연극과 희곡의 기호학》, 서울 : 평민사), [1980]1998.

Geertz, Clifford, *The Interpretation of Cultures*, New York : Basic Books(문옥표 옮김, 《문화의 해석》, 서울 : 까치), [1973]1998.

Gennep, Arnold van, *The Rites of Passage*, Chicago : The University of Chicago Press(전경수 옮김, 《통과의례》, 서울 : 을유문화사), [1909; 1960]1985.

Goffman, Erving, *The Presentation of Self in Everyday Life*, New York : Doubleday(김병서 옮김, 《자아표현과 인상관리 : 연극적 사회분석론》, 서울 : 경문사), [1959]1987.

Grimes, Ronald L., *Ritual Criticism : Case Studies in Its Practice, Essays on Its Theory*, Columbia : University of South Carolina Press, 1990.

――――, *Beginnings in Ritual Studies*, (revised edition), Columbia : University of South Carolina Press, 1995.

――――, *Deeply into the Bone : re-inventing rites of passage*, Berkeley and Los Angeles, London : University of California Press, 2000.

Harris, Janet C. and Park, Roberta J.(eds.), *Play, Games and Sports in cultural contexts*, Champaign : Human Kinetics Publishers, Inc., 1983.

Hodgson, Terry, *The Batsford Dictionary of Drama*, London : B.T. Batsford(김

276

익두 · 곽병창 · 이정송 · 김월덕 옮김, 《연극용어사전》, 서울 : 한국문화
　　사), [1988]1998.

Houghton Mifflin Company, *The American heritage dictionary of the English
　　language*, Boston : Houghton Mifflin Company, 1992.

Huizinga, Johan, *Homo Ludens : A study of the Play Element in Culture*,
　　Boston : The Beacon Press(김윤수 옮김, 《호모 루덴스》, 서울 : 까치),
　　[1955]1993.

Jenks, Chris, *Culture*(in Key Ideas Series), London : Routledge(김윤용 옮김,
　　《문화란 무엇인가》, 서울 : 현대미학사), [1993]1996.

Karples, Maud, *An Introduction to English Folk Song*, London : Oxford
　　University Press, 1973.

Lomax, Alan, *Folk song and culture*, Washington : American Association for
　　the Advancement of Science, 1968.

Martin, Gerhard M., *Fest und Alltag : Bausteine Zu einer Theorie des Festes*,
　　Stuttgart : W. Kohlhammer(김문환 옮김, 《축제와 일상》, 서울 : 한국신학
　　연구소), [1973]1985.

Milner, Andrew, *Contemporary Cultural Theory : An Introduction*, London :
　　UCL Press(이승렬 옮김, 《우리시대 문화이론》, 서울 : 한뜻), [1994]1996.

Moore, Jerry D., *Visions of Culture : An Introduction to Anthropological
　　Theories and Theorists*, California : AltaMira Press(김우영 옮김, 《인류학
　　의 거장들》, 서울 : 한길사), [1997]2002.

Ong, Walter, J., *Orality and Literacy : The Technologizing of the Word*, London
　　and New York : Methuen(이기우 · 임명진 옮김, 《구술문화와 문자문화》,
　　서울 : 문예출판사), [1982]1995.

Parker, Andrew & Seddwick, Eve Kosofsky(eds.), *Performativity and Performance*,
　　London & New York : Routledge, 1995.

Rappaport, Roy A., *Ecology, Meaning, & Religion*, Berkeley : North Atlantic
　　Books, 1979.

─────, *Ritual and Religion in the making of humanity*, Cambridge : Cambridge
　　University Press, 1999.

Schechner, Richard, *Essays on Performance Theory*, New York : Drama Book
　　Specialists, 1977.

─────, *Between theater and anthropology*, Philadelphia : University of

Pennsylvania Press(김익두 옮김, 《민족연극학》, 전주 : 도서출판 신아), [1985]1993.

―――, *Performance Theory*, London and New York : Routledge, 1988.

―――, *The Future of Ritual*, London : Routledge(이기우・김익두・김월덕 옮김, 《퍼포먼스 이론》Ⅰ, 서울 : 현대미학사), [1993]2001.

―――, "What is Performance Studies and why should you know about it?" in New Approaches to Theatre Studies and Performance Analysis : Papers Presented at the Colston Symposium, Bristol, 21~23 March, 1997.

―――, "Rasaesthetics", *The Drama Review* 45, 3 (T171), Fall, pp.27~50, 2001.

―――, *Performance Studies : An Introduction*, London and New York : Routledge, 2002.

Schechner, Richard and Appel, Willa(eds.), *By Means of Performance : Intercultural studies of theatre and ritual*, New York and Oakleigh : The Press Syndicate of the University of Cambridge, 1990.

Schechner, Richard and Schuman, Mady(eds.), *Ritual, Play, and Performance*, New York : Seabury Press,1976.

Stern, Carol Simpson & Henderson, Bruce, *Performance : Text and Context*, New York & London : Longman, 1993.

Storey, John, *An Introductory Guide to Cultural Theory and Popular Culture*, Athens : University of Georgia Press(박 모 옮김, 《문화연구와 문화이론》, 서울 : 현실문화연구), [1993]1994.

Storey, John(ed.), *What is Cutural Studies? : a reader*, New York : Arnold(백선기 옮김, 《문화 연구란 무엇인가》, 서울 : 커뮤니케이션북스), [1993]2000.

Thom, Paul, *For an Audience : A Philosophy of Performance Arts*, Philadelphia : Temple University Press(김문환 옮김, 《관객을 위하여》, 서울 : 평민사), [1993]1998.

Turner, Graeme, *British Cultural Studies : An Introduction*, London : Routledge (김연종 옮김, 《문화연구입문》, 서울 : 한나래), [1992]1995.

Turner, Victor, *The Ritual Process : Structure and Anti-Structure*, Ithaca and New York : Cornell University Press, 1969.

―――, *Dramas, Fields, and Metaphors : Symbolic Action in Human Society*, Ithaca and New York : Cornell University Press, 1974.

―――, *From Ritual to Theatre : The Human Seriousness of Play*, New York :

PAJ Publications(이기우 · 김익두 옮김, 《제의에서 연극으로》, 서울 : 현대
　미학사), [1982]1996.
————, *The Anthropology of Performance*, New York : PAJ Publications, 1987.
Wellek, René and Warren, Austin, *Theory of Literature*, New York : Harcourt,
　Brace and company(이경수 옮김, 《문학의 이론》, 서울 : 문예출판사),
　[1949]1987.
Wiles, Timothy, J., *The theater event : modern theories of performance*, Chicago
　and London : The University of Chicago Press, 1980.
Wilshire, Bruce, *Role Playing and Identity : The Limits of Theatre as Metaphor*,
　Bloomington : Indiana University Press, 1982.

영문요약(Abstract)

A STUDY ON MAEUL-GUT OF JEONBUK PROVINCE AS A CULTURAL PERFORMANCE

By Kim, Wolduk

The purpose of this research paper is to highlight the meaning and value of Maeul-gut as a Korean cultural performance heritage by measuring it against the modern changes and the act of re-creation by first understanding its concept, structure and performance characteristics. Towards this end, Maeul-gut in Jeonbuk Province is perceived as a 'cultural performance'. To attain this purpose, this paper adopts the point of view and methods pertaining to Performance Studies.

First of all, this paper surpasses the narrow concept of the gut as it is often defined as Mudang-gut. Instead, gut is perceived as a means of fighting against the evil that impedes the human beings from leading stable lives. Moreover, it is defined as an 'act of public good' that is based on the notion of perpetuating peaceful life. This extended concept widens the existing perception of the Maeul-gut, which was merely seen as a periodical religious ritual, and becomes the basis for suggesting a new outlook for the Maeul-gut. When the Maeul-gut of Jeonbuk Province is examined against this expanded perception, it becomes the framework for the basic behaviors that take place in the community setting, comprised of one or several towns. It is in turn comprised of basic structure/deep structure and variable structure/surface structure. The variable structure/surface structure transforms and activates the Maeul-gut's basic structure/deep structure into variable structures such as Ritual Gut, Labor Gut, Play Gut, Meeting Gut, Military Gut and others according to each context of the towns' communal life. In other words, town community continued to set structural framework, activate, perpetuate, and change all the lives of the town community according to the framework of Maeul-gut, which is a group action.

The core function of the Maeul-gut in Jeonbuk Province entails confirming and securing the group identity and sense of bonding among the members of the town community. During this process, it encompasses the concept of perpetuating an essential bond among humans, or 'communitas'. Other functions of Maeul-gut's variable structure include; formation of harmonious relationship among deity-nature-human beings, securing the economic foundation for the town community, mitigation of suffering and anxiety stemming from leading everyday life, democratic resolution of conflicts arising in the town community, protection of town community from external forces and so forth.

When the types of Maeul-gut in Jeonbuk Province are classified, there are types of honored visit and presence according to the availability or non-availability of visit by deity; single and expansionary types according to the scope of performance; female, male and androgynous types according to the gender of key master; mountain, plain and island types according to the regional characteristics; and other special types. When the elements of performance are examined, Maeul-gut in Jeonbuk Province is a Maeul-gut of 'the Pungmul-gut type', or 'the folk music instruments type' in general.

When the performance characteristics of Maeul-gut in Jeonbuk Province are examined against the six performance perspectives and methods, suggested by Richard Schechner, then they can be summarized as follows : 1) comprehensive and periodical transformation in the being and consciousness of residents in the town community, 2) formation of organic interaction network of the entire Maeul-gut partakers, 3) formation of 'flow' and 'communitas' in the entire town community, 4) unification of performance and life for the whole sequence, 5) transmission of performance knowledge thatfully used text, verbal and action based transmission, 6) materialization of aesthetics for community's 'utility of life' and integration of life and art.

Among the five variations of Maeul-gut, Ritual Gut is the only one that continues to exist today according to the changes in the cultural and social context of Maeul-gut's transmission field. Other forms have almost disappeared from the transmission field. When this Ritual Gut is examined closely at the transmission field, the changes are classified mainly into ① ritual-social form, ② social-play form, and ③ play-commercial form.

The case in which Maeul-gut is re-created in the modern age after leaving the transmission field, can be found in the Madang play. This Madang play is the modern, redressive machinery that resolves the conflicts and problems arising in the regional communities. This is the form that re-created Meeting Gut into a modern artistic genre. The redressive function that the Maeul-gut played in the traditional society is now played by aesthetic drama such as Madang play.

This research is significant in that it integrates the existing studies on the Maeul-gut in a new level and that it captures and highlights the diversity and comprehensiveness of the Gut culture. Through this type of research, we are able to newly become aware of the society as a 'process' that interacts by different types of performances. Moreover, we can search for ways of understanding our own expressions based on the foundation of continual interaction of human relations.

찾아보기

■ㄱ■

가치평가 10, 37, 186, 187
강성복 31
강신무(降神巫) 75, 129, 130
개인굿 52, 53
갯제 31
건강 79
결산 106
결속감 119
결혼식 166
경쟁(agon) 142
경제적 토대 122
계절과 문화적 공연 사이의 상관성 51
계절별로 본 마을굿의 분포 양상 51
고을굿 52, 53
고창 오거리 당산제 140
고통과 긴장의 해소 123
골맥이서낭 130
공동 노동 122
공동체 보호 126
공동체의 안녕 79
공연(公演) 21, 356
공연 과정 37
공연 구조 9, 36, 173

공연 목적 79
공연 방법 74
공연 시기 62
공연 양식 21
공연 장소 65
공연과 생활의 일체화 180
공연의 긴장성(intensity) 36
공연 이후 과정 37, 181
공연인류학 34
공연자(performer) 35
공연 지식 37
공연 텍스트 35
공연하는 인간 6, 21, 34
공연학 5, 21, 34, 35
과정적 조건 49
과정적 행위 8
교정 기구 79, 125
교정 단계 125, 201
교정 양식 202
구두전승 9, 183, 184
구조 85, 86, 87, 118
구조-기능주의적인 관점 25
구조-형식주의 34
구조와 기능 86
구조주의적인 관점과 방법 86
군대 진풀이 114

군사 행위 7, 41
군사굿 8, 20, 42, 47, 50, 64, 77, 113, 115, 116, 126, 193
군사굿의 공연 장소 67
군사적 변이구조 92
군사조직 107, 116, 172
군악기원설(軍樂起源說) 116
굿 17, 18
굿 문화 5
굿 개념 18, 39
굿의 범주 18
굿의 어원 17
근대적인 패러다임 45
금마 기세배 140
금산지역 31
기능 86, 87, 118
기능적 조건 48
기독교 교회 198
기독교화 61
기받이 139
기본 요소들 35
기본구조 8, 47, 86, 87, 89, 118
기뺏기놀이 132, 142
기세배 30, 132
기접(旗接)놀이 132
기획 105

긴장성(intensity) 173
김봉렬 114
김월덕 30
김익두 27, 29
김태곤 26
김형주 29
깃손 109
깃손받기 176
깃절놀이 132
꽃나비 137

■ㄴ■

나경수 31
나라굿 52, 53
남성형 128
남성형 마을굿 144
남성형 제의 79
남성형 마을굿 9, 143
내림굿 129
내림형 9, 128, 130
내부자적인 관점 45
노동 행위 7, 41
노동굿 8, 20, 42, 46, 50, 63, 76, 104, 122, 169, 191
노동굿의 공연 장소 67
노동적 변이구조 92
노동조직 172
녹두골 199
논매는 소리 106
놀이 행위 41
놀이굿 8, 20, 42, 47, 50, 63, 77, 109, 123, 169, 192,
놀이굿의 공연 장소 67
놀이적 변이구조 92
놀이적 행위 7

놀이적-상업적 형태 10, 197
놀이조직 172
놀이패 녹두 199
농군악설(農軍樂說) 116
농기 105
농청(農廳) 105, 109
농회(農會) 112

■ㄷ■

다산 79
다섯 가지 변이구조 95
단속곳춤 160, 203
단일구조 78
단일형 81, 128, 131, 148, 151
단일형 마을굿 9
단일형 제사굿 81
닫힌 구조 8
당산굿 109
당산나무 120
당산신 83
당산제 31, 78, 81, 168
당산제형 151
당신화(堂神話) 31
당제 25
대내림 129, 130
대동놀이 26
대동제의 26
대동회의 26
대리의 마을굿 197
대본가(scripter) 69
대응논리 11
도깨비굿 81, 157
도깨비신앙 158
도당굿 26
도둑잽이굿 116, 179

도리깨품 109
도서형 128, 148, 154
도서형 마을굿 9
도제 155, 185
도채비 157
도채비굿 81, 158
도채비불 158
독특한 공연자 74
돌모산 마을굿 196
동부 산간지역 57, 58, 95
동신신앙(洞神信仰) 26
동제(洞祭) 19, 25, 26
동질성 119
동학조직 116
두레 41, 106, 179
두레굿 26, 104, 105, 106, 122, 169, 179, 191
두레기 179
두레싸움 142
두레장원 106
두레조직 115
두레패 107, 169
두레풍물패 169
뒷굿 110, 115, 127
등신 163
땅풀이-계화도 199
띠뱃굿 30, 109, 155, 172

■ㄹ■

리처드 셰크너 9, 34, 35, 165

■ㅁ■

마님줄 141
마당극 10, 47, 192, 199

284

마당극운동 80
마당놀이 47
마을굿 6, 7, 17, 19, 25,
　39, 40, 41, 52, 53
마을굿 조사연구 보고서
　22
마을굿 의미 확장 39
마을굿의 위상 52
마을굿에서 신·자연·마을
　공동체의 관계 121
마을굿의 기능 25
마을굿의 기본구조 89
마을굿의 참여자 69, 183
마을굿의 회의적 구조 113
마을굿의 개념 19, 39, 205
마을굿의 개방적 변이구조
　들과 그 대표적인 사례
　들 117
마을굿의 공연 장소 65
마을굿의 공연적 구조·기
　능·유형 206
마을굿의 공연적 특성 165,
　207
마을굿의 기본구조와 변이
　구조 사이의 관계 93
마을굿의 내용구조 93
마을굿의 유형 206
마을굿의 전반적인 변화 양
　상 207
마을굿의 전승 현황 55
마을굿의 창의적인 변형 작
　업 203
마을춤 10, 203
매개자 120
무교(巫敎) 25
무당굿놀이 27
무라야마 지준(村山智順)
　7, 22, 74

무속형(巫俗型) 제의 23
문자전승 183, 184
문화-사회적인 의미 205
문화관광 놀이 192
문화인류학 34
문화적 정체성 52
문화적 가치와 의의 208
문화적 공연 5, 17, 52,
　165, 205
미셸 앤더슨 193
미적 체험 187
민속학 34
민족연극학 30
민족지 32

■ㅂ■

박계홍 25
박순호 30
박현국 30
반복적 순환관계 94
반성적 거울 6, 202
백중 8, 41, 46, 50, 62,
　63, 70, 76, 109,
　123, 132, 176, 205
백중 술멕이굿 109
백중굿 169
백중놀이 132
뱃고사 108
베루 136
벽골제 30
변이 86, 87
변이구조 8, 47, 86, 87,
　91, 91, 92, 116,
　118
변이기능 118, 119
변이성(variation) 189
별신굿 130

병농일치(兵農一致) 116
보던(Vodun) 193
보름밥 142
보여주는 것 198
복원 195
복합형 31, 81, 154
복합형 제사굿 81
부락신앙 26
부락제(部落祭) 7, 22
부정 181
부좌상 105
비교연구 34
비손 144
빅터 터너 6, 201

■ㅅ■

사령 136
사례연구 32
사회-역사적인 관점 26
사회극 79, 125, 201
사회극의 교정 기제 202
사회적-놀이적 형태 10,
　196
산간형 마을굿 9, 128,
　148, 149
산신(山神) 24, 82
산신제 31, 78, 81, 148
삼동굿놀이 30
삼장마을 마을굿 194
삼중구조 78
상위신격 148
상징인류학 34
상호작용 9, 36, 170
샌님줄 141
생성 187
생활 미학 10, 187
생활 전승 183

생활 체험 187
생활 효용성 10, 186
서낭기 109
서낭제형 149
서부 평야지역 57, 58, 97
서해 도서지역 57, 59, 100, 108
서해숙 31
선소리 141
선택성(selection) 189
섣달 그믐 8, 20, 41, 50, 62, 94, 95, 97, 112, 156
성별에 따른 마을굿 제의의 지역별 차이 145
세마리술 109
세습무(世襲巫) 129
소고놀이 139
소도(蘇塗) 24, 48
소동기(小童旗) 135
소지(燒紙) 144
속곳춤형 160
손진태 23
솟대 23, 129
수륙재(水陸齋) 156
수머슴 105
수장제도 185
술멕이날 106, 109
숫줄 141
시공적 조건 50
시월제 48
신-자연-인간 120
신간(神竿) 109
신내림 129, 130
신내림형 마을굿 109
신대 129
실천형 8

심층구조 86, 89
쌀점 176
쌍용놀이 30

■ㅇ■

아군 127
아키바 다카시(秋葉隆) 23
암줄 141
앞굿 110, 127
앨런 로맥스 61
양성형 제의 79, 128
양성형 마을굿 9, 143, 145, 150
양식적 조건 51
엑스타시적 초점화 176
엑스터시 124
여성의 원리 162
여성형 128, 144
여성형 제의 79
여성형 마을굿 143, 195
역할 변환 9, 171, 207
연속성(continuity) 189
연쇄-축적형 133
연출자 70
연합굿 140
열두 마치놀이 139
열린 구조 8
영향과정(aftermath) 37
예술-미학적인 관점 26
예술미학 187
오거리 당산제 132
오구굿 130
오월제 48
외부인 203
외부자적인 관점 45
용왕신 83
용왕제 78, 81, 154

우동리 마을굿 196
우주목(cosmos tree) 121
울력 122
원당굿 109
원당제 155, 176
위반'-'위기'-'교정'-'재통합 125
유교형(儒敎型) 제의 23
유기적 상호작용 170
유동식 25
유형 87, 128
의사결정 기구 125
이념형 8
이도 저도 아닌(betwixt and between) 사회적 범주 119
이두현 26
이상적 공동체 48, 118, 119
이중-연합형 133, 140
이중구조 78
이중형 제사굿 81, 148
이차적 청관중 71
이필영 26
익산 기세배 134
인문지리적 조건 59
일시적 변환 166
일차적 청관중 71, 173
일체화 182
임재해 25
임재형(臨在型) 9, 128, 129
입석(立石) 23

■ㅈ■

자생논리 11
자연적인 고립성 60
자연적인 조건 58

잡색놀음 114
잡색놀이 26
장승 23
장원질놀이 106, 124
장주근 25
재액퇴치굿 159
재창조 189, 199, 205
적군 127
적석단(積石壇) 23, 24
전남지역 마을굿 11, 20, 31
전북지역 마을굿 변이형들의 계절별 배치와 주기적 순환 95
전북지역 마을굿의 변이구조들과 그 구성요소들 92
전북지역 마을굿의 전승 현황 55, 56
전승현장의 변화 193
전이적 과정 119
점호법 127
정량리 마을굿 30
정월 대보름 62, 64, 76, 103, 123, 192
정체성(正體性) 79, 119
제관들 72
제국주의 11
제사 행위 7, 41
제사굿 8, 20, 42, 46, 50, 61, 62, 65, 75, 95, 120, 167, 191
제사굿의 공연 장소 66
제사굿의 종류와 제의의 구성 82
제사적 변이구조 92
제사조직 172
제사형 31

제액(除厄) 79
제의적-사회적 형태 10, 194
제천의식 47
조동일 26
조사보고서 32
조지훈 24
조화로운 관계 120
존재와 의식 36, 166
존재와 의식의 변환 9
종교적 관점 25
좌상 105, 136
주강현 26
주공연자 70
주기적·반복적 변환 169
주요 제사굿과 줄다리기의 지역별 분포 현황 84
주체적 조건 47
준비 과정 37, 181
준비자 70
줄다리기 123, 142, 83, 84
줄비녀 141
줄소리 141
줄싸움 141
중복과 교체 171
지속적 변화 166
지역문화운동 80
지역별 경제생산력 59
지역별 분포 57
지역별 제사굿의 시기 62
지역별 제사굿의 주공연자 73
지역연구(area studies) 20
진법군고(陣法軍鼓) 127
진풀이 127
집강소 116

집단무의식 80
집단적 공연 행위 7
집단적 자아 50
집안굿 52

■ㅊ■

참여자 49, 69, 170, 203
천신(天神) 24
청관중(audience) 35
청관중의 공연자화 124
초벌매기 105
초복(超福) 79
초점화 176
촌제(村祭) 23
총각머슴 136
총각좌상 136, 137
총체적 공연 양식 169
총체적인 변환 167
최길성 26
축제형 31
충남 금산지역의 마을굿 31

■ㅋ■

커뮤니타스(communitas) 9, 118, 173, 178
콘텍스트(context) 8, 35, 37, 86, 87, 87, 89, 91, 107, 128, 166, 190, 206, 207

■ㅌ■

탑제 31, 78, 83
통일된 우주 120
통합 80, 188

■ㅍ■

판굿 77, 110, 115
팥죽제 31
패턴 173
평야지역의 노동굿 104
평야형 128, 148, 151
평야형 마을굿 9
표인주 31
표층구조 86, 91
품앗이 122
풍농/풍어 79
풍농굿 27
풍물굿(농악) 74, 107
풍물굿패의 조직구성 114
풍물굿형 마을굿 27, 78
풍물패 105, 109

■ㅎ■

하위신격 148
하회별신굿 130
하효길 30
학제적 21
학제적인 방향 34
한국민속종합조사보고서 24
할머니당산 152
할아버지당산 152
합굿 132, 141, 179
해악 18, 39, 51, 181
행위 양식 21, 52
행위 틀 20, 80, 94, 99, 122, 140, 143
행위소 88, 104
행위전승 9, 183, 185
행정조직 49, 80, 113, 116, 192, 193
행하는 것 198
허제비굿형 157, 162
현대적 변화 189, 205
현장전승 183, 185, 9
형태상의 변화 10
호모 퍼포먼스 183, 210
호미모둠 50, 63, 64, 105, 106, 112, 113
호미씻이 50, 63, 106, 113, 117
확장된 마을굿 개념에서 본 마을굿의 기본 요소들 43
확장형 9, 128, 131, 132
황두 122
황루시 27
회의 행위 41
회의굿 111, 125, 169, 192, 20, 42, 47, 50, 64, 77, 8
회의굿의 구조 200
회의굿의 마을굿 공연 장소 68
회의적 변이구조 92
회의조직 172
효용가치 186
흐름(flow) 9, 124, 173